China Manufacturing 2025

中国制造2025大众读本

丛 书 总 主 编　褚君浩
丛书副总主编　王喜文　朱运海

先进轨道交通装备

邹　迎　编著

山东科学技术出版社

图书在版编目（CIP）数据

先进轨道交通装备 / 邹迎编著 . —济南：山东科学技术出版社，2018.4
（中国制造 2025 大众读本）
ISBN 978-7-5331-9229-7

Ⅰ．①先…　Ⅱ．①邹…　Ⅲ．①轨道交通—交通设施—制造工业—工业发展—中国　Ⅳ．① F426.47

中国版本图书馆 CIP 数据核字（2018）第 004599 号

中国制造 2025 大众读本

先进轨道交通装备

邹　迎　编著

主管单位：山东出版传媒股份有限公司
出 版 者：山东科学技术出版社
地址：济南市玉函路16号
邮编：250002　电话：（0531）82098088
网址：www.lkj.com.cn
电子邮件：sdkj@sdpress.com.cn
发 行 者：山东科学技术出版社
地址：济南市玉函路16号
邮编：250002　电话：（0531）82098071
印 刷 者：山东新华印务有限责任公司
地址：济南市世纪大道 2366 号
邮编：250104　电话：（0531）82079112

开本： 720 mm × 1020 mm　1/16
印张： 17.5
字数： 280 千
印数： 1–3000
版次： 2018 年 4 月第 1 版　　2018 年 4 月第 1 次印刷

ISBN 978-7-5331-9229-7
定价：68.80 元

褚君浩，丛书总主编，中国科学院院士，中国科学院上海技术物理研究所研究员，华东师范大学教授，九三学社中央科普工作委员会主任，上海市科普作家协会终身名誉理事长。主要从事红外物理、窄禁带半导体以及铁电薄膜的材料器件物理的应用基础研究，发表学术论文500余篇，出版《窄禁带半导体物理学》等中英文专著3部。获国家自然科学奖3次、部委级自然科学奖或科技进步奖10次。2012年获上海“科普杰出人物奖”；2015年被评为十佳全国优秀科技工作者；2017年获得首届全国创新争先奖章。

王喜文，丛书副总主编，工学博士，博士后，高级工程师，九三学社中央科技专门委员会委员、中央促进技术创新工作委员会委员。1998年8月起在北京第一机床厂工作过两年，后为日本开发10年计算机软件。2009年8月至2017年12月在工业和信息化部国际经济技术合作中心工作，历任信息部副主任、主任，电子商务研究所所长，中国智造与工业4.0研究所所长。

朱运海，丛书副总主编，双博士，博士后，硕士生导师，山东省科学院自动化研究所所长，山东省经济和信息化发展研究院副理事长。致力于智能制造与智慧城市应用技术研究，主持和参与国家重大专项十余项；参与编绘《国家1:100万地貌图图集》1部，参与编译《地理学方法》译著1部；授权软件著作权2项，发表学术论文30余篇，获省科技进步三等奖1项。

科学指导

陈学庚（中国工程院院士，农业机械设计制造专家）
俞建勇（中国工程院院士，纺织材料专家）
施仲衡（中国工程院院士，地下铁道专家）
钱　锋（中国工程院院士，工业过程智能控制专家）
甄永苏（中国工程院院士，微生物与生物技术药学、肿瘤药理学领域专家）

编著委员会

主　任

褚君浩（中国科学院院士，九三学社中央科普工作委员会主任）

副主任

孟安明（中国科学院院士，九三学社中央科技专门委员会主任）
白宗文（山东科学技术出版社副社长）

成　员（按姓名笔画排序）

王东伟　王吉星　王传栋　王喜文　王旖旎　石　忠　朱运海
汤华波　贠　强　李正宝　李向东　杨正泽　邹　迎　沈　江
尚书旗　周忠海　周思凡　郑　佳　段崇刚　徐　曼　凌沛学

丛书序言

科学技术的进步和普及是社会进步的重要内在动力。《中国制造2025大众读本》丛书生动解读和传播中国制造强国建设第一个十年纲领性文件《中国制造2025》及其技术路线图提及的科学技术，是一套值得大众阅读的科普好书。

习近平总书记在2016年“科技三会”上指出：“科技创新、科学普及是实现创新发展的两翼，要把科学普及放在与科技创新同等重要的位置。没有全民科学素质普遍提高，就难以建立起宏大的高素质创新大军，难以实现科技成果快速转化。”本丛书编写的目的就在于通过科学普及，让大众都能消化吸收和运用扩展“中国制造2025”的科技内涵，从而能够在实现创新型国家建设中更好地发挥才智。

目前，我们已经有一些科普网站从事科学传播工作，也有很多普及科学的广播和电视节目、报刊和图书，其内容或是对科学趣味性的发掘，或是对科学之美的展现，或是对读者阅读兴趣的引领，主要是科学知识的普及与传播，侧重于全民科学知识的积累。这为提高全民科学素养奠定了扎实的基础。与此同时，如何进一步传播从知识到技术的转化，以促进产业和经济发展，是需要广大科技工作者尤其是致力于科学普及创作的科技工作者深入思考并身体力行的。

就图书领域来说，由上海市科普作家协会组织编撰、由我担任总主编的国家出版基金项目《战略性新兴产业科普读本》（8卷本，上海科学技术文献出版社2014年出版），已经试着打破传统科普读物那种纯粹以知识普及为主的固有模式，将科普与国家政策、产业发展、科技创新以及社会发展大势紧密融合，从而帮助人们形成产业意识并投入其中，吹响人们“科技行动”的号角。

但是，当时并未意识到科普与国家政策、产业发展等的结合将会开创一个全新的科普读物门类——工业技术科普读物。这次，由九三学社中央科普工作委员会和科技专门委员会成员组织编撰、山东科学技术出版社出版的《中国制造 2025 大众读本》丛书，从国家政策的顶层设计、产业行业的发展轨迹和科学技术的知识内涵等方面，对我国制造强国建设的第一个十年纲领性文件《中国制造 2025》及其技术路线图进行了多方位、全视角、普及化的解读，是对工业技术科普读物内涵的又一次深入发掘，标志着我国原创科普图书创作的一种新模式、新品种、新门类的诞生，将为广大科普爱好者奉上全新的知识盛宴。

工业技术科普的最大亮点，是打破了传统科普读物纯粹的知识普及为主的固有模式，将科普与国家政策、产业发展、科技创新以及社会发展大势紧密融合，体现了科普创作服务于国民经济建设的宗旨，可作为领导干部和公务员的决策参考、可为企业家和相关产业科研人员提供研发启迪、可使学生及普通读者获得具有现实应用意义的新知。①

中国制造 2025 具有鲜明的时代特征。“互联网 +”时代，信息技术与各项实体技术深度融合，工业行业的重重围墙不断被突破，“互联网 +”以巨大的资源聚合力和创新驱动力推动着全球工业格局重塑。“互联网 +”以其特有的跨界融合、资源聚合和整合传播力，深刻地改变了人们理解和体验现代科技文明的方式和习惯。以“开放、共享、协作、参与”的互联网精神扎实有效开展工业技术科普，切实构筑我国工业强国建设的公民科学素质根基，迫在眉睫。②

中国制造 2025 的核心是创新驱动。习近平总书记多次对中国制造转型升级做出重要论述。李克强总理从政府层面扎实推进中国制造 2025，努力推动形成我国经济发展的新动能。2017 年 6 月 12 日新华社发表标题为《习近平

① 佚名.科普爱好者的“盛宴”“战略性新兴产业科普读本”丛书亮相 [N/OL]. 人民网－上海频道 [2014-08-12]. http://sh.people.com.cn/n/2014/0812/c134768-21965506.html

② 张义忠.“互联网 +”时代亟须工业科普 [N]. 中国科学报，2015-09-28.

重新定义中国制造》的评论员文章，再次将世界的目光吸引到“中国制造”上来③。文章中归纳出，中国制造，当以创新为灵魂，当以品质为生命，当以人才为根本。现在，在比较挑剔的外国消费者眼里，中国产品的质量也已今非昔比，但我们也应清醒地认识到，中国制造走以质取胜的发展道路仅仅开了个头，人们还多用老眼光来看“中国造”。改变人们的“老眼光”，既要立足于行，使“质量第一”成为从企业到消费者普遍参与的社会行动；也要大力宣传，展现我们在制造业方面“强”的部分，激发人们的自豪和认同。横向对比，“德国制造”之所以长盛不衰，与其拥有大量一流技术工人、发达的职业技术教育分不开。从我国现实看，制约中国制造转型升级的一个瓶颈就是人才短板。建设制造强国，需要培养和造就一支数量充足、结构合理、素质优良、充满活力的制造业人才队伍，为实现中国制造“三步走”战略目标奠定坚实人才基础。相比技术的研发、产品的创新，这一过程更加需要定力和耐心，也更加呼唤企业界、教育界和政府部门等各方的共同努力，其基础在于改变人们对于制造业“傻大笨粗”的老印象、从事制造业“低人一等”的老观念，吸引更多的优秀人才到制造行业中创新创业，就业乐业。《中国制造 2025 大众读本》的策划，正是基于这个信念，从“工业技术普及”的角度，采用科普图书生动活泼的笔触，为产业现状、工业技术倾注各领域专业人士的情感，用带有温度的呈现形式展现出我国制造业的现状和未来。内容架构上，从纵向（历史）的角度展现各领域产业行业的传承与发展，从横向（国际）的角度展现各领域产业行业所取得的成绩以及与世界先进水平的差距。

《中国制造 2025 大众读本》丛书，与国家政策、产业发展、科技创新以及社会发展大势紧密融合，体现科普创作服务国民经济建设的宗旨。丛书共分十册，总论《中国制造 2025 曙光：智能·绿色·融合·创新》结合 2015 年国务院印发的《中国制造 2025》文本，全面剖析我国制造业的新阶段、新形势和新环境，准确分析面临的挑战和任务。其余九册分别围绕新一代信息技术产业、高档数控机床和机器人、航空航天装备、海洋工程装备及高技术

③ 辛识平. 习近平重新定义中国制造 [N]. 新华社 [2017-06-12]. http://news.xinhuanet.com/2017-06/12/c_1121130716.htm

船舶、先进轨道交通装备、节能与新能源汽车、农机装备、新材料、生物医药与高性能医疗器械等《中国制造 2025》要突破发展的九大重点领域（《中国制造 2025》提及的是十大领域，其中电力装备对应的分册暂不出版）进行科普解读，系统介绍每个领域产业行业的发展历程、发展路径、技术方向、发展目标以及和社会经济发展的关联。编写中，突出“掌握规律—技术发明—产业应用”的发展脉络和思想，体现所涉及技术、产品知识产权的“自主”和“创新”。内容选取，参照又不拘泥于国家制造强国建设战略咨询委员会发布的《〈中国制造 2025〉重点领域技术路线图》，既阐明我国制造业“大而不强”的现状态势以及“从大变强”的意愿和做法，帮助读者“认清家底儿”，又重点展现我们在制造业方面“强且领跑”的部分，激发读者的认同和自信。

本丛书编写团队，由我担任总主编，工信部中国智造与工业 4.0 研究所原所长王喜文博士和山东省科学院自动化研究所所长朱运海博士具体协调组织，作者以九三学社中央科技委委员为主，既有工信部、科技部下属科研院所以及山东省科学院的青年才俊，又有北京市交通委、中国中车的技术大拿，还有中国科协的首席科学传播专家，更有泰山学者、山东省科学技术最高奖获得者，他们的专业性和对于科技传播和科普创作的热忱，决定了本丛书是一套既有科技含量又有温度的工业技术科普读物。

希望本书有益于深化大众对《中国制造 2025》的全面认识。

（中国科学院院士，中国科学院上海技术物理研究所研究员，
华东师范大学教授，九三学社中央科普工作委员会主任　**褚君浩**）

序　言

当今世界，面临着第四次工业革命浪潮和世界制造业格局的重大调整。欧美国家推行“再工业化”战略，美国发布先进制造业伙伴计划、创新网络计划，德国发布工业 4.0 计划，日本发展机器人产业，英国发布英国制造 2050 计划等。我国于 2015 年 5 月正式发布《中国制造 2025》文件，将先进轨道交通装备作为优势和战略产业，力争到 2025 年达到国际先进水平。

我国轨道交通装备制造业是创新驱动、智能转型、强化基础、绿色发展的典型代表，是我国高端装备制造领域自主创新程度最高、国际创新竞争力最强的行业之一，高速铁路已达到世界领先水平。而作为轨道交通装备的重要分支，城市轨道交通装备与先进国家相比，还有不小的差距，主要表现在：关键零部件还要依赖进口，技术创新主要是模仿、借鉴。我国城市轨道交通装备的发展水平还有很大的提升空间。

城市轨道交通装备主要包括车辆制造、牵引供电、通信信号、运营调度、机电设备、网络控制等多个系统，产业链长，辐射面广，可以带动多个行业的发展，车辆制造、电气设备、电子通信系统等是受益的主要行业。我国城市轨道交通装备制造要以国家实施的中国制造强国战略、“一带一路”倡议为契机，紧紧抓住技术演进和产业发展的机遇，坚持创新驱动，实现由制造大国到制造强国的升级。

随着社会经济的快速发展，资源紧缺、污染严重等问题突出，道路交通拥堵、排放及噪声污染等问题越来越受到关注。未来城市轨道交通将更加安全、高效、绿色及智能，发展模式也由单一、封闭制式向互联互通、可持续、多制式的方向转变。

本书聚焦城市轨道交通装备领域，全面总结我国城市轨道交通装备的发展现状，展示世界城市轨道交通装备的最新进展，既有理论分析，又有工程实践，内容丰富，科学翔实，以工业技术科普的形式编写，可读性强！希望本书的出版，有助于人们对中国城市轨道交通装备领域的深入认识，为城市轨道交通装备领域吸引更多的人才。

施仲衡

（中国工程院院士，地下铁道专家　**施仲衡**）

前　言

本书是工业技术科普丛书《中国制造2025大众读本》的重要组成部分。

城市轨道交通是大中城市的动脉，具有安全、快捷、舒适、准时、环保、全天候、大运量的综合运输优势，对提高城市居民出行质量、缓解大中城市道路拥堵状况、减轻城市空气雾霾污染、降低能源消耗和节能减排，具有重要的推动作用。城市轨道交通的效能正逐步被大中城市政府、各界人士广泛认识与重视，我国城市轨道交通已进入前所未有的良好发展阶段。目前，我国已成为世界上城市轨道交通在建规模最大、通车里程最长、制式种类最全的国家之一。

城市轨道交通装备是城市轨道交通的基础。城市轨道交通的快速发展及宏大的发展规划，意味着城市轨道交通装备强大的牵引力及行业巨大的商机。

城市轨道交通装备是除建设工程之外，还包括城轨车辆、通信信号、控制中心、机电设备、无人驾驶等多专业的综合工程。城市轨道交通提供的舒适、安全、人性化的乘车环境和快捷、准时、全天候、可预期的交通服务，都离不开城市轨道交通装备各专业的可靠性能、分工协作和高效集成。到2025年，我国将从制造大国成为制造强国，轨道交通装备尤其是城市轨道交通装备技术集成能力将大幅提高，关键零部件将全部国产化，关键技术拥有自主知识产权，并在新材料、新能源、智能化、人性化城市轨道交通装备方面进行技术突破，引领城市轨道交通装备的发展方向。

城市轨道交通装备技术范围广，专业种类多，国内现有专业书籍、教材大都体现单一专业，尚没有全方位、全体系介绍城市轨道交通装备的科学普及图书。为了使读者全面了解城市轨道交通装备及技术，我们组织北京市交通委、中国中车、北京市轨道交通行业设计建设等单位的多位专家编写本书，重点介绍了城市轨道交通装备中城轨车辆、通信信号、控制中心、机电设备、无人驾驶等专业的发展历程、主要技术原理、国内现有的技术水平及国外发展的技术状态，并列明了本领域到 2025 年的发展方向和需要攻克的技术难关。

本书由九三学社中央科技委员会委员、城市轨道交通全自动运行系统与安全监控北京市重点实验室学术委员会顾问委员、教授级高工邹迎牵头组织、统筹，新世纪百千万人才工程国家级人选、国务院政府特殊津贴获得者、中国中车北京二七车辆有限公司教授级高工张四梅等人编写。编写分工如下：北京市轨道交通设计研究院梅棋编写第一部分，邹迎、张四梅编写第二部分，北京市轨道交通设计研究院肖衔编写第三部分，北京市轨道交通设计研究院张东编写第四部分，北京市轨道交通设计研究院李欣编写第五部分，中交铁道设计研究总院有限公司卢佳编写第六部分，邹迎、肖衔编写第七部分。

本书内容深入浅出，图文并茂，既有技术分析，也有实施案例，使读者全面了解城市轨道交通装备的真正魅力，可供各级城市轨道交通主管部门决策参考，城市轨道交通建设、运营管理部门及城市轨道交通装备设计、制造企业的管理人员和工程技术人员工作学习参考，可供城市轨道交通相关专业的大、中专学生学习参考，也可作为关心、支持城市轨道交通事业的社会各界人士了解城市轨道交通行业的窗口。

本书在编写过程中，得到了北京市交通委、北京市轨道交通设计研究院、中国中车下属各公司、北京控股磁悬浮技术发展有限公司、北京市轨道交通建设管理公司、中交铁道设计研究总院有限公司等单位的大力支持，也得到了很多行业同仁和同事的鼎力相助，在此一并表示衷心的感谢！

由于编者学识及精力水平有限，加之轨道交通的发展速度迅猛，书中难免会有不当甚至错讹，敬请读者批评指正，并反馈给我们，以便再版时订正。

编著者

2018 年 1 月

目　录

百年城市轨道交通

引言

城市轨道交通历史源于铁路技术和城市公交的融合和发展，随着城市的兴起、扩展而兴衰。在铁路商业化运营30多年之后的1863年，建成了一条起自帕丁顿站、终至法灵顿站的地下铁道，线路全长6.4 km。这就是世界上的第一条城市轨道交通线。

随着时间的推移，城市越来越大，上班、上学、休闲、购物等距离越来越远，生活的节奏越来越快，解决人群出行就成为一项难题。以通勤化（准时、定点、快捷、大运量）、近零污染、耗能低、占用城市道路资源少的城市轨道交通可能是目前最佳的解决方案。

现在，各种制式的城市轨道交通线路延伸在城市的各个交通走廊和人流节点上；作为城市轨道交通主要制式的地铁在地下穿梭，快速大规模地转移乘客；轻轨在城市的高架桥上运行，既是交通动脉，也是城市的风景线；现代有轨电车作为地铁和轻轨两种交通方式的补充，有效地解决了“小区级”的乘客出行交通难题；市域（区域）快线衔接都市中心与周边的边缘集团，它的快速通勤延伸了中心城的影响和辐射能力。TOD模式已开始越来越影响城市乃至区域的发展，城市轨道交通的巨大需求和市场已成为国家的重要战略新兴产业，诸如全自动驾驶、互联网+等新技术推动高端装备制造业的发展和运营服务水平的提高，既是城市轨道交通的升级，也是国家装备产业及相关行业的发展希望之所在。

城市轨道交通技术

城市轨道交通技术特征

城市轨道交通是指采用专用轨道导向，为城市辖区内提供客运服务的公共交通系统。与城市公共汽车运输方式相比，城市轨道交通方式具有大运量、全天候、安全舒适、经济省地、速达准时、节能环保等技术经济优势，属绿色环保交通体系，符合可持续发展的原则，特别适合人口众多的大中城市，可有效缓解道路拥挤、堵塞现象，是城市公共交通的骨干力量。城市轨道交通的技术特征如下：

（1）大运量。城市轨道交通列车编组辆数多，载客量大；列车高密度运转，运行速度高，行车间隙短，能提高单位时间内旅客输送量。一般地铁单向高峰每小时的运输能力达到 30 000 人次以上，运输能力远大于公共汽车。

（2）全天候。城市轨道交通以轮轨方式运行，轨道一般设置在地下或高空，车辆运行基本不受恶劣极端气候影响，可保证全天候开行。

（3）安全。与常规公共交通相比，城市轨道交通运行在专用轨道上，一般没有平交道口，有先进的通讯信号指挥控制，极少发生交通事故。

（4）节地。城市轨道交通由于充分利用了地下和地上空间，不占用地面街道，能节省大量的城市宝贵土地资源。

（5）准时。城市轨道交通由于在专用行车道上运行，不受其他交通工具和行人等干扰，不产生道路堵塞现象，且不受气候影响，是全天候的交通工具，列车能按运行图具体时间节点计划运行，具有可信赖的准时性。

（6）速达。与常规公共交通相比，城市轨道交通车辆有较高的运行速度，有较高的启动、制动加速度，列车停站时间短，上下车迅速方便，换乘方便，从而可以使乘客较快地到达目的地，缩短了出行时间。

（7）舒适。与常规公共交通相比，城市轨道交通车辆振动小，运行平稳，车辆、车站具有较好的服务设备设施，有较好的乘车条件，舒适性优于公共汽车。

（8）经济。轨道交通是集约化的交通方式，节省了大量的人力物力，单位能耗少，单位乘客运营费用较低。

（9）节能。城市轨道交通主要采用电气牵引，轮轨摩擦阻力小，与公共汽车相比，节省能源，运营费用较低。

（10）环保。城市轨道交通由于采用电气牵引，不会产生尾气等污染。列车在钢轨上运行且采用了降噪措施，一般也不会对城市环境产生严重的噪声污染。

城市轨道交通技术体系

在轨道交通系统的发展中，应该根据城市地区发展的需要来选择与之相适应的轨道交通类型，明确轨道交通功能定位，满足不同主体需要。根据《城市公共交通分类标准》（CJJ/T 114—2007），城市轨道交通分为地铁系统、轻轨系统、单轨系统、有轨电车、磁浮系统、自动导向轨道系统以及市域快速轨道交通七类，每一类下又可分为若干小类。地铁一般服务于城市中心城区，位于土地高密度开发且客流很大的繁忙客运交通走廊；轻轨一般服务于次繁忙客运交通走廊，市域快线服务于中心城区与新城以及新城之间的交通运输联系。各种层次、各个类型的轨道交通体系分明、层次清晰、分工明确，与各种类型土地利用方式和其他交通形式相适应和衔接，与其他体系（票制、换乘等）配合，才能发挥轨道交通系统整体的效率，促进轨道交通与城市的相互协调发展。

轨道交通系统网络参数表

类别	市域快轨	地铁	中低运量系统
运量等级	25 000—68 000 人 / 时	30 000—64 000 人 / 时	10 000—30 000 人 / 时
线路长度	≤ 50 km	≤ 40 km	≤ 15 km
最大速度	120—160 km/h	80—100 km/h	60—70 km/h
旅行速度	≥ 50 km/h	30—45 km/h	15—25 km/h
换乘服务水平	换乘时间应不宜大于 3 min，不应大于 5 min		换乘时间应不宜大于 2 min

不同的城市交通圈层客流特征和规模不同，对城市轨道交通提出的服务水平需求不一，需要不同层次的城市轨道交通类型来支持。按照功能定位、客流特征、服务水平，城市圈范围内的城市轨道交通系统可以分为三个层次的线网系统。

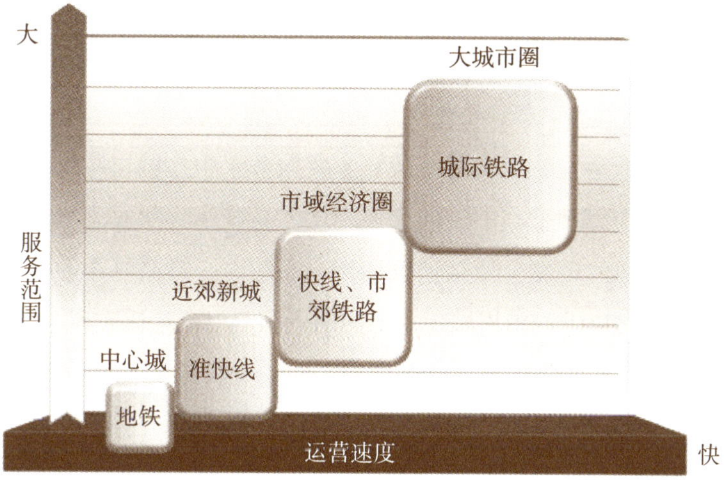

多层次轨道交通网络

地铁系统

地铁是指在城市中修建的大运量、快捷的城市轨道交通客运系统，远期单向高峰小时客流量超过 25 000 人次，采用封闭路权、独立运行方式，线路通常设在地下隧道中，有时也从地下延伸至地面或高架桥上。

中心城区的地铁系统具有车站间距密集、覆盖服务客流量大的特点，通常服务于人口密集、社会经济活动频繁的中心城区，服务对象是中心城各个功能区之间的客流，为市中心区的主要客流集散点提供出行服务。地铁属于大容量轨道交通系统，地铁一般指的是用于大城市或特大城市市区内部高密度地区间的交通出行的大运量城市轨道交通系统。地铁系统运量大、快速、准时，一般位于主城区发展密度大客流量高的走廊。

该系统适用于高峰小时断面流量在 30 000—64 000 人 / 时之间的走廊。

中低运量轨道交通系统

中低运量城市轨道交通作为采用轨道结构进行承重和导向的车辆运输系统，依据城市交通总体规划的要求，设置全封闭或部分封闭的专用轨道线路，以列车或单车方式，运送一定规模客流量的公共交通方式。从运量等级上划分，中低运量级轨道交通系统主要包括轻轨系统、单轨系统、有轨电车、自动导向轨道系统等。

中运量轨道交通系统，是指高峰小时单向运输能力在 10 000—30 000 人 / 时之间，线路客运强度一般达到 10 000—20 000 人 / 日・千米，承担城市重要交通走廊的快速、骨干线路功能。中低运量系统按运量等级可进一步划分为中运量轨道交通系统和低运量轨道交通系统。主要服务于中心城边缘集团，一般敷设在放射性干线走廊相垂直的切向交通走廊、高峰小时断面流量在 20 000—30 000 人 / 时之间的走廊。低运量轨道交通系统，是指高峰小时单向运输能力在 10 000 人 / 时以下，承担城市主要交通走廊的主干交通通道功能。

低运量系统主要服务于新城内部组团之间、重点功能区内部的联系。

市域快轨系统

市域快速轨道交通是一种大运量的轨道运输系统，一般最高运营速度为 120—160 km/h，主要服务于市域范围的具有通勤客运服务功能的中、长距离的一种城市轨道交通系统。和中心区地铁系统相比，轨道交通区域快线系统具有列车运营速度快、站间距大、服务出行距离长、停车次数少等特点，区域快线系统一般都穿越中心城区，服务于主要出行点之间的直达服务，用于支持中心区与郊区、郊区与郊区间的交通联系，服务对象是中心区与新城、新城之间客流。该系统适用于高峰小时断面流量在 30 000—60 000 人 / 时之间的走廊。

不同轨道交通系统服务指标表

类别	市域快轨	地铁	中低运量系统
功能定位	服务于通勤都市圈的快速轨道交通骨干线线路，提供通勤化服务	中心城轨道交通的主体，服务中心城区内部出行和近郊新城与中心城轴线上的骨干交通系统	部分边缘集团的轨道交通系统的补充，新城公共交通的骨干
站立密度	4—4.5 人 / 米^2，座位率 25% 以上	4.5—5 人 / 米^2	6 人 / 米^2
运营方式	交路套跑、分速度等级混跑、跨线直通运行	单一交路、多交路套跑；部分线路与市域快线直通运行	单一线路：单一交路或多交路套跑；形成局部线网的线路：线路相互直通，公交化运营
发车间隔	近郊新城与中心城区：高峰 3 min 间隔；平峰 10 min 间隔；远郊新城实现按时刻表发车	中心城区的线路：高峰间隔不大于 2.5 min，平峰间隔不大于 5 min；连接郊区组团和卫星城的线路：高峰间隔不大于 3 min，平峰间隔不大于 6 min	高峰间隔不大于 5 min，平峰间隔不大于 10 min；实现按时刻表发车

城市轨道交通的昨天

世界城市轨道交通的成长史

随着交通拥堵、环境污染等问题阻碍城市的发展，为解决运力与运量的矛盾，伴随着技术和经济的发展，城市轨道交通由此应运而生。城市轨道交通的历史，可追溯到20世纪20年代，当时，西欧出现了蒸汽机牵引的地面铁路，例如英国于1825年、法国于1828年、奥地利于1832年相继建成了铁路。城市轨道交通的历史可从此阶段的有轨电车和地下铁路开始。世界城市轨道交通发展经历了初始发展、停滞萎缩、重新发展、停滞调整和高速发展五个阶段。

初始发展阶段（1863—1924年）

世界上第一条地铁线路于1863年1月10日英国伦敦建成通车，长6.4 km，蒸汽机牵引，单拱形砖砌结构，伦敦是一座先有地铁后有汽车的城市，城市轨道交通与城市共同成长。1874年，英国伦敦地铁建设首次采用盾构法施工。

最早的伦敦地铁

1890 年，英国伦敦铁路系统首次采用电力机车牵引。这个时期，世界各主要城市，如芝加哥、费城、波士顿、巴黎、柏林、汉堡、纽约、马德里等城市轨道交通发展较快。

停滞萎缩阶段（1924—1949 年）

两次世界战后大多数城市轨道交通的发展出现了停滞和萎缩，汽车工业的飞速发展在一定程度上影响了城市轨道交通的继续普及，但也有部分城市，如东京、莫斯科、大阪开始发展城市轨道交通。

重新发展阶段（1949—1969 年）

汽车快速增加造成了道路拥堵、空气及噪声污染、能源危机等问题，城市轨道交通重新得到各国的重视，许多国家开始修建地铁，城市轨道交通的发展从欧美扩展到亚洲国家。

高速发展阶段（1970 年至今）

城市化的趋势导致人口高度集中，要求城市轨道交通高速发展以适应客流需求，城市轨道交通本身具有大运量、高效率、节约土地资源的优势，城市轨道交通在世界范围内开始普及。

我国城市轨道交通的成长史

自 20 世纪 60 年代开始筹备地铁建设至今，我国城市轨道交通建设经历了 50 多年发展，伴随着国家政治经济条件的发展，也发生了多次重大变化，为国民经济和社会进步做出了重要贡献。我国经济高速增长和城市化进程快速推进，随之带来人口膨胀、环境污染重、道路拥堵等问题，城市轨道交通建设成为各城市公共交通体系的必然选择。城市轨道交通作为城市公共交通系统的重要组成部分，具有大运量、通勤化、安全性高、便捷快速、绿色低碳等特点，同时，轨道交通建设带动着城市空间布局的优化与调整，引导城市可持续发展，特别是对促进城市土地的节约集约利用、缓解“城市病”、拉动城市经济增长方式转变等有着重要意义。目前，中国城市轨道交通建设展现了世界轨道交通史上前所未有的发展规模和速度，正处在城市轨道交通建设的黄金发展期。

我国城市轨道交通发展经历了发展起步、开始建设、建设高潮、停滞调整和蓬勃发展等五个阶段。

发展起步阶段（1965—1970 年）

1965 年开始建设、1969 年建成通车的北京地铁 1 号线，全长 23.6 km。

1970 年开始建设、1984 年通车的天津地铁 1 号线，全长 7.4 km。

此阶段地铁建设除了客运功能外，还考虑到人防战备需要。

国内第一条地铁线—北京地铁 1 号线开工

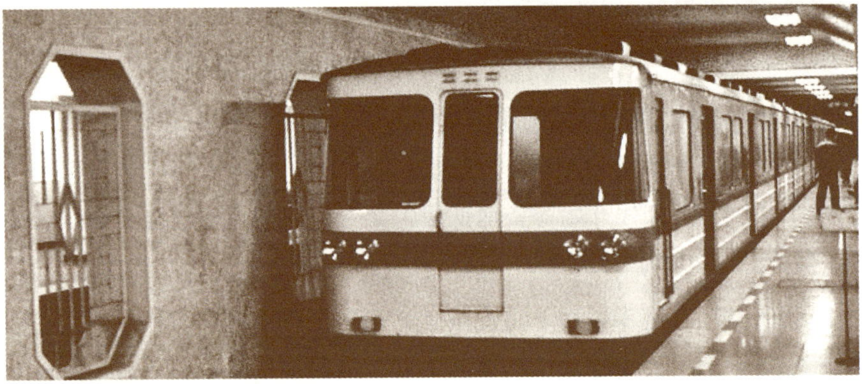

国内最早建成的北京地铁 1 号线车站

开始建设阶段（1970—1994 年）

以北京地铁 1 号线完全建成，天津地铁 1 号线、上海地铁 1 号线，广州地铁 1 号线开工建设为标志，城市轨道建设成规模发展。与此同时，国内部分城市道路，如北京、上海、广州，交通供给能力严重不足，发展大容量轨道交通方式的理念开始显现，我国真正以交通为目的开始轨道交通项目建设。

随着上海、广州地铁项目的建设，大批城市包括沈阳、天津、南京、重庆、武汉、深圳、成都、青岛等开始上报轨道交通项目。由于轨道交通的巨大优势，新建城市轨道交通的城市迅速增多，城市轨道交通的网络化运营、制式多元化开始出现，城市轨道交通类型的现代化特征开始呈现。

建设调整阶段（1995—1999 年）

部分城市轨道交通建设速度过快过猛，许多地方不考虑经济的承受能力和社会发展的需要，城市轨道交通建设带有很大盲目性，城市轨道交通工程造价高、轨道交通车辆和大部分设备大量引进国外产品和技术。为此，政府加大地铁项目的宏观调控力度,1995 年至 1998 年项目建设变缓，进入调整期。

蓬勃发展阶段（1999 年至今）

随着积极财政政策的实施，国家从建设资金上给予有力支持。1999 年后，特别是最近十年来我国成为全球城市轨道交通发展最快的国家，已开始拥有世界上运营里程最长的城市轨道交通系统路线。通过技术引进，国际先进制造企业同国内企业合作，实现了城市轨道交通车辆、设备国产化，城市轨道交通设备系统造价大幅降低。国家先后批准了深圳、上海、广州、重庆、武汉、南京、杭州、成都、哈尔滨等多个城市轨道交通项目，并投入大量资金予以支持，我国轨道交通建设进入高速发展期。轨道交通按照“超前规划、适时建设”的原则快速发展，地铁系统、轻轨系统、单轨（独轨）系统、有轨电车、磁悬浮系统、市域快速轨道系统、自动导向轨道系统、市域快轨系统等均已成功应用，城市轨道交通的网络化、多元化、现代化逐步形成。城市轨道交通承担公共交通总客运量快速增长，北京、上海等部分特大城市 2020 年轨道交通承担公共交通总客运量有望超过 50%，逐步形成以轨道交通为主导的公共交通网络，以轨道交通为主导优化公共交通网络达到运能资源共享成为重要课题。

根据中国城市轨道交通协会的相关信息，截至 2016 年末，中国大陆地区共 30 个城市开通运营城市轨道交通，共计 133 条线路，运营线路总长度达 4 152.8 km。其中，地铁 3 168.7 km，占 76.3%；其他制式城轨交通运营线路长度 984.1 km，占 23.7%。2016 年累计完成客运量 160.9 亿人次，同比增长

16.6%。拥有 2 条及以上城轨交通运营线路的城市已增加到 21 个。运营线路增多、客流持续增长、系统制式多元化、运营线路网络化的发展趋势更加明显。“十二五”期间，累计新投运线路 2 019 km，完成投资 12 289 亿元，客运量 528 亿人次，规模快速增长、客运效果不断向好，系统制式和线网层次逐步丰富，网络化格局基本形成，运营服务水平稳步提高。预计“十三五”期间，城市轨道交通仍将继续保持快速增长、良性发展的势头。

未来发展

《国家新型城镇化规划（2014—2020）》提出，到 2020 年，大城市公共交通出行占机动化出行比例要达到 60% 以上。发达国家为 50% 以上，伦敦、东京则高达 80%—90%；反观我国，2014 年全国平均分担率仅为 9.6%。可见，今后五年要大幅提高公交出行比，大幅提高城市轨道交通分担率，这两个“大幅提高”必将有力推动城市轨道交通的发展。城市轨道交通在规模保持持续快速增长状态，网络化目标逐步实现的基础上，目前已获得城市轨道交通建设项目批复的城市有 44 个，规划线路总规模 4 705 km，计划于“十三五”期间开始建设。各城市批复规划线路均超过 2 条，线网规模超 100 km 的有 28 个城市。北上广规模达到 500—1 000 km，基本形成网络化运营；南京、深圳、重庆、成都、武汉和大连等城市规模达到 200—500 km，逐步形成网络化运营格局；其他城市规模在 200 km 以内，未来也将形成网络基本骨架。规划线路包含地铁、轻轨、单轨、市域快轨、现代有轨电车、磁浮交通、APM 等多种制式，城市轨道交通系统呈现持续多元化发展态势。预计“十三五”期间，我国城市轨道交通由以地铁为主逐步转变为地铁、轻轨、单轨、现代有轨电车、市域快轨、磁浮交通和 APM 等多制式协调发展的新局面。我国城市轨道交通制式将更加多元，配置将更加优化。随着线路规模的持续增大，互联互通示范工程的推进，城市轨道交通网络化建设进度将进一步加快，网络层次逐步丰富，线网结构不断完善，覆盖区域不断扩大，必将带来城市居民日常出行方式的根本改变，城市轨道交通在中国城镇化进程中的作用将更加显著。

城市轨道交通装备的今天和明天

城市轨道交通装备发展需求

在城市轨道交通各项费用中，除土地整理和拆迁成本、市政配套等费用外，设备总需求占投资总额的30%—40%以上，所需设备主要包括车辆、通信及信号系统、供电系统以其他机电设备、维护检修装备等。由于城市轨道交通特别是地铁的施工建设时间长，一般建设时间需要3—5年，其中前2—3年主要是土建工程，后1—2年主要是设备的采购和安装调试。随着我国轨道交通行业的快速发展，相关设备需求日益增长、高峰频现，从事相关设备生产的上、中、下游制造业将直接受益。

轨道交通建设和运营所涉及的产业链较为庞大，前期主要是基础建设领域的企业，包括土木工程、隧道等承接商以及工程机械类企业，中期包括车辆制造企业，牵引供电系统、通信信号系统、机电等装备企业，下游为运营维护等产业。随着城镇化的推进，轨道交通正在全国范围大面积的铺开，轨道交通的产业链比较长，辐射面非常广泛，可以带动多个行业的发展，车辆制造、电气设备、电子通信系统、轨道、专用检维修装备等是主要的受益行业。

城市轨道交通装备发展方向

《城市轨道交通2015年度统计和分析报告》（中国城市轨道交通协会2016年发布）和《中国制造2025规划系列解读之推动先进轨道交通装备发展》（工业与信息化部装备工业司2016年发布）等相关资料显示，我国城市轨道交通装备制造业经历多年的发展，已经形成了自主研发、配套完整、设备齐全、规模经营的集研发、设计、制造、试验和服务于一体的轨道交通装备制造体系，包括城轨车辆、机车车辆关键部件、信号设备、牵引供电设备、机电、轨道工程机械设备、维护检修设备等十多个专业制造系统。

中国轨道交通装备制造业是创新驱动、智能转型、强化基础、绿色发展的典型代表，是我国高端装备制造领域自主创新程度最高、国际创新竞争力最强、产业带动效应最明显的行业之一。我国轨道交通装备制造行业整体还很年轻，与发达工业国家相比还有一定的提升空间。我国轨道交通装备制造业要以国家实施的中国制造强国战略和“一带一路”倡议为契机，紧紧抓住技术演进和产业发展的机遇，坚持创新驱动，实现由制造大国到制造强国的升级。随着社会经济的快速发展，资源紧缺、污染严重等问题突出，道路交通拥堵、排放及噪声污染、公交便捷及安全等问题愈发被人们关注。世界各国都将发展安全、高效、绿色、智能的新型轨道交通作为未来公共交通发展的主导方向，发展模式也由传统模式向互联互通、可持续、多模式运输发展转化。当前，全球正出现以信息网络、智能制造、新能源和新材料为代表的新一轮技术创新浪潮，全球轨道交通装备领域孕育新一轮全方位的变革。轨道交通装备制造业作为高端制造的代表，全球领先的轨道交通企业已经开始实施产品数字化设计、智能化制造、信息化服务。在发展趋势和政策导向下，中国轨道交通装备制造业将迈进信息化、智能化时代，走上制造强国之路。“互联网＋轨道交通”装备制造业，既符合国家发展大局，也是轨道交通转型发展的必然要求。结合现实需求，利用互联网技术，实现互联网与轨道交通装备制造业融合，使其成为企业间协同创新与资源聚合共享的核心平台、通过企业业务流程优化，进一步实现装备产品数字化定制、智能化生产、人性化感知、可视化监控的全生命周期服务；“互联网＋”轨道交通装备制造业的发展，不仅能够提高产业组织的合理性和管理的质量、降低产业发展的成本，更可使轨道交通装备制造业在国内外市场竞争中取得优势。互联网与城市轨道交通的深入融合，正在不断衍生出崭新的自动化、智能化新技术。

以“互联网＋”等新技术为特征的轨道交通装备制造业的根本任务是将

轨道交通作为公共交通和大宗运输载体的巨大发展空间，以绿色智能技术为主线，以多样性产品为载体，以全球市场为目标，实现技术引领、产业辐射。到 2025 年，我国轨道交通装备制造业要形成完善的、具有持续创新能力的创新体系，在主要领域全面推行智能制造模式，主要产品达到国际领先水平，境外业务占比达到 40%，服务业务占比超过 20%，主导国际标准修订，建成全球领先的现代化轨道交通装备产业体系，占据全球产业链的高端。围绕轨道交通装备制造强国的战略目标，按照“推动原始创新、引领绿色智能、创新发展模式、拓展国际空间”的发展思路，以构建具有世界领先的现代轨道交通装备产业体系为指引，以体现信息技术与制造技术深度融合的数字化、智能化中国制造为主线，推进要素驱动向创新驱动转变、低成本竞争优势向质量效益竞争优势转变、传统制造向智能制造转变、生产型制造向服务型制造转变。

未来十年的我国轨道交通装备发展重点是依托数字化、信息化技术平台，广泛应用新材料、新技术和新工艺，重点研制安全可靠、先进成熟、节能环保的绿色智能谱系化产品，拓展“制造 + 服务”商业模式，开展全球化经营，建立世界领先的轨道交通装备产业创新体系。历史经验表明，每次产业变革都会催生一批新模式和新业态。在新一轮技术和产业革命正在孕育的时代背景下，企业要在已有技术基础上容纳新的信息，用商业模式创新来创造新业态、新模式。作为“中国制造 2025”提出的重点发展领域之一，轨道交通装备制造业要率先开创发展的新模式，一是大力推进制造与服务业融合发展；二是促进科学技术与商业模式的融合创新；三是整合、组建跨国经营、全球领先的轨道交通装备企业集团，构建中国轨道交通协同出海的“联合舰队”，在国际市场竞争中形成中国力量。实施“中国制造 2025”，加速中国轨道交通装备由中国制造向中国创造转变，将有力推动中国高端装备制造业的产业升级，大力带动信息产业、电子工业、材料工业等相关产业链整体实力提升，有力推进中国由制造大国向制造强国迈进。

城市轨道交通装备技术重点

近年来，城市轨道交通装备行业在政府大力支持领导下，较好地落实“人文、绿色、科技”三大理念，通过自主研发以及“引进、消化、吸收、创新”国外先进技术和设备，在各个城市应用了大量新技术、新装备，在人性化、节能减排、减振、网络化、国产化等方面也进行了大量研究、试验和应用，提高了轨道交通关键技术装备的科技含量、国产化水平和服务水平，取得了一批重要成果，如国产 CBTC 信号系统、多种制式及类型的电客车、车辆牵引和制动系统、综合监控平台软件、站台门、基于行车指挥为核心的综合监控系统、通风空调节能系统、轨道减振装置、轨道交通工程建设安全风险体系及信息化管理平台、数字化电子乘客导向系统。

未来十年，我国轨道交通产业在继续将做好新材料、新设备、新工艺、新技术应用的基础上，重点关注绿色节能、运营安全、提升网络化水平和运营效率（能力）等环节，如全自动驾驶系统、轨道交通设备综合自动化系统深化研究及推广、轨道交通无线集群系统自主化研究及示范、全高清视频监控系统及客流智能分析系统的应用推广、乘客信息（PIS）系统、车地通信技术研究、高速无线系统、轨道交通供电系统综合节能技术的研究与应用、关键设备的智能诊断系统研究、轨道交通网络信息安全、综合减振、直接蒸发与蒸发冷凝结合式空调系统，基于 BIM\GIS 和物联网的全过程建造及智能维修技术和相关系统研发应用。此外还有出行服务定制化。应用互联网、大数据、智能终端技术，为乘客提供定制化的出行规划、实时导航和票务服务，提高服务水平。这是轨道交通的现实需求，也为相关装备制造业提供了巨大发展机会。同时，我们也要看到，目前我们的城市轨道交通部分核心技术自主化水平不高，与部分发达国家相比，核心竞争力和创新水平尚有差距。面对国内外市场强劲需求，再加上“一带一路”倡议的带动，结合互联网等新技术，充分利用好国家的相关政策和市场需求，切实提高行业创新能力，提升轨道交通装备制造业的产业升级。

近年来我国城市轨道交通快速发展，出现了若干新的发展趋势。

制式多样化

城市轨道交通层次应涵盖地铁、市域（区域）快轨、轻轨、有轨电车、中低速磁浮等不同速度目标值、服务差异化的系统制式，形成功能结构合理的多层次轨道交通体系。从各大城市发展的历程来看，都经历了城市集中蔓延和小汽车快速普及、城市空间扩散和多模式交通体系构建的快速发展、全球城市功能提升和稳步发展三个阶段，随着城市轨道交通规模不断扩大，通勤都市圈的形成，客流也出现了差异化需求，对速度及时间、舒适度的要求也有了新的不同，这就对轨道交通层次也提出了新的需求。如北京目前轨道交通层次还比较单一，在 2020 线网规划中就考虑了市域快线等制式，形成了市域（区域）快线系统、地铁系统、中低运量系统的综合轨道交通层次体系。制式的多元化带来了各类车辆、轨道、设备系统、维护检修各方面的需求变化，并由此产生了新的巨大差异化订单。

智能化信息化技术

城市轨道交通专业门类广，涉及环节多，设备数量大，技术含量高，互联网创新成果的应用，将促进城市轨道交通各系统工作的智能化。通过数字技术的开发应用建设施工管理平台，可推进规划、设计、施工、投运等各环节统筹与合作，实现数字化工程建设；利用大数据、物联网等技术建立客流行为的收集分析系统，可进一步完善行车指挥系统和应急处置联动系统，从而实现调度指挥动态化和智能化；利用物联网、移动互联网等技术，可实现车辆、供电、信号等重要设备在线实时信息采集，形成设备实时感知、在线监测、故障预警、在线维护保障的设备维保新模式；通过互联网、大数据、智能终端的应用，可为乘客提供定制化的出行规划、实时导航和票务服务，提高服务水平；再加上全自动运行技术和互联互通技术等一系列智能化技术的探索和应用，正在推动城市轨道交通迈入数字化、信息化、智能化发展的新阶段。“互联网 +”在城市轨道交通规划设计、工程建设、运营管理、设备维护、乘客服务等环节的不断融合，将大量涌现自动化智能化技术。比如可为工程建设提供科学合理施工方案的 BIM 技术（建筑信息模型），以设计、施工、运营各个阶段的数字信息应用为依托，通过模拟实体建筑工程的建设行为，不仅可在早期设计阶段发现后期施工阶段将会出现的各种问题，还可在投运后对设备维护提供精准的指引，进行全生命周期的数字化、智能化管理。国际上欧、美、日已普遍应用，我国的京、沪、穗等城市也有实践，是城市轨道交通工程建设智能化的路径。

全自动驾驶技术

据公共交通国际联会（UITP）的统计：2013 年底，境外有 32 市 48 条 678 km 地铁线路使用全自动驾驶技术，占全部地铁线路 7.5% 左右。到 2020 年末，境外将有 40% 的老线改造为全自动驾驶线路、75% 的新线使用全自动驾驶技术，2025 年全自动驾驶的总里程将达到 1 800 km。这预示着国际地铁建设已进入全自动驾驶技术的高速发展期。我国内地全自动驾驶技术于 2010 年开始于上海地铁 10 号线（线路全长 36 km，共设 31 座车站），引进阿尔斯通技术在国内消化集成建造而成；2017 年底开通的北京燕房线（14.4 km 高架线路，共设 9 座车站）是我国第一条具有完全自主知识产权的全自动驾驶技术系统，已列为国家发改委和北京市的示范工程；根据北京新线建设总体安排，北京在 3 号线、12 号线、17 号线、新机场线等 5 条线路上推广应用全自动运行，到 2020 年，北京将有总计 183km 的全自动运行的轨道交通系统，届时占北京地铁运营线路近 20%。北京、上海、广州等特大城市轨道交通全自动驾驶技术的推广应用为我们赶超国际城市轨道交通技术发展提供了良好的条件和市场。

互联互通及信息集成技术

城市轨道交通制式不同、运营主体不同的互联互通有效满足了乘客“直达”“不同速度”“便捷换乘”等多样化需求，如巴黎地铁和快速铁路网（RER）两大城市轨道交通系统，基本实现了车辆、信号、线路的互联互通；柏林、汉堡、慕尼黑的城市快车与地铁，穿经市区时共用同一线路，外出郊区再视客流情况分支运行。互联互通技术的应用，缓解了换乘压力，方便了乘客出行，实现了资源共享，改善了运能的均衡性。国内交通的互联互通正在重庆、北京实施示范应用，在多条线路之间实现线路、车辆、供电、信号、调度、通信各系统以及联调联试的全面互联互通，跨线运行、共走廊运行、越线运行，市郊组团、交通枢纽、商业中心快速直达，乘客候车、乘车、换乘的时间缩短，线路局部点发生故障全线不停运，车站客运设施的集散能力与列车运能相匹配。互联互通是城市轨道交通重要的发展方向。此外，将列车自动监控系统、电力监控系统、环境与设备监控系统等主要监控系统进行深度整合和信息共享，实现了与广播系统、闭路电视系统、乘客信息系统等系统的高效联动等集成技术，为推动地铁综合指挥调度、提高运营指挥效率提供了技术基础。

绿色节能

按照同等运力比较，城市轨道交通的能耗只相当于小汽车的 1/9，公交车的 1/2，选用轨道交通作为未来城市公共交通的主要形式，本身就具有重要的节能意义。但由于其大运量的特点，使得总能耗相当大。所以，尽快找到大幅降低地铁运行能耗的方法，已成为保持北京城市轨道交通高速度可持续发展必须解决的重要问题之一。国务院 2012 年发布的节能减排“十二五”规划中明确指出，要推进交通运输节能，“优先发展公共交通，有序推进轨道交通建设”，由此可以看出国家对轨道交通建设的重视。轨道交通的建设发展，势必带来能耗的不断增长，如 2013 年北京轨道交通综合能耗折合 17.7 万吨标煤，地铁公司现已成为北京市单一最大重点用能单位。而随着线网规模的增大、车站数量的增多、城市轨道交通的能耗总量也势必直线上升。参考建筑、工业行业节能产值比例 5% 计算，仅仅节能投资将可达 1 000 亿元级别，节能潜力非常巨大。

目前，在轨道交通工程建设和运营过程中，对节能工程的重视力度还有待提高。主要表现为：目前轨道交通节能评价体系建设不完善、节能技术缺乏系统性，节能体系建设不完善，节能装备整体技术水平不高，从其他行业引入的相关技术及产品的适应性有待系统性研究。节能减排是贯穿于工程全生命周期的，车辆牵引供电、车站通风空调和车站设备为主要的耗能设备，占整个轨道交通能耗的 70%—90%，是节能工作的重点领域，涉及列车牵引系统节能（列车本体设计、能量吸收、列车节能型照明光源、列车新风门调等）、照明系统节能（节能型荧光灯、LED 灯、车站智能照明控制技术等）、空调通风节能（系统变频、空调系统模糊控制、新型节能空调系统，如直接蒸发、可开启站台门通风空调系统）、自动扶梯（变频节能、相控节能技术）、再生能源（太阳能光伏并网发电、再生制动、车辆段雨水利用等技术）、能源管控、高架段声屏障、轨道减振及综合减振等。随着对绿色轨道的需求提升，一大批的课题有待研发和完善，如综合减振技术、海绵轨道交通、新型声屏障技术、地面无塔通风空调系统、提高车站空气质量等技术，并以此提高轨道交通的可持续性发展水平。

城市轨道交通之车辆

运行魅力

城市轨道交通车辆的主要技术特点

城市轨道交通车辆是运行在固定轨道上、用电力驱动、以轮轨或导轨方式成列编组运行、承担城市客运服务的大运量交通工具，是城市轨道交通中的重要装备。

与城市公共汽车相比，城市轨道交通车辆主要有如下技术特点：

（1）自行导向。无论是钢轮钢轨，还是胶轨导轨，城市轨道交通车辆均通过其特殊的轮轨结构，保证车辆始终能沿着轨道运行，不用控制运行的方向，而包括公共汽车在内的其他运输工具都要由方向盘来控制运行方向。

（2）低运行阻力。车辆在轨道上运行，轨道平顺度高，除坡道、弯道及空气阻力外，运行时的阻力很小。这就是轨道交通节能环保、绿色无污染的原因。公共汽车通过轮胎在公路上运行，轮胎与地面摩擦阻力大。

（3）成列运行。车辆沿着轨道运行，又是低阻力，轨道线相对封闭，外部无干扰，故可以编组成列运行。车辆成列运行，相当于车辆与车辆之间的间隔为零，线路上的通过能力可以做到很大。城市大公共汽车将两辆车连挂在一起，类似“公交列车”运行。美国公路上一个牵引车头带着两三辆公路拖车，类似“货物列车”运行。但公路上要形成较大的“汽车列车”，没有运行轨道是不可能做到的。

（4）严格的外形尺寸限制。轨道车辆只能沿着轨道运行，无法像其他车辆那样主动避开靠近它的物体。为此，除了要制定轨道限界、严禁外部物体进入界限外，车辆本身外形尺寸也要严格限制。而公共汽车也有外形尺寸限制，但没有轨道车辆严格。

（5）高可靠性及安全性。城市轨道车辆是城市特种大中运量的交通工具，运行于城区或地下等封闭的专用线路上，单线运行，行车密度大，如发生问题，将阻断交通、救援困难，因此对车辆的可靠性、安全性、噪声、振动、防火等提出了更加严格的要求。公共汽车运行在地面上，出现问题可绕行，施救方便，对可靠性及安全性的要求没有轨道车辆高。

城市轨道交通车辆与干线铁路车辆的区别

虽然城市轨道交通车辆与干线铁路车辆性质相同，但与干线铁路车辆相比，城市轨道交通车辆又有其独有的技术特点。

（1）城市轨道交通车辆只承担城市内或城际间的旅客输送任务，而干线铁路车辆承担着国家的中、长途旅客运输和货物运输。因此，与干线铁路车辆相比，城市轨道交通车辆外形尺寸小，轴重轻，车辆编组量数小，列车长度较短。

（2）城市轨道交通车辆运行线路短，站间距小，车辆需要频繁启动、制动，启动加速度、制动加速度均大于干线铁路车辆，且车辆最高运行速度、平均旅行速度均比干线铁路低。干线铁路车辆采用长交路运行方式，中间站间距大，不用频繁启动、制动；车辆有足够距离来启动、制动，不用太大的启动、制动加速度；车辆长时间保持高速运行，平均旅行速度高，以缩短旅客出行时间。

（3）城市轨道交通车辆种类丰富，型式多样。既有传统的钢轮钢轨车辆，又有胶轮导轨车辆；既有传统的双轨车辆，又有单轨车辆；既有靠轮轨黏着力运行的车辆，又有靠电磁力运行的车辆。而干线铁路车辆只有传统的轮轨车辆。

（4）城市轨道交通车辆要满足乘客流量大、频繁快速上、下车的要求，因此座位少，车门多、开度大，车内设施简单。干线铁路车辆主要运输中、长途旅客，车内要有良好的服务设施，如餐饮设施、卫生间、软硬座位等。

（5）城市轨道交通车辆启动、制动加速度大，单位重量的牵引功率和制动功率要大，需要更高比例的动拖比。而干线铁路车辆，除高铁及动车组外，160km/h 以下的车辆无动拖比要求，可采用机车牵引方式运行。

（6）根据线路条件，城市轨道交通车辆供电有接触网供电、第三轨供电等方式，用电制式有直流电、交流电、交－直流混用等多种型式，电压有 DC 750 V、DC 1 500 V、DC 3 000 V 和 AC 20 kV、AC 25 kV 以及交－直流混用等多种等级。而干线铁路车辆采用接触网供电，电压只有 AC 25 kV。

（7）城市轨道交通车辆具有故障自救或救援能力。城市轨道交通车辆一旦发生故障，能凭自身动力启动而驶入最近的存车线，以尽快驶离正线，疏通线路。当别的车辆无法启动时，城市轨道交通车辆具有救援能力，能牵引故障车辆驶入存车线。干线铁路车辆发生故障，只能用专门的救援列车施救，车辆本身无自救或救援能力。

家族种类

随着现代科技的进步和城市轨道交通的发展，城市轨道交通车辆的型式越来越多。按运量规模划分，有大运量、中运量、小运量；按运行线路敷设方式划分，有地下、地面、高架；按照轮轨材料划分，有钢轮钢轨、胶轮钢筋混凝土轨；按导向方式划分，有轮轨导向、导向轮导向；按牵引方式划分，有旋转式直流、交流电机牵引和直线电机牵引；按驱动力划分，有轮轨黏着力驱动、电磁力驱动；按运动方式划分，有接触运行、悬浮运行。

目前城市轨道交通车辆的主要型式有地铁车辆、轻轨车辆、有轨电车、单轨车辆、磁悬浮列车、自动导向轨道车辆、市域快速轨道车辆等七大类，且每个大类又包含有多个小类。这七大类城市轨道交通车辆，既相互关联，又各具特色。

地铁车辆

地铁车辆是铁路客车的“小型化”。铁路客车轴重大，车辆长，转弯半径大，如果作为地铁车辆使用，工程造价难以承受，且铁路客车用于中、长途客运，站间距大，机车牵引，而地铁车辆是城市短途客运，站间距小，启动、制动频繁。因此，将铁路客车外形尺寸适当缩小，降低轴重，减小隧道工程量，并提高车辆的启动加速度和制动加速度，增加车辆牵引动力。这就是地铁车辆的由来。

地铁及地铁车辆的发展已有 100 多年的时间。1863 年，世界上第一条地铁在英国伦敦建成通车，采用蒸汽机车牵引。1879 年，采用电力驱动的地铁车辆研制成功，地下客运环境得到了空前的改善，地铁显示出强大的生命力。至 1899 年，有英国伦敦、美国纽约、法国巴黎等 5 个国家 7 座城市率先建成了地铁。其中，巴黎有 4 条地铁采用橡胶轮体系的 VAL 车辆。20 世纪 50 年代至 90 年代之间，城市化进程加快，城市人口与小汽车激增，道路大面积堵塞、空气污染严重，拉动了地铁的快速发展。到目前为止，全世界共有 50 多个国家 200 多个城市开通了地铁。

我国地铁起步较晚，其中还经历了调整整顿阶段，但发展迅猛。20 世纪 60 年代，北京地铁 1 号线开始建设，标志着我国地铁的起步。20 世纪 80 年代末至 90 年代中期，上海、北京、广州地铁开建，另有多个城市上报地铁项目建设规划，我国地铁进入了大规划建设阶段。20 世纪 90 年代中后期，针对许多地方不考虑经济承受能力和社会发展需要一窝蜂地申报地铁建设的盲目性，国家对地铁建设规划调整整顿。从 1999 年至今，为加快城镇化进程，我国地铁建设进入了蓬勃发展阶段，在建或规划建设的地铁是世界上最多的。

地铁车辆一般采用标准地铁车辆，以前也采用过橡胶轮体系的 VAL 车辆。VAL 车辆运行阻力大，能耗高，已被淘汰。标准地铁车辆已在国内外广泛应用，其主要结构与铁路客车基本相同，采用传统的轮轨关系、传动机械等技术，牵引动力采用交流电机牵引、变频变压（VVVF）控制。车辆供电采用接触网或第三轨供电，接触网供电会加大空间断面，提高工程造价，而第三轨供电电压有限，需加密变电站数量。

地铁车辆的运行线路主要是在地下隧道、部分路段也可建设在地面或高架，运行区间主要是在市区，也可延伸到市郊，运行方式采用电力驱动，运行线路全封闭，信号自动化控制。因此，地铁具有运量大、速度快、能耗低、安全、准时、舒适、节约城市土地资源等优点，但建设费用高，建设周期长，只适合 100 万以上人口的特大城市采用。一旦发生火灾等自然灾害，乘客疏散较困难，因此对安全管理的要求很高。

按照车体宽度，标准地铁车辆主要分为地铁 A 型车、地铁 B 型车及 LB 直线电机车。

地铁 A 型车

地铁 A 型车是地铁车辆中体积最大的车辆。与我国普遍运营的地铁 B 型、地铁 C 型列车相比，该车载客量大、技术先进、乘坐舒适、运行可靠，是地铁车辆中的高端产品。

地铁 A 型车定员可达 310 人，单向运能高峰可达 6 万—7 万人次 / 时，属高运量的城市轨道交通工具，尤其适合人口密度、流量大的特大型城市使用，可以解决加挂车厢过多带来的诸多难题，有效缓解轨道交通运输压力。

我国 1967 年自行研制出我国地铁列车，起步较早，但发展较慢。到 20 世纪 80 年代，只能生产 B 型地铁列车，技术水平较低。上海、广州、深圳等三个城市使用的 A 型地铁车要么从国外进口，要么是合资企业生产，进口车辆整体技术水平比国产车提升了一个层次，但价格很高、备件昂贵、维修困难。20 世纪 80 年代，从日本引进三辆地铁样机，20 世纪 90 年代，上海、广州从德国批量进口地铁整车，并把欧洲地铁车辆的设计理念及相关标准引入中国，我国地铁车辆厂家开始充分吸收国外地铁车辆的先进经验。

1999 年起，国家出台了一系列推进国产化的技术政策。A 型地铁列车国产化是当时国务院加快振兴制造业若干意见中确定的 16 个关键领域实现重大突破的主要任务之一。经过国内地铁车辆厂家的努力，A 型地铁列车研制成功，国产化率达到 85%，总体达到西门子、阿尔斯通、庞巴迪等跨国公司同等技术水平，而成本降低 20% 以上。

2003 年 11 月，我国首列 A 型地铁客车在长春下线。该车采用铝合金材料车体，设计时速为 90 km/h。列车为标准的 6 节编组，4 动 2 拖。车辆具有技术先进、性能可靠、低寿命周期成本等特点，该车牵引系统采用先进的 VVVF 传动控制技术、通信和控制使用了最先进的列车网络控制技术，用数字信号代替模拟信号，列车既可由司机驾驶也可实现全自动驾驶。

2006 年 8 月，我国第一列具有自主知识产权的 A 型地铁列车在上海下线。该列车最大载客量为 2 460 人，每辆车长度为 22 800 mm，宽度为 3 000 mm，最大运行速度 80 km/h。该车实现了整车设计、集成技术和转向架、铝合金车体、牵引及列车控制系统等关键部件技术的突破，国产化率达到 85%，打破了跨国公司在 A 型地铁列车领域的技术垄断，推动了城市轨道交通车辆及其关键部件的国产化进程。

我国首列 A 型地铁车辆

我国首列具有自主知识产权的地铁 A 型车

2008 年 9 月，首个自主产业化 A 型地铁车辆在株机公司下线，实现了从投标到产品的设计、制造、系统集成、供应商管理、售后服务等全部自主完成。由于采用最先进的铝合金全焊接技术，比同类型地铁列车轻 2 t 以上，由此每列车每年可减少运营耗电 12 万千瓦时以上，具有很好的经济和节能环保效果。车体采用鼓形车体整体承载技术，车身更为流畅美观，宽达 3 100 mm，大大增加了乘客乘坐的舒适度，最大载客量可达 2 502 人，能够缓解运输高峰的压力。

2012 年 12 月，我国首列轻量化不锈钢 A 型地铁车辆在青岛四方研制成功。该地铁车辆的最高运营速度为 80 km/h，采用接触网受流方式，每列车辆为 6 节组。车体首次采用轻量化、无涂装不锈钢材料，具有安全可靠、经济环保、乘坐舒适的特点。车辆的最大载客量达到 2 580 人，比北京现行运营的 B 型车辆增加 700 人左右。车辆采用国产自主知识产权的列车网络控制系统和空气制动系统，其防撞击、车体的强度等性能采用欧洲最新的技术标准。该地铁车辆的研制成功，对完善我国地铁车辆的品类体系及我国地铁车辆的多元化发展具有深远的影响。

我国首个自主产业化 A 型地铁车辆

我国首列轻量化不锈钢 A 型地铁车辆

地铁 B 型车

与地铁 A 型车相比，地铁 B 型车长度缩短约 3 m，宽度收窄 0.2 m，由此引起的地下隧道断面和曲线半径缩小，工程量和工程造价大大降低。

地铁 B 型车定员达 230—245 人，单向运能高峰达 2.5 万—5 万人次 / 时，属于大运量的城市轨道交通工具。

我国地铁从 20 世纪 70 年代北京地铁 1 号线开始就采用 B 型车，受当时技术水平限制，速度小，采用直流传动，功率小，能耗大。到了 20 世纪 80 年代，全面采用 VVVF 交流传动技术，B 型车设计、制造全部由国内企业完成，国产化率 70% 以上，只有少数关键部件进口。目前，我国地铁大多数采用的是 B 型车，总数达到了 4 000 辆左右。

株机公司与西门子公司合作研发的广州地铁 3 号线 B 型车，车身宽 2 800 mm，车长 19 980 mm，流线型外观，6 辆编组（4M2T），最高运行速度 120 km/h，是我国当时最快的地铁车辆。运营初期采用 3 节编组列车，由于客流过大，2010 年改为 6 节编组。启动加速度为 0.9 m/s²，常用减速度为 1.0 m/s²，紧急制动减速度为 1.3 m/s²。列车定员 1 348 人，其中座席 284 人。单侧车门数 4 个。采用架空接触网供电，供电电压 DC 1 500 V。

我国运行最快的地铁 B 型车

地铁 LB 型车

地铁 LB 型车就是采用直线电机驱动的 B 型车，普通地铁 B 型车则采用旋转电机驱动。

与地铁 B 型车相比，地铁 LB 型车长度略有缩短，载客量减少到 215—240 人，单向运能可达 2.5 万—4 万人次 / 时，属于大运量的城市轨道交通工具。

直线电机车辆是当今世界先进的城市轨道交通工具。原理是：将旋转电机的定子（一次线圈）和转子(二次线圈)展平铺开，定子固定在转向架上，转子固定在道床上（俗称感应板），定子通过交流电产生移动磁场，感应板经切割磁力线产生涡流，磁场与涡流相互作用，沿移动磁场方向产生吸力和斥力，从而实现车辆的运行和制动。直线电机车辆的驱动力大小和磁场的强度、感应板与“板式电机”的间隙有关，与轮轨黏着系数无关，车辆的轮轨只起支撑和导向作用。

与地铁 A 型车、B 型车相比，LB 型车的转向架有很大变化。地铁 A 型车、B 型车转向架中，旋转电机安装在车轴与摇枕中间，通过齿轮箱与车轴相连。车辆运行和制动时，通过轮轨间的黏着提供车辆驱动力和制动力。而 LB 型车的转向架，直线电机定子安装在转向架下部，与轨道上直线电机转子发生作用，不用轮轨间黏着就能为车辆提供驱动力和制动力。

传统地铁车辆转向架

直线电机车辆转向架

传统地铁车辆运行的“三轨”结构

直线电机车辆运行的“四轨”结构

LB型车运行轨道也与地铁A型车、B型车的轨道不同。普通地铁车辆运行的轨道为“三轨”结构，2个走行轨，1条供电轨。走行轨既承重，又导向，还提供车辆运行驱动力和制动力。而LB型车运行的轨道为“四轨”结构，2个走行轨，1条供电轨，1条感应板。走行轨只承重和导向，车辆运行驱动力和制动力靠感应板来提供。

国外直线电机车辆的主要厂家为庞巴迪和川崎重工等公司。加拿大是世界上最早采用直线电机车辆技术的国家，庞巴迪制造的宽度2 650 mm的LB车辆，采用小编组、高密度、小运量运行方式，满足线路的灵活性及高架车站的规模、客流密度等。日本是世界上拥有直线电机车辆最多的国家，为便于线路通过，一般采用2 500 mm宽度的窄车体，采用大编组方式，以降低工程造价。

我国在20世纪80年代开始研究直线电机车辆，2004年，四方股份公司成功研制出大运量的LB型车。2006年，长春客车厂为北京机场线提供了4

辆编组的 LB 型车，标志着我国基本掌握了直线电机轨道交通系统的设计和制造技术，有力地推动了直线电机车辆的国产化和产业化进程。虽然国内厂家有生产经验，但主要部件为确保可靠性需进口，造成车辆购置费用较高。目前，国内采用 LB 型地铁车辆，主要是广州 4 号线、5 号线、6 号线和北京机场线。

首都机场线应用的直线电机系统车辆如图所示。列车 4 辆编组（4M），设计最高时速为 110 km/h，头车长 16 130 mm，中间车长 15 280 mm，车辆宽度 3 200 mm，启动加速度为 1.0 m/s²，常用减速度为 1.0 m/s²，紧急制动减速度为 1.3 m/s²。车辆定员 224 人，单侧车门数 2 个。采用第三轨供电，供电电压 DC 750 V。

我国研制生产的 LB 型直线电机车

轻轨车辆

轻轨车辆是地铁车辆的“轻量化”。地铁车辆轴重大，车辆长，转弯半径大，成本高，运量大，对于一些中运量的地区和城市，如果按地铁车辆标准建造，会造成浪费。通过适当缩小减小车辆外形尺寸、适度降低车辆轴重和荷载、减小通过的曲线半径，使之科学、实用、经济，就是轻轨车辆。

轻轨交通是在地铁交通、有轨电车交通的基础上发展起来的一种新型有轨电车。1978 年，在比利时国际公共交通联合会上，确定新型有轨电车交通的统一名称为轻轨交通（Light Rail Transit，简称 LRT）。相对于地铁交通，轻轨交通既免除了高昂投资；又具有中运量的特点。因此，作为主要承担市区内主要交通走廊或市区与近郊区之间的中长距离交通工具，轻轨交通在我国具有较大的发展前景。

轻轨车辆主要运行在城市地面或高架桥上，采用地面专用轨道或高架轨道，遇繁华街区，也可进入地下或隧道。为降低车辆振动对城市路面的影响，轻轨车辆的轴重比地铁 A 型车、B 型车要小；为适应城市路面的曲折弯道，采用了铰接式车体结构，转弯半径也比地铁 A 型车、B 型车要小。因此，轻轨车辆具有转弯半径小、爬坡能力强、运行噪声小、适应城市路面运行等优势。

轻轨车辆是介于地铁与有轨电车之间的交通工具。与地铁车辆、有轨电车相比，最大的不同点是路权。地铁车辆、轻轨车辆是享有专用路权的，而有轨电车则是不享有专用路权，与地面其他交通工具共同使用路面。

轻轨车辆主要有 C 型（LC 型）单节车、C 型铰接车。

C 型（LC 型）单节车

C 型单节车原是地铁车辆中最轻车型，因轴重与轻轨相同归类到轻轨车辆。LC 型单节车是采用直线电机驱动的 C 型单节车。该车将 C 型车轻量化优势和直线电机系统爬坡能力强、转向架轻巧等优势结合起来，可进一步降低工程造价。同时，C 型车轻量化也可减轻直线电机系统的能耗。

与地铁 A 型车、B 型车相比，C 型（LC 型）单节车车长、车宽均小，载客量也小，如图所示。列车通常由 3—5 辆组成，列车长度一般不超过 90 m，站台最大长度不应大于 100 m。车辆定员为 150 人，高峰期运量为 1 万—3.0 万人次 / 时。是一种中运量的城市轨道交通工具，特别适合于地面或高架。当前，C 型单节车在国内有少量应用，LC 型

轻轨 C 型单节车

单节车在我国尚无应用实例。

C 型铰接车

轨道车辆通过曲线时，车体两端与中间相对于曲线会产生偏移。车体越长，偏移量越大；曲线半径越小，偏移量越大。车体偏移量越大，越容易与周围的物体发生碰撞；车体偏移量越大，车辆越容易脱轨。为通过小半径曲线，减小车体在小半径曲线上的偏移量，将每节车体长度缩短，车体之间采用铰接，将原来的长大刚性车体变成较短的、可相对转动和扭转的柔性车体，就形成了铰接车。

C 型铰接车高峰期运量 1.5 万—3.5 万人次 / 时，是一种中运量的城市轨道交通工具，特别适合于地面或高架。

按照 GB/T 23431—2009《城市轻轨交通铰接车辆通用技术条件》的规定，C 型铰接车按轴数可分为 4 轴车、6 轴车、8 轴车，按地板高度又分为高地板车（G）和低地板车（D）。高地板车的地板面距轨面高为 950mm，低地板车为 350mm。

C 型铰接车划分 C- Ⅰ型、C- Ⅱ型和 C- Ⅲ型三大类型、六种车型，见下表：

C 型铰接车分类

类型	车体	高地板车辆（G）	高地板车辆（D）
C–I 型	4 轴铰接车辆	C–I（G）	C–I（D）
C–II 型	6 轴铰接车辆	C–II（G）	C–II（D）
C–III 型	8 轴铰接车辆	C–III（G）	C–III（D）

铰接车的车体间通过铰接方式连接，如下左图所示。铰接机构能传递纵向、垂向载荷，车体间可相对转动和扭转。由于每节车体长度较短，在曲线上偏移较小，能方便通过小半径曲线。

国内长春轻轨 C 型铰接车如下右图所示。该车已经成功运营多年，具有一定的运营管理和维修经验。

铰接车的下部固定铰接机构

我国研制生产的轻轨C型铰接车

有轨电车

有轨电车是轻轨车辆的“公交化”。轻轨车辆行走专用道路，占用城市路面，建设成本大，使用效率也不高。为解决以上问题，让轻轨车辆像公交汽车一样行驶在地面公共道路上，与汽车混行，就形成了有轨电车。

有轨电车大多2—3辆编组运行，最大运行速度为70 km/h，旅行速度在20 km/h左右，定员110—260人，高峰期运量为0.6万—1.2万人次/时，是一种低运量的城市轨道交通工具，还具备城市观光效果。

有轨电车是介于轻轨交通与公共汽车之间的一种交通方式，采用电力驱动、在轨道上行驶、与城市汽车共用路面，可作为中小城市公共交通的骨干，也可作为大城市地铁、轻轨等大中运量系统的补充、衔接和延伸。

有轨电车的起步较早。1881年就出现传统定义的有轨电车，1890年至1920年，有轨电车在全球发展广泛。但在20世纪50年代，由于有轨电车机动性差、噪声污染、供电线路影响市容等原因，线路被陆续拆除。同时，世界各国大力发展小汽车，造成大城市道路堵塞、空气污染、步行困难、市容杂乱。20世纪70年代末，采用现代新技术设计制造的现代有轨电车外形靓丽、机动性好，低噪声、无污染、节省能源、与城市景观协调，又重新获得人们的好评，成为城市交通拥堵问题新的解决方案。

作为城市路面上的公交车使用，有轨电车要满足三个基本条件：

一是城市路面不能建造高站台，只能利用人行道作为站台。因此，有轨电车采用低地板结构。低地板有轨电车的发展经历了部分低地板、70% 低地板和 100% 低地板三个阶段。部分低地板车是采用传统轮对转向架，分段式低地板，只在车辆中部设计一个低地板入口，便于乘客上、下车；70% 低地板有轨电车是采用传统轮对的动力转向架与独立车轮的非动力转向架，传统轮对的动力转向架放置两头，独立车轮的非动力转向架放在中部，低地板面积扩大至整车的 60%—70%；100% 低地板有轨电车全部采用独立车轮转向架，低地板面积达到整个车内面积的 100%。相比于 70% 的低地板有轨电车，100% 低地板有轨电车是有轨电车未来的发展方向。

由于地板面距轨面较低，电气设备无法放置在车下，只能放置在车顶。

二是城市路况复杂，车辆制动必须灵敏。为提高制动性能，通常有轨电车制动系统设有电制动、摩擦制动和磁轨制动等多种制动方式。常用制动方式以电制动为主，电制动不能满足要求时，由摩擦制动补充。紧急制动时，电制动、摩擦制动、磁轨制动一起投入，提高车辆的制动减速度，缩短紧急制动距离，保证列车运行安全。由于制动减速度大，车辆冲击也很大。

三是转弯半径要小，转弯时少占地面空间。因此，有轨电车通常采用铰接车体，以减小车辆转弯半径。且车头采用“尖窄”形状，减少转弯时的占地空间，如图所示。

采用“尖窄”形状的有轨电车

按照车辆黏着驱动方式，现代有轨电车分为钢轮钢轨和胶轮导轨两种型式。

钢轮钢轨低地板有轨电车

与地铁、轻轨车辆一样，钢轮钢轨低地板有轨电车采用铁道车辆的轮轨关系。车辆运行靠轮轨间的黏着力，运行方向靠轮轨导向。但为了达到低地板的要求，采用独立车轮转向架。

传统轮对转向架是左右车轮压装在一根车轴上，轮轴同时转动，依靠锥形踏面进行直线上的自动对中和曲线上的自动导向。而独立车轮转向架的车轴为U形轴，中间低，两头高，运行时车轴不转动，两个车轮各自独立自由转动。左、右两个车轮转动可以不同步，转速也可以不同。独立车轮转向架如图所示。

独立车轮转向架

目前国内外低地板转向架多采用独立车轮转向架，也有采用小车轮刚性轴转向架。在速度相同条件下，小车轮转动加快，轮对蛇行运行频率加大，影响车辆运行稳定性，加大轮轨磨耗，不宜大面积推广使用。早期曾采用轮毂电机驱动，这种方式虽然体积小、结构紧凑，但由于簧下重量大、轮轨作用力大、电机无法散热，结构复杂而未能推广。

21世纪前，低地板有轨电车技术为国外公司所垄断。西门子公司开发的Avenio系列有轨电车，采用铰接式车体和独立车轮，同时运用一种径向抗扭转装置，来调整单铰接两端模块与转向架的摆角，降低了车辆通过曲线的轮轨作用力和横向加速度，进一步减轻了轮缘磨耗，并降低车辆脱轨的风险。

日本川崎重工 KAWASAKI 于 2007 年研制的 Swimo 有轨电车如图所示。该车为 100% 低地板设计，采用 600V 直流接触网供电和车载蓄电池供电，3 辆编组，2 个铰接转向架，三相感应电动机驱动，IGBT 逆变控制。两轴转向架中的第 2 个车轴上安装小车轮，安装在司机室地板下面，使带有驾驶室的车辆也是完全平整的地板。

日本川崎重工的 Swimo 有轨电车

我国于 2000 年研制了我国首列 70% 低地板车 DL6WA，2005 年唐车公司为长春研发了 70% 低地板现代有轨电车。为促进 100% 低地板车的研发，2010 年国家将其列入“十一五”国家科技支撑计划重点项目，长春轨道客车股份有限公司研发 100% 低地板车辆，采用铝合金车体、独立车轮转向架，地板面高度 380 mm。2013 年，唐车公司、长客公司研发的 100% 低地板车辆，地板面高度均为 350 mm。国产低地板有轨电车如下左图所示。

2014 年，我国自行研制的超级电容的低地板有轨电车在株洲下线，如下右图所示。该车以车载超级电容储能供电，彻底甩掉地面供电线路。列车采用 4 组编组（3M1T），最高运行速度 70 km/h，地板面距轨面仅 320 mm，普通乘客抬脚即可上下车，特殊人士坐轮椅也可无障碍乘坐。车辆充电时，利用乘客在车站上、下车的短暂时间，30 s 既可完成补电，一次充电可运行 4—6 km，还能将 85% 以上动能转化为电能回收再利用，比普通有轨电车节能 30% 左右。车辆通过最大坡度 60‰，最小通过曲线半径 25 m，最大载客能力 368 人。

用接触网供电的有轨电车

用超级电容供电的有轨电车

胶轮导轨低地板有轨电车

胶轮导轨低地板有轨电车采用了完全不同于铁道车辆的轮轨关系，将汽车和火车的优势有机地结合起来。该车采用橡胶轮胎，靠橡胶轮胎与地面的摩擦力运行，运行轨道就是城市路面，这与汽车相同；车辆导向不用司机操纵，而是由嵌进地面的导轨对车辆进行导向，保证车辆沿着导轨运行，这与铁路相似。车辆上设置有走行轮和导向轮，走行轮采用橡胶轮胎，行走在地面上；导向轮为钢轮，沿导向钢轨运行。

世界上首列胶轮导轨有轨电车于 2001 年在法国 Lohr 公司研制成功，2006 年后该车在法国、意大利多个城市获得成功应用。我国天津和上海分别引进该车并投入运用。上海运行的胶轮导轨有轨电车如图所示。

胶轮导轨有轨电车

胶轮导轨低地板有轨电车的导向系统独特，导向钢轨为单轨，嵌进地面，导向钢轨的转辙机构也设置于地下。转辙时，单轨道岔转动一个很小的角度，将需要转接的导向轨与固定轨对接上即可。车辆上的导向轮左、右各一个，组成一对，导向轮以 45° 角度作用在导向轨的侧面。导向装置如下左图所示，转向道辙如下右图所示。

胶轮导轨电车导向装置

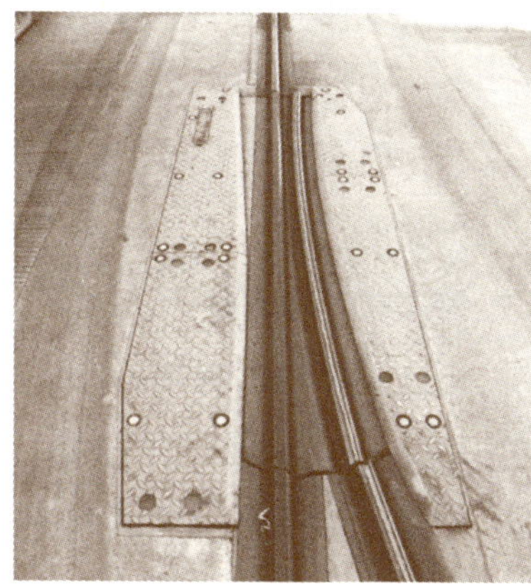

胶轮导轨电车转向道辙

胶轮导轨低地板有轨电车最典型的是法国劳尔（LOHR）公司开发的 Translohr 车辆。该车采用单轨导向、胶轮驱动、双向运行。

单轨车辆

单轨车辆是有轨电车的“单轨化”“空中化”，俗称“空中小火车”。有轨电车在地面混行时存在着运量低、速度小、准时性差及易发生交通事故等问题，解决的办法不是“入地”就是“上天”。“入地”就是类似地铁，成本高昂。“上天”就是轨道“空中化”。传统模式就是将两条轨道建设在空中，建设成本高，建设周期长。而单轨车辆只将一根轨道架在空中，能降低成本、节省空间，是对有轨电车双轨的“单轨化”。这就是单轨车辆的由来。

不同于传统轨道车辆在两条平行的钢轨上运行，单轨车辆运行在一条预制混凝土轨道梁（即 PC 轨道梁）上。轨道梁不仅是车辆的承重结构，同时是车辆运行的导向轨道。车辆采用橡胶车轮，电气牵引，4—6 辆编组运行。

单轨车辆以其外形美观、噪音小、爬坡能力强、转弯半径小、占用面积小等诸多显著的优势，适合市区地形起伏、轨道交通线路走向曲折的城市，特别适合道路落差较大、转弯半径小、道路比较狭窄的城市区域。另外，单轨线路多数为架空线，占地小，体量轻巧，透光性好，可作为在旅游区域内旅游观光线路、大型购物、娱乐场所、大型机场、大学内部、博览会、游乐场等处所的短途交通运输工具。

按单轨车辆与混凝土轨道梁的相对位置，单轨车辆又分为跨座式和悬挂式两种类型。

跨座式单轨车辆

跨座式单轨车辆就是骑坐在轨道梁上方运行的轨道车辆，特别适用于起伏不平的山区城市的高架线路。

车辆定员 150—170 人，平均运行速度一般为 20—35 km/h，高峰期最大运能为 1 万—3 万人次 / 时，是一种中运量交通工具。

跨座式单轨车辆转向架上共设置有行走轮、导向轮及稳定轮三种轮胎，如图所示。行走轮在轨道上平面滚动，承载车体和乘客垂向载荷；导向轮在轨道侧面滚动导向，承载车辆横向载荷；稳定轮在转向架最低部，用于承载车辆侧滚载荷。车轮为橡胶充氮轮胎。

跨座式单轨车辆转向架

跨座式单轨车辆运行在单轨线上，其转线方式与普通铁路完全不同。普通铁路转辙采用的是钢轨尖部贴靠方式，线路无断点，车辆转线平稳，如下左图所示。而单轨线采用的则是轨道对接方式，对接处存在着间隙，车辆转线有一定的颠簸，如下右图所示。

普通铁路的转辙结构

跨座式单轨转辙结构

世界上第一条单轨交通1893年起源于在德国。20世纪60年代，日本引进多种单轨技术，研制出多种单轨车，并迅速将其发展应用。20世纪70年代后，跨座式单轨车在美国、俄罗斯、巴西、新加坡、泰国等国家大量发量。目前，世界上共建成单轨铁路50多条。2004年9月，重庆市从日本引进了跨座式单轨交通系统并成功运营，为了降低工程投资及运营成本、改善制造技术长期受制于人的状况，跨座式单轨系统依次实现了车体及内装、转向架、牵引系统等部件的国产化，最终实现了整车的国产化，标志着我国已经完全掌握了跨座式单轨交通的设计和制造技术。重庆跨座式单轨车辆如图所示。

跨座式单轨车辆

悬挂式单轨车辆

跨座式单轨车辆的走行轮在车体下面，重心在轨道上方，横向稳定不好。有什么办法解决这个问题？把它反过来！走行轮放在车体上方，车辆重心在轨道下面。这就是悬挂式单轨车辆的由来。

与跨座式单轨车辆相比，悬挂式单轨车辆车长均为15 m，但车宽为2.6 m，定员80—100人，平均运行速度大于20 km/h，单向运能为0.8万—1.25万人次/时，均比跨座式单轨车辆少，是一种低运量交通工具，适用于高架线路。

根据吊挂方式的不同，悬挂式单轨车辆有两种型式。一种是中央悬挂式单轨车辆，如下左图所示。该车采用的走行轨道是下部开口的中空梁，车辆走行轮运行在中空梁内部，吊挂点吊挂在轨道中央。这种型式的车辆，吊挂机构对称受力，无偏心力矩，受力好，但由于走行机构位于中空梁内部，检查维护不方便。另一种是侧面悬挂式单轨车辆，如下右图所示。该车采用的走行轨道是工字形梁，吊挂点通过曲拐吊挂在车轮下方。这种型式的车辆，吊挂机构有偏心力作用，受力不如中央悬挂式单轨车辆好，但运行机构暴露在外，便于检查维护。

中央悬挂式单轨车辆

侧面悬挂式单轨车辆

1901年世界上第一列悬挂式单轨交通在德国西部城市建成，车辆采用两辆编组，最高运行速度56 km/h；1958年日本第一条悬挂式单轨列车正式运营。该车采用了橡胶走行轮，并设有导向轮，采用DC 600 V供电制式。1984年，加拿大多特蒙德大学修建了无人驾驶高空悬挂式单轨列车，作为学生连接南校、北校的交通工具，列车为单辆编组。1993 年，德国杜塞尔多夫建成了连接火车站至机场的悬挂式单轨列车。1999 年，世界上运行线路最长的悬挂式单轨交通在日本建成。到目前为止，我国还没有悬挂式单轨车辆。

磁悬浮列车

磁悬浮列车就是单轨车辆的“悬空化”。单轨车辆采用橡胶轮胎与轨道接触，运行阻力大。如果要将轮轨间的运行阻力降至最低，最好的方法就是将车辆悬空，车轮与轨道不接触，将单轨车辆悬空运行。这就是磁悬浮列车。

磁悬浮列车是介于轨道交通与飞机之间的交通工具。磁悬浮列车的悬空运行类似于飞机的空中飞行，没有轮轨之间的摩擦阻力，但它的悬空运行又是利用轨道的驱动力、沿着固定轨道来运行，这又类似于轨道车辆。因此，磁悬浮列车将飞机和轨道车辆的优势结合起来。

磁悬浮列车就是利用电磁力克服地球引力，将车辆悬浮在轨道上、并采用直线电机牵引、侧面电磁力导向的轨道交通方式。与普通轮轨车辆不同的是，普通轮轨车辆的走行轨为钢轨、车轮与钢轨接触、轮轨黏着力驱动、轮轨关系导向，而磁悬浮列车的走行轨为“磁轨”、车轮与“磁轨”不接触、靠车辆与“磁轨”间的垂向电磁力悬浮、纵向电磁力驱动、横向电磁力导向。

由于列车与钢轨不接触，无摩擦阻力和振动，磁悬浮列车具有快捷、舒适、低噪声、无摩擦、无污染、运量中等的优点，发展前景十分美好，适用于大城市市区到郊区的客流走廊，也可服务于组团之间，是轻轨交通的有效补充。科学家预言，磁悬浮列车是 21 世纪重要的交通工具之一。

磁悬浮列车按速度一般分为高速磁悬浮车和中低速磁悬浮车两种。

高速磁悬浮列车

高速磁悬浮列车是目前陆地上最快的交通工具，理论速度可达 1 000 km/h，实际运行速度为 400—500 km/h，有人称之为“陆地飞机”。

高速磁悬浮列车长度 24—27 m，通过最小曲线半径≥ 350 m，最大爬坡能力≤ 10%，最高运行速度 500 km/h，车辆定员 120—150 人，高峰期运量为

1.0 万—2.5 万人次 / 时，主要适用于城市之间或城市中心向远郊区县等重大客流集散区的直达客运。

高速磁悬浮列车运行有悬浮系统、导向系统和驱动系统，其原理如图所示。德国 TR 磁悬浮列车的悬浮系统由安装在列车底部的直流电磁体与导轨下方的常导线圈电磁体产生吸引力，实现悬浮，列车在 T 形导轨上运行；导向系统是通过轨道两侧侧面上安装的导向线圈与车辆侧面上的电磁铁相互作用产生的横向电磁力来进行。当列车偏离线路中心时，靠近线路一侧产生排斥力，离远线路一侧就产生吸引力，保证列车始终沿轨道运行；驱动系统采用了“导轨驱动”方式，即在轨道上安装同步电机的长定子，磁悬浮列车的底部安装直线电机的转子。当给轨道上的长定子输电后，在导轨上产生移动电磁场，牵引车辆高速运行。

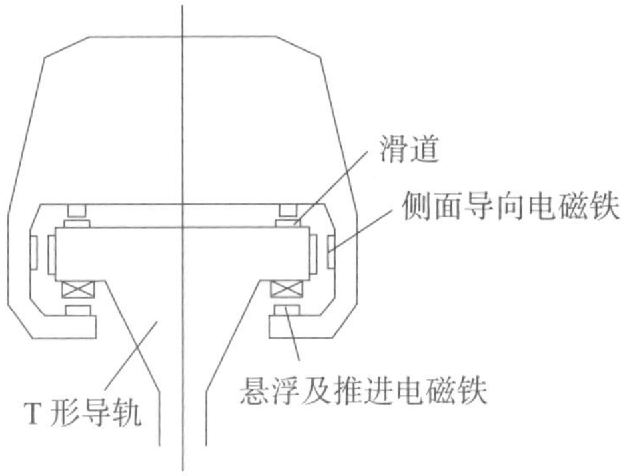

高速磁悬浮列车悬浮、导向和驱动系统示意图

高速磁悬浮列车 T 形导轨的转辙结构与跨座式单轨类似，采用整体转移方式，如下左图所示。与跨座式单轨转辙结构相比，T 形导轨的转辙结构体量更大，要求更高。

高速磁悬浮列车的供电系统有两套，一套给驱动系统供电，加一套给车上供电，这两套供电系统互相分开，如下右图所示。这在其他城市轨道交通中绝无仅有。

高速磁悬浮列车的T形导轨转辙结构

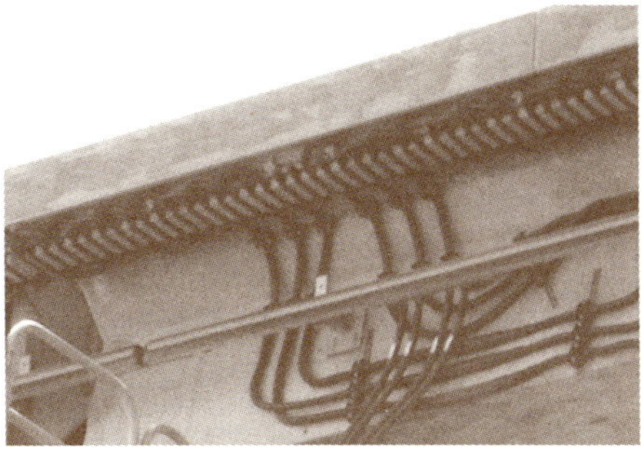

高速磁悬浮列车的T形导轨及供电

高速磁悬浮列车的主要优点是速度高，解决了轮轨交通中的速度瓶颈，比高铁速度更大，比飞机更安全，但也存在着能耗高、成本大、电磁辐射、技术复杂等缺点，导致高速磁悬浮列车推广困难，很少采用。到目前为止，只有我国上海建设了一条30 km长高速磁悬浮列车商运示范线。

我国上海高速磁悬浮列车

中低速磁悬浮列车

城市市区站间距短，启停车频繁，更适合采用中低速磁悬浮列车。

城市轨道交通中采用中低速磁悬浮列车，主要在高架桥上运行，特殊地段也可在地面或地下隧道中运行。通常由3—8辆组成，列车长度在60—120 m，最高行车速度100—120 km/h，客运能力1.5万—3.0万人次/时，通过线路曲线半径≥50 m，最大爬升坡度≤7%，是中运量的城市轨道交通工具。

中低速磁悬浮列车速度达100—120 km/h，能实现全天运营，不受任何恶劣天气的影响，适用于城市市区、近距离城市间和旅游景区的交通连接，造价仅是地铁的 1/3，轻轨的 1/2，可替代轻轨和地铁，具有广阔的应用前景。

中低速磁悬浮列车的悬浮系统、导向系统与高速磁悬浮列车基本相同，但驱动方式不同。高速磁悬浮列车采用的是“导轨驱动”方式，而中低速磁悬浮列车采用的是“列车驱动”方式，类似直线电机系统车辆，即在轨道上铺设直流电机转子，在车辆上安装同步电机短定子。车辆底部设置有电刷，从第三轨上接触供电，获得稳定电力供应，就像高铁动车组顶部的受电弓从接触网上受电一样。当车辆上的短定子供电后，电磁铁产生磁力，牵引车辆中低速运行。

与高速磁悬浮列车的 T 形轨不同，中低速磁悬浮列车采用 F 形轨，如图所示。F 形轨的两个立边与 U 形槽电磁铁是车辆悬浮和导向的磁场作用点。为提高导向侧向磁力和导向灵敏性，F 形轨的外立边向外倾斜了一定角度。

F 形轨的上表面铺设电线电机的感应板，提供列车运行驱动力。

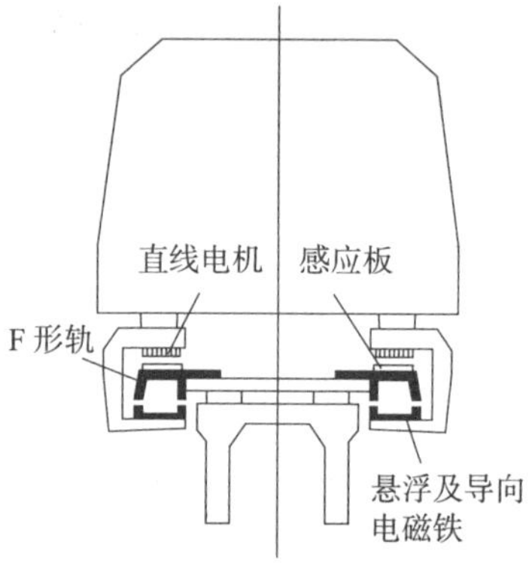

中低速磁悬浮列车 F 形导轨

由于列车驱动方式产生的磁场包裹在车辆与轨道之间，电磁辐射甚至比手机对人体的辐射还小，安全环保。

与普通的轮轨系统列车相比，中低速磁悬浮列车采用悬浮架抱轨运行，没有脱轨风险，具有安全可靠、建设周期短、建设成本与运营管理成本低、转弯半径小、爬坡能力强、线路走向选择灵活、低碳环保等优点。

2016 年，我国长沙机场磁浮快线开通运行，线路长 19 km，运行速度 100 km/h，列车由 3 节车厢编组而成，最大载客量 363 人，如图所示。北京的 S1 线磁悬浮列车车辆已经下线。

我国研制的中低速磁浮列车

自动导向轨道车辆

自动导向轨道车辆是无轨电车的“运行轨道化”和“自动导向化”。无轨电车运行无固定轨道，与汽车混行，效率低，安全性差。无轨电车的运行和导向均采用橡胶车轮，并运行在专门轨道上进行自动导向，就是自动导向轨道车辆。

按导向轨与走行轨的位置关系，自动导向轨道车辆的轨道结构有两种：一种是导向轨与走行轨一体式结构，另一种是导向轨与走行轨分体式结构。一体式结构中，走行轨的内侧面作为导向轨，导向轮位于走行轮内侧，导向轮左右贴靠导向轨进行导向，如图所示。

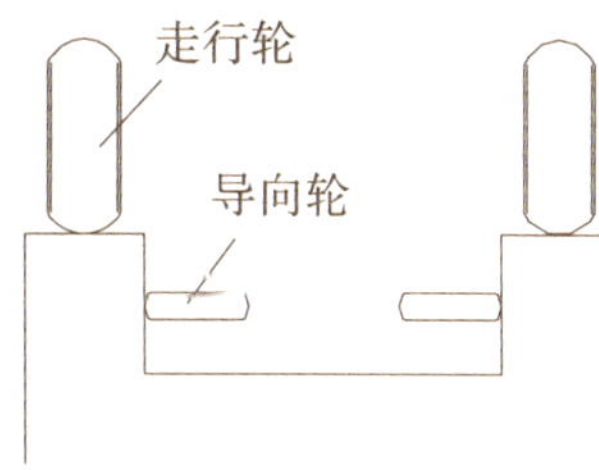

导向轨与走行轨一体式结构

分体式结构有两种型式，一种型式是导向轨位于走行轨中央，导向轮位于走行轮内侧，车辆导向轮左右夹住导向轨进行导向，如下左图所示。这点类似于胶轮导轨有轨电车的导向方式，只是将导向钢轨变成了混凝土轨，导向钢轮变成了导向胶轮。另一种型式是导向轨位于走行轨两侧，导向轮位于走行轮外侧，导向轮左右贴靠导向轨进行导向，如下右图所示。

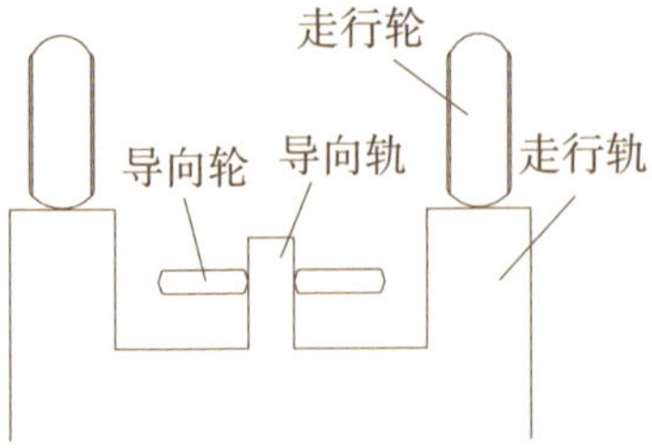

导向轨位于走行轨的中央

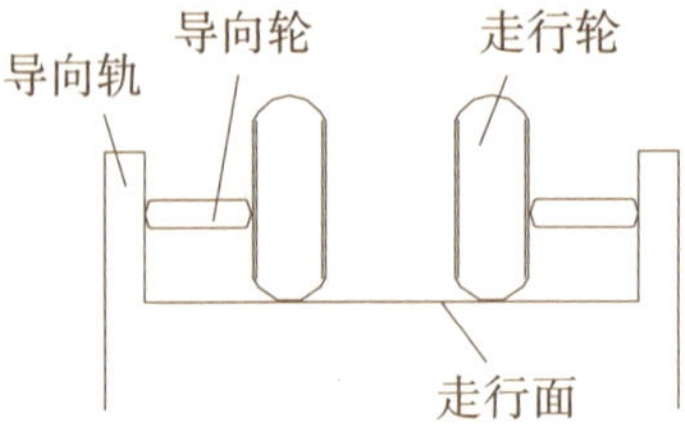

导向轨位于走行轨的两侧

自动导向轨道系统车辆较地铁和轻轨小，编组2—6节。车辆定员标准按车厢座位数设定，定员70—90人，车辆轴重不超过9 t，通过最小曲径半径为30 m，最高运行速度为80 km/h，单向运能为1.0万—3.0万人次/时，是中运量旅客运输系统。

自动导向轨道系统最早由美国进行研究开发并实际实用。1972年9在华盛顿杜勒斯机场举办的博览会上公布了四种新交通系统，其中的自动导向轨道系统作为机场内的交通工具受到世界关注。日本于1981年在神户港、大阪港开通了自动导向轨道系统。现在日本共有11条线路，运营总里程约为88 km，大多采用每辆乘坐60—70人、4—6辆编组的自动导向轨道车辆。日本自动导向轨道车辆如图所示。

日本自动导向轨道车辆

自动导向轨道车辆在首都机场旅客捷运系统及广州新城APM系统均有应用。首都机场旅客捷运系统中，自动导向轨道为中央导向方式，车辆采用庞巴迪公司生产的CX-100型车辆，每节车采用电力驱动，定员80人，8个座位，10个扶手，如图所示。列车运行采用AC 600 V供电，中央导向轨实现向列车供电和车辆导向，使用橡胶轮胎。车辆采用铝合金车身，高强度的低碳钢底架，可 1—4 节车辆编组。列车自动控制系统采用中央控制计算机、车站 ATO 系统、轨道 ATP 系统、车辆 ATC 系统，具有列车自动防护、列车自动运行、列车自动监控三种功能，实行列车无人驾驶全自动运行。

自动导向轨道车辆运行轨道转辙时，只需中央导向轨进行转辙，而走行轨不用转辙，但走行轨需要在转辙处进行接头延展，以缩短接头间隙，降低车辆通过转辙时的颠簸。

自动导向轨道车辆的运行轨道

首都机场自动导向轨道车辆

自动导向轨道车辆的轨道转辙

首都机场自动导向轨道车辆车内布置

市域快速轨道车辆

市域快速轨道车辆是地铁车辆的“快速化”。地铁车辆速度小，启动、制动频繁，适合站间距较短的市内交通使用。但对于城市范围内十几千米甚至上百千米、站间距几千米甚至十几千米的市郊铁路，为缩短远郊乘客的出行时间，必须要提高车辆运行速度，将地铁车辆“快速化”。这就是市域快速轨道车辆的来由。

市域快速轨道交通一般站距较长，列车运行速度较高，最高运行速度可达 120—160 km/h，客运量可达 20 万—45 万人次 / 日，具有速度小、投资小、节能环保等优势，是解决城市地域内中心城区与远郊卫星城等大量通勤交通的最佳方式。根据日本研究资料，市郊铁路的投资是地铁的 10%—20%，每千米的能耗约是汽车的 14%。

市域快速轨道车辆是一种介于地铁车辆与城际动车组之间的新型车辆（命名为 S 型车）。该车主要服务于城市周围几十千米甚至更大范围的卫星城或城市圈乘客上下班的交通出行，运行线路既可在铁路干线上运行，也可进入地铁线路，与地铁互连互通。因此，市域快速轨道车辆要兼顾两种运输模式。

市域快速轨道车辆国外开发很早，在日本、德国、澳大利亚等应用也非常成熟，市域线路长度已经超过地铁线长度，车型多种多样，车内设置很人性化，车辆速度普通达到 120—160 km/h。

日本东京成田机场线 AE 型车辆如图所示。列车采用 8 辆编组，6 动 2 拖，定员 398 人。车内采用横排座椅，全座席布置，端部设有行李架，并在列车中部车厢设有服务台和洗手间。运行线路全长 51.4 km，设 18 座车

日本 AE 型车辆

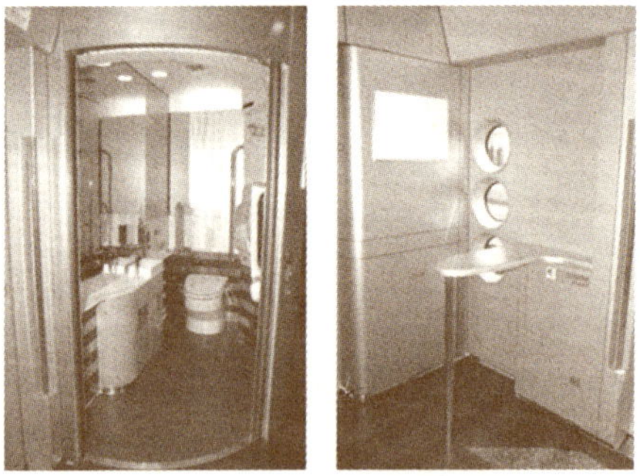

日本 AE 型车辆盥洗室、服务台

站，最高运营速度为 160 km/h，采用一站直达运行模式，平均行驶速度达 84 km/h。

英国伦敦希斯罗机场快线 Class360 型列车，由西门子公司于 2004—2005 年研制，如图所示。该车最高运行速度 160 km/h，该车加速性能优越，0—97 km 的平均加速度达到 0.6 m/s²。

英国伦敦 Class360 型列车

Class360 型列车车内布置

法国巴黎大区快铁 B 线 MI79 型列车，如图所示。车辆可采用 4 辆编组，2 动 2 拖，单侧开门 2 个，车内横排座椅，车辆定员 280 人。在高峰时，两列车可重联后为 8 辆编组，运行线路长达 80 km，适应两种制式的电流，地铁制式的巴黎北站南段（RATP 段）的 DC 1500 V 电和铁路制式的巴黎北站北段（SNCF 段）的 AC 25 kV。

法国巴黎 MI79 型列车

MI79 型列车车内布置

庞巴迪公司的通勤系列车辆 CITYFLO*250 型列车，如图所示。车辆头形采用准流线型，最高运行速度 160 km/h，4 辆编组 3M1T，大部分车辆采用横排座椅布置方式，3+2 形式。全列车座席 321 个，总定员 533 人。在南非区域快轨线（Gautrain）运行，运行线路全长 80 km，地下 20 km、地面 44 km、高架 13 km，共设 10 座站，平均站间距 8 km。

随着我国主要大城市规模的扩大，大量通勤交通的产生，交通拥堵问题严重。2014 年我国首列市域快速轨道车辆在长客研制成功并下线，如图所示。该车最高运行时速可达 160 km/h，采用 3 辆、6 辆或者 9 辆编组，高峰期还可双列重联。该车采用双供电制式的受电弓，能够 AC 25 kV 和 DC 1 500 V 接触网动态自由切换。车体材质首次采用了碳纤维、铝镁合金等新材料，实现了市域快速轨道车辆的轻量化，使列车更加节能环保。

庞巴迪公司的通勤系列车辆 CITYFLO*250 型

我国研制的市域快速轨道车辆

技术奥秘

城市轨道交通车辆是承载、运输城市居民出行的主要交通工具，负责给乘客提供一个舒适、安全、人性化的乘车环境和快捷、准时、全天候、可预期的交通服务。要达到这两方面的要求，城市轨道交通车辆的主要结构是基础，解决好关键技术是保障。

城市轨道交通车辆主要由车体、转向架、车钩缓冲装置及能量吸收系统、制动系统、牵引电气系统、车门系统、贯通道装置、内饰、空调和通风系统、辅助电源系统、控制及故障诊断系统、广播及信息显示系统等组成。

车体：是承载乘客的空间，又是其他设备安装的基础。车体既能传递车辆纵向力，还可抑制转向架的蛇行运动。

转向架：车辆的行走部件，用于牵引和引导车辆沿着轨道行走。转向架将车体及乘客重量传递给轨道，并将线路激扰引起的振动进行衰减和隔离，保证车辆的运行品质。城轨车辆转向架一般由轮对、构架、弹性悬挂系统、基础制动系统等组成。动车转向架还安装牵引传动系统。

车钩缓冲及能量吸收系统：将车辆连接成列车，传递列车纵向力，并缓冲列车纵向冲动，实现电路及气路的连通。城市轨道交通车辆一般采用密接式车钩，有全自动车钩、半自动车钩及半永久车型（牵引杆）三种型式，纵向缓冲主要采用橡胶缓冲器、弹性胶泥缓冲器、液气缓冲器等型式，能量吸收系统除缓冲器外，还有压溃装置、过载保护装置、底架碰撞吸能区等。

制动系统：使车辆产生制动力，保证车辆在规定距离内安全停车或运行中调速。城轨车辆动车上除空气制动装置外，还有再生制动、电阻制动，拖车上只有空气制动系统。有的车辆上还采用了磁轨制动系统新技术。为实现多种制动模式，制动控制系统采用微机控制的直通式电空制动系统，集中了空电复合制动、防滑控制、故障诊断、状态信息显示等功能。

牵引电气系统：驱动车辆运行的部件。该系统从电网上接受电能，将其转变为动能，牵引列车运行。牵引电气系统主要由受流装置、逆变器、牵引电机、机械传动装置等组成。

车门系统：用于乘客上下、保证乘客安全的装置。运行中车门必须锁闭可靠，并能利用监测装置监控到车门状态。在故障或意外情况下，车门具有人工紧急开锁装置。城市轨道车辆主要有内藏门、外挂门、塞拉门等三种结构型式。

贯通道装置：安装在两车端部连接处、将两车进行柔性连接的装置。贯通道装置既能保证车辆顺利通过曲线，又是旅客通道，还能承载旅客，扩大车辆载客量。

内饰：用于改善乘车环境的部分，主要包括座椅、扶手、墙板等。

空调和通风系统：为车内提供温度调节、空气调节的系统，保证旅客舒适的乘车条件。

辅助电源系统：为车辆空调、风机、照明、指示、广播、车门驱动、信息显示、控制电路等系统提供电源的系统，通常有 AC 380 V、DC 110 V、DC 24 V。

控制及故障诊断系统：采用微机控制单元对车辆状态进行控制及故障诊断，包括信息采集、监控、数据存储、故障诊断、信息显示及发布等。车辆与车辆之间采用协议通信方式。

广播及信息显示系统：为乘客提供信息服务，如到站广播、车门开关指示、到站提示灯显示、电视视频、图像显示等。

城市轨道交通车辆是复杂的移动装备，也是高科技机电控制一体化高科技产品，关键技术包括车辆供电技术、车体承载技术、车辆制动技术、车钩缓冲及能量吸收技术、牵引传动技术及转向架技术等。

我的粮食——车辆供电

城市轨道交通车辆主要采用电力驱动，其电力主要来源于地面。城市轨道交通方式多种多样，供电方式也有多种。按车辆受流器（也称集电靴）与供电线的关系分，有接触式供电和间隙式供电；按供电路径分，有电网直接供电和电网间接供电；按电网供电连续程度分，有连续供电和间隔供电；按供电线与地面相对位置分，有接触网高空供电和地面供电；按供电电流制式分，有交流供电和直流供电；按供电电压高低分，有高压供电和中低压供电。

主要供电方式

经过多年的技术发展，目前城市轨道交通车辆供电方式主要有接触网供电、第三轨供电、地面分段接触轨供电、地面柔性导电带供电、地面电磁感应供电、超级电容储能供电、蓄电池储能供电。

接触网供电：接触网供电就是将供电线路高挂在车辆上方、由车辆上部的受电弓受电的供电方式。该方式供电电压较高，供电范围较长，可减少地面变电所数量。供电线处于高空，安全可靠。在干线铁路、地铁车辆、轨轻车辆及有轨电车上广泛采用。但在地铁车辆上采用，需加大隧道空间高度，增大地铁施工工程量和造价。在有轨电车上采用，架空电缆会影响城市市容，有碍观瞻。

第三轨供电：第三轨供电就是在轨道旁或轨道中间铺设专门用于供电的轨道，车辆上的集电靴在上滑行受电的供电方式。因集电靴与接触轨的接触方位不同，分上磨式、下磨式和侧磨式等方式，分别如图所示。除在地面混行的有轨电车不能采用外，第三轨供电在其他城市轨道交通车辆上广泛采用。跨座式单轨车辆、中低速磁悬浮车辆采用侧磨式供电方式。

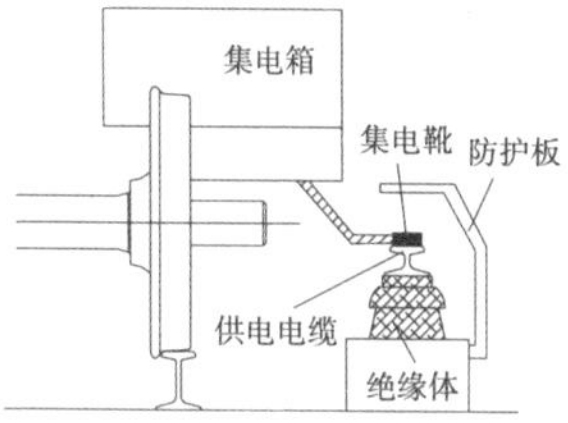

上磨式第三轨供电

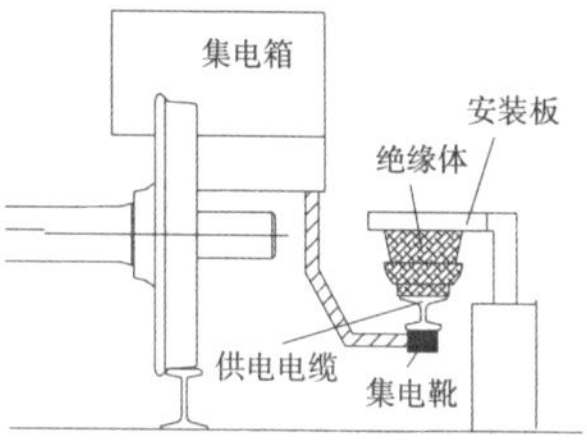

下磨式第三轨供电

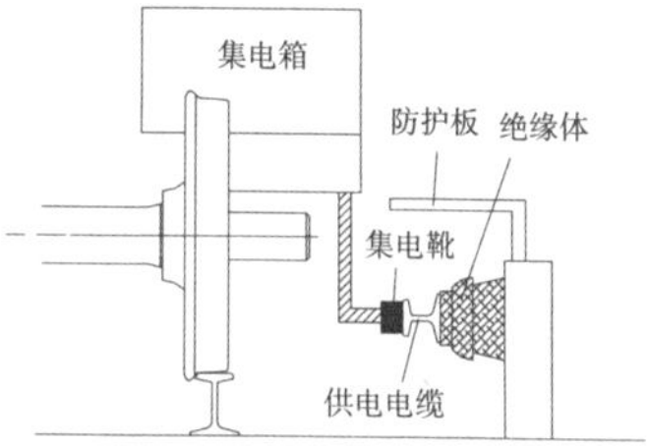

侧磨式第三轨供电

地面分段接触轨供电：地面分段式接触轨供电技术（APS）由阿尔斯通公司开发的有轨电车地面供电方式。它是由单节供电轨和单节绝缘段相间组成的接触供电方式，每节供电轨由供电箱供电，如图所示。当车辆通过时，控制箱的控制单元收到车辆发来的信号，供电箱对接触轨供电，电能通过转向架的集电靴传递到车上。当车辆通过后，供电箱停止供电，供电轨不再带电，可保证地面人员安全。该系统已在巴黎、奥尔良、迪拜等多个城市使用，技术得到验证，安全可靠。

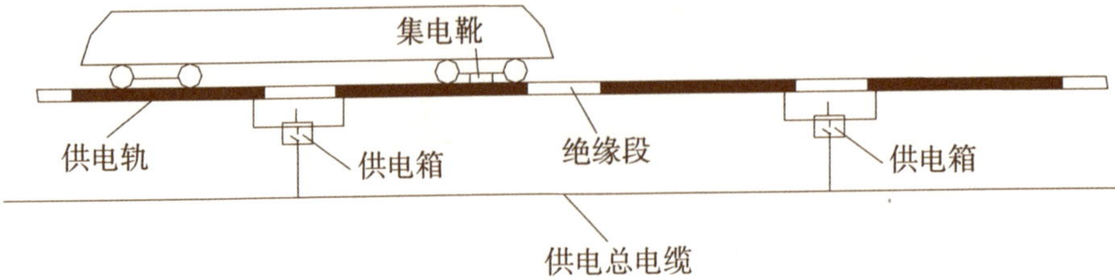

地面分段接触轨供电示意图

地面柔性导电带供电：地面柔性导电带供电技术（Tramwave）是由意大利公司研发的有轨电车地面供电方式，如图所示。该系统由连续的供电模块组成，每个模块上安装传导金属板，模块内的供电带为柔性。当有轨电车驶过时，转向架底部的车载磁性集电靴与金属板接触，通过磁力吸起柔性导电带，电路开通，金属板带电，将电流传输至集电靴。当车辆通过后，柔性导电带受重力作用，落到玻璃钢槽内，金属板断电。这种供电方式保证车来有电、车过无电，保证地面人员安全。

该系统通过玻璃钢槽铺设在钢轨中间的地面上，金属板上车来有电、车过无电，保证地面人员安全。中车南京浦镇车辆公司已研制出样机。

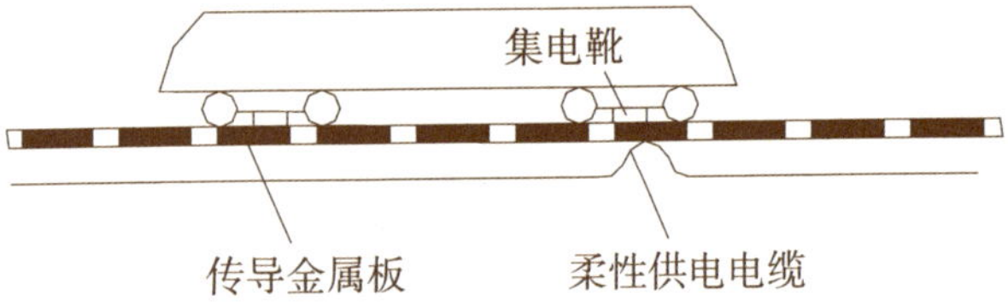

地面柔性导电带供电

地面电磁感应供电：磁感应供电技术（Primove）是庞巴迪公司开发的一种有轨电车供电方式。该系统采用电磁感应技术，具体做法是：将感应器、供电电缆等设备埋在轨道下方。当车辆通过时，感应装置感应到列车后，供电电缆给地面的初级线圈供电，产生磁场，与车辆上的次级线圈相互感应，产生感应电流，为车辆运行供电。当车辆通过后，地面初级线圈不再接通电源，始终处于断电状态，不会对行人造成威胁。

该系统是无接触供电，没有磨损，可减少维护工作量，但也会造成一定的电磁污染问题。

超级电容储能供电：超级电容器是一种新型大容量储能装置，具有充电时间短、使用寿命长、功率密度大、内部阻抗低等优点。它利用乘客上下车在站台停车时快速完成充电，一次充电后靠储存的电能连续行驶到达下一站台再进行充电，站间无需架设供电线网。同时，它还能将再生制动产生的能量很好地吸收起来，节约能源和绿色环保。中车株洲电力机车有限公司研发的超级电容有轨电车，采用 7 000 F 高比能大容量超级电容，一次充电仅需 30 s，可行驶 3—4 km。

蓄电池储能供电：作为储能设施，蓄电池具有能量密度大、单体电压高等优点，在同样质量和体积情况下，能存储更多的能量，比较适用于车内空间有限的城轨车辆。但蓄电池充电时间长、功率密度低，为加快充电时间，可以采用双接触网供电，加大充电电流。国内首辆采用车载蓄电池驱动的有轨电车由中车南京浦镇车辆有限公司研制。每列车配置 2 组蓄电池，蓄电池充满电后可维持列车运行 8 km 以上（AW0）。正常情况下，列车行驶一个站间距（按 1 000 m 计）只消耗蓄电池总能量的 10% 左右，利用在车站停站时间充电 30—45 s，就能将站间行驶损失的电量全部补充回来，保证能量充足。

主要供电制式

供电制式主要包括供电的电流类型及电压大小。车辆用电制式与车辆运行速度、车辆自重、电机种类、地面电网、能耗大小、安全可靠性、技术成熟度等相关。

城市轨道交通车辆用电一般来自于城市电网。城市电网是交流电，电机是交流电机，采用“交 - 交”技术路线行不行？因为电网里的交流电，电压波动范围大，杂流多，对于需要精确控制的电机，肯定是不行的。只有采用“交 - 直 - 交”技术路线才能解决问题。

城市轨道交通站间距短，功率相对也低，牵引变电所的供电范围小，不采用高压输电，线损和压降也能满足技术要求；且车辆自重要求轻、载客空间大，而“交 - 直 - 交”成套设备重量重、体积大，在城市轨道交通车辆上安装将影响载客量。为此，解决方法就是将第一个“交 - 直”转换过程放到地面牵引变电所，供接触网上的电流为直流电。这就是城市轨道交通采用直流 DC 1 500 V 或 DC 750 V 供电的原因。

城市电网向城市轨道交通车辆供电时，有集中式、分散式及混合式三种供电方式。采用集中式供电方式时，根据用电量和线路长短，在城市轨道交通沿线，建设专用的主变电所，将 AC 110 kV 降压成 AC 35 kV。在线路上，每隔 3—5 km 建一个牵引变电所。牵引变电所将 AC 35 kV 降压整流成 DC 1 500 V 或 DC 750 V，向接触网或第三轨供电，如图所示。

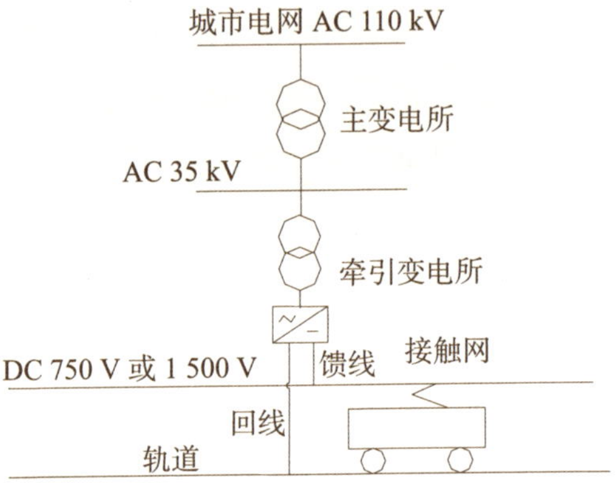

城市电网向城市轨道交通车辆集中供电示意图

城市轨道交通车辆受流后，经过车载逆变器，将 DC 1 500 V 或 DC 750 V 逆变成 380 V 三相交流电，供牵引电机使用，如图所示。

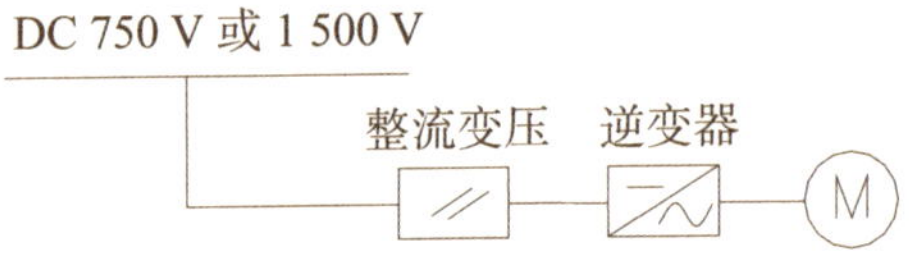

车载逆变系统

为保证用电安全，采用双路独立供电线路，并互为备用。

目前，城市轨道交通车辆主要采用 DC 1 500 V 和 DC 750 V 供电制式，而市域快线车辆因最大速度达到 160 km/h，还采用了 AC 25 kV 和 DC 1 500 V 供电制式。

我的身子骨——车体车厢

车厢又称车体，在城市轨道交通车辆中处于主体地位，既承担和传递车辆的各种载荷，又是其他设备安装的基础。车体在转向架上运行，车体与转向架间安装的抗侧滚吊杆和垂向液压减振器，可提高车辆运行平稳性和稳定性。

车体性能不但影响车辆的强度和刚度，而且还关系到车辆的载客能力、能耗大小、乘客的舒适性和车辆的使用寿命，对车辆采购价格和运营维修费有着重要影响。车体性能主要取决于车体结构型式和车体材料主要性能指标。

车体主要承载结构

城市轨道交通车辆的车体大多采用无中梁的薄壁筒型整体承载结构，主要由底架、侧墙、端墙及车顶等组成，通过焊接工艺制造而成。

底架又是车体的基础，主要由牵引梁、枕梁、横梁、侧梁和纵向金属波纹地板等组成平面框架结构。牵引梁上安装车钩缓冲装置，进行车辆连挂；枕梁上的牵引中心销插入转向架牵引座，传递车辆牵引力和制动力。

侧墙主要由上侧梁、立柱、侧门柱和侧墙板等组成板梁式鼓形或直形承载结构。侧墙板平整无压筋，外观平整美观。侧墙上安装大侧窗、大侧门，扩大视角范围，方便乘客快速上、下车。

端墙主要由上端梁、端角柱、门立柱、横梁及端墙板等组成。端墙结构有足够的强度和刚度，要符合车辆纵向冲击的要求。

车顶主要由侧顶板、弯梁、纵向梁、空调机组安装座、受电弓安装座、顶板等组成。车顶的强度和刚度要适应电器装置安装要求，且要经过防漏雨试验。

车体高性能材料

随着城市轨道交通车辆的速度、性能、安全和节能环保等方面的要求不断提高，对车体制造材料的要求也越来越高，要求有更高的强度、抗疲劳、抗裂纹、抗腐蚀能力，良好的冲击能量吸收能力、表面处理能力和吸音能力，碰撞时不产生火花。材料的选取，既要与制造工艺水平相适应，还要考虑经济性、安全性、节能环保、运用维护及使用周期等因素。

城市轨道交通车辆的车体材料有耐大气腐蚀钢、不锈钢及铝合金等，以不锈钢及铝合金为主，基本上不采用或很少采用耐候钢。

耐候钢：耐候钢是一种耐大气腐蚀钢，是在普通碳素钢中添加 Cr、Ni 等稀有元素，以提高耐大气腐蚀性能。与普通碳素钢相比，耐腐蚀性提高 50% 左右，是理想的替代材料，2000 年前曾大量应用在铁路机车、客车、货车及城轨车辆上。为提高耐候钢的防腐性能，在组焊前，材料要进行良好的预处理。车体钢结构内、外表面还要涂环氧酯底漆，车外侧刷不饱和聚酯腻子、环氧中间漆、丙烯酸改性高档面漆等，车内侧还喷涂防腐浆和丙烯酸密封胶。生产工艺比较复杂。

铝合金：铝合金是以铝（Al）为基体、通过添加镁（Mg）、锌（Zn）等合金元素，形成的铝合金材料，具有密度小、比强度高（强度与比重的比值）、塑性好、易加工成形、可焊接等优点，已被世界各国广泛应用在铁道车辆、特别是高速客车及城市轨道交通车辆上，主要型号有 Al-Mg-Si（6000 系列）和 Al-Mg-Zn（7000 系列）。采用铝合金材料，以大截面挤压中空型材组焊成铝合金车体承载结构，彻底改变了钢制车体的传统结构型式，取消了中梁和横梁，制造工艺简单方便。铝合金车体重量比不锈钢车体可减轻自重 30% 左右，比钢质车体可减轻自重 50% 左右。自重的减小，不仅可降低列车的牵引能耗，改善列车启动和制动性能，还可减轻轮轨间的作用力，降低噪声，提高气密性。

不锈钢：不锈钢是一种含镍铬的高强度合金钢，具有强度高、耐腐蚀、耐高温、抗冲击、外观漂亮等优点，越来越受到人们的喜爱，在城轨车辆上的使用范围正在逐步扩大。主要型号有奥氏体系不锈钢的 SUS304 和 SUS301L。与耐候钢和普钢相比，采用不锈钢材料制造车体，无须考虑耐蚀防腐层，可以将板厚减薄，有利于车体轻量化，不锈钢车体重量可比耐候钢车体自重减轻 30% 左右。不锈钢的耐蚀防锈性，可省去油漆、涂装的工序，保证环境、节约制造、维护费用。

我的刹车——制动装置

制动系统作为城市轨道交通车辆的重要系统，直接关系到车辆的行车安全和运行性能，影响乘客的乘坐舒适度。相比于干线铁路车辆，城市轨道交通车辆运行站间距短、速度高，车辆需要频繁启动、制动，列车制动距离必须缩短，启动加速度、制动加速度均大于干线铁路车辆，且城市轨道交通列车为动车、拖车混合编组，车辆乘客量的变化导致空、重车重量的不同，这就要求车辆的制动装置具有制动力大、制动率基本恒定、制动力随车辆重量变化自动调整、操纵灵活、运用迅速、停车平稳、制动能量回收等特点。

主要制动型式

城市轨道交通车辆制动系统种类多。按能量转移型式，有将车辆动能转化为热消散于大气中和转化为电能继续利用两种；按制动力种类，有黏着力、摩擦力、电磁力制动等三种；按制动型式，有黏着制动和非黏着制动两种；按制动物理特性，有机械摩擦制动（空气制动）和动力制动（电制动）两种。

目前，城市轨道交通车辆的主要制动型式有闸瓦制动、盘形制动、磁轨制动、涡流制动、再生制动等。

闸瓦制动：又称为踏面制动，类似于普通自行车的闸皮刹车，如图所示。它通过闸瓦和车轮踏面间的机械摩擦产生闸瓦摩擦力，闸瓦摩擦力通过轮轨间的黏着产生制动力，使列车制动。闸瓦制动属于黏着制动和机械摩擦制动。制动时闸瓦压紧车轮，车轮与闸瓦发生摩擦，将列车的动能通过车轮与闸瓦间的摩擦转变为热，逸散于空气中。闸瓦压力来源于压缩空气或液压。闸瓦制动是轮轨车辆中最常见的一种制动方式，具有结构简单、制动力大、使用维护方便等优点，在地铁车辆、轻轨车辆上广泛采用。

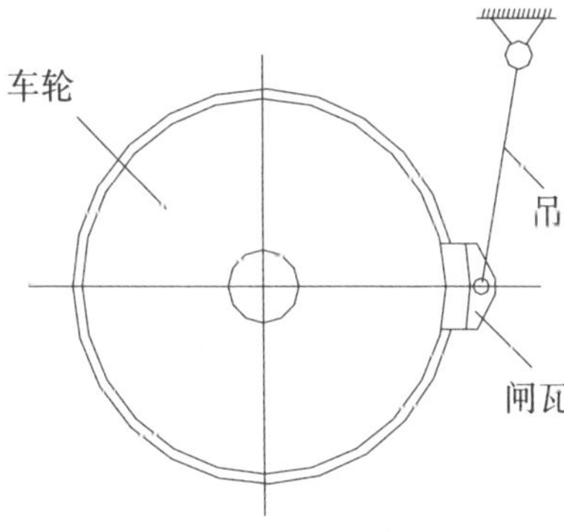

闸瓦制动示意图

盘形制动：类似于汽车的刹车片刹车，它采用闸片和制动盘间的机械摩擦产生闸片摩擦力，闸片摩擦力通过轮轨间的黏着产生制动力，使列车制动。盘形制动也属于黏着制动和机械摩擦制动。盘形制动有轴盘式和轮盘式之分，一般采用轴盘式，制动盘安装在车轴上，如图所示。当由于牵引电机等设备使车轴上无法安装制动盘时，可采用轮盘式，制动盘安装在车轮腹板上。为发挥盘形制动的优点，一般与踏面清扫器配套使用或以盘形制动为主、盘形制动加闸瓦制动的混合制动方式。盘形制动主要应用在运行速度较大的市域快速轨道车辆上。

轴盘式盘形制动

磁轨制动：磁轨制动又叫摩擦式轨道电磁制动，如图所示。它是利用电磁铁上的摩擦板与钢轨之间的滑动摩擦产生制动力，把列车动能转变为热，消散于大气。电磁铁安装在转向架前后两轮之间、钢轨正上方，与钢轨间垂直高度通过升降风缸调整。制动时电磁铁落下，通电后，电磁铁与钢轨间产生电磁吸力，将电磁铁吸附在钢轨上，通过摩擦板与钢轨间的滑动摩擦力使列车制动。摩擦板与钢轨间的压力来源于电磁铁与钢轨间的电磁吸力。磁轨制动的制动力不受轮轨间的黏着限制，属于非黏着制动。磁轨制动主要应用在有轨电车和轻轨车辆上。因运行轨道为共用路权、道路情况复杂，有轨电车的紧急制动减速度达到 1.5—2.5 m/s^2，甚至要达到 2.8 m/s^2，远大于地铁车辆要求；且低地板有轨电车下部空间狭小，车轮直径小，仅靠轮轨间的黏着力无法满足制动要求，必须有不依靠黏着力的磁轨制动。将电磁铁改为永

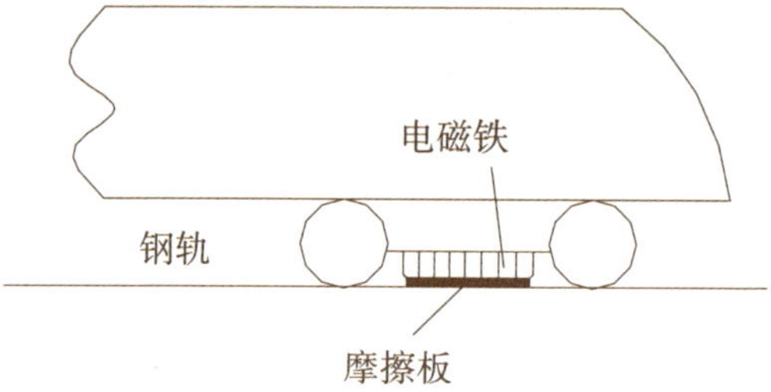

磁轨制动示意图

磁体，制动时不需要蓄电池提供电源。列车停车后，在无外部电源供应情况下制动仍有效，可作为列车的停放制动。

涡流制动：为了克服磁轨制动的不足，人们设计出涡流制动。与磁轨制动的电磁铁与钢轨接触不同，涡流制动的电磁铁不与钢轨接触，而是与钢轨间有微小的间隙，如图所示。当电磁铁与钢轨间发生相对运行时，钢轨感应出涡流，涡流产生磁场。间隙中的磁场在列车运行中发生变化，形成垂直方向和水平方向的作用力，水平方向的作用力就是制动力，使车辆制动。车辆动能转化为电磁铁及钢轨产生的热量，消散于大气。涡流制动不受轮轨黏着限制，无摩擦，无噪声，体积小，但需要消耗大量能源，且低速时制动力小，因此只在高速磁悬浮列车使用，且作为紧急制动时的辅助制动方式。

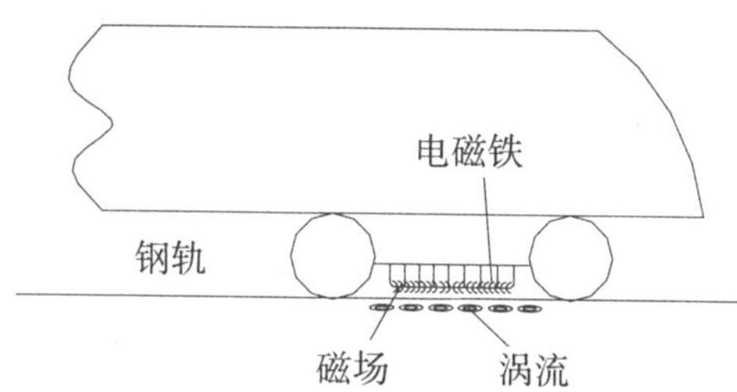

涡流制动示意图

再生制动：又称电制动，就是通过制动产生电能，并把制动产生的电能进行利用的制动方式。旋转电机车辆制动时，由车轮带动牵引电机转子转动，产生电能。转子转动力矩通过轮轨黏着产生制动力，使列车制动；而直线电机车辆制动时，列车运动推动感动板切割磁感线，产生电能。磁感线与感应板间产生的斥力就是制动力，使列车制动。随着列车交流传动技术水平的不断提高，交流传动的地铁车辆再生制动反馈能量占到牵引吸收能量的40%—50%，节能效果十分明显。

主要制动模式

为保证车辆运行稳定性及安全性，城市轨道交通车辆采用了多种制动模式，主要有常用制动、快速制动、紧急制动、停放制动等。

常用制动：常用制动是车辆正常情况下为调速或制动所使用的制动方式，制动力较小，制动平稳，是城市轨道交通车辆常用的制式。常用制动过程中优先采用再生制动（电制动）。只有当再生制动（电制动）不足时，按照接受的制动指令，动车和拖车根据各自的载荷，进行机械摩擦制动（空气制动）

补充。常用制动的制动力可以调节，通常只用到列车制动能力的 20%—80%，大多数情况下只用 50%

紧急制动：紧急制动属于非常制动，是在紧急情况下为使列车在最短距离内停车而实行的制动方式，是城轨车辆在紧急情况下使用的制动模式。与常用制动相比，紧急制动作用迅猛，在 1.7s 内可达到最大制动力的 90%，列车最大的制动力都用上，粘着制动力用到最大，有的车还要添加非黏着制动力。考虑到电气可能出现的故障，紧急制动时高压断路器断开，电制动不起作用，仅采用空气制动；因黏着制动力用到最大，为防止车轮打滑，采用防滑器和制动力载荷调整装置进行调节。紧急制动后停车之前不能缓解，只能一次性制动到底。

快速制动：快速制动是车辆紧急情况下的另一种制动方式，既可采用“纯空气制动”，也可采用“纯空气制动 + 电制动”的混合制动。快速制动时的制动力、制动减速度与紧急制动一样，但制动过程中可随时缓解。当紧急情况解除时，可取消快速制动或转成常用制动，列车可继续行驶。

停放制动：停放制动是车辆在停车后的制动方式，相当于汽车的驻车制动。由于车辆停放后断电，制动缸压力会因无压力空气补充而逐步下降为零，车辆失去制动力，只能依靠车辆上的弹簧蓄能装置或永磁体提供的磁力产生制动作用。

制动控制系统

城市轨道交通车辆制动控制系统一般采用微机控制的直通式电空制动系统，集成了空电复合制动、防滑控制、故障诊断、状态信息显示等功能，它通过电信号传输制动指令，并通过微机收集、处理、计算、判断制动信息，具有反应迅速、操纵灵活、制动力匹配精准、故障导向安全等优点，在城市轨道交通车辆上广泛应用。

微机控制的直通式电空制动系统主要由风源系统、列车制动控制单元、制动电子控制装置 (BCU)、基础制动装置等组成。列车制动控制单元接收司机 /ATO 及 ATP 的制动指令，通过控制线向全列车制动电子控制装置（EBCU）发送制动指令。各车制动电子控制装置（EBCU）根据制动指令，实施电制或空气制动或电空混合制动，并对制动状态进行有效控制。

常用制动采用减速度控制模式，并具有车辆冲动率限制功能，保证车辆的舒适性。制动电子控制装置（BCU）根据制动指令大小、车辆实际重量等参数计算制动力，产生相应的减速度。制动力根据制动指令大小无级或有级控制，并优先采用电制动，节能环保。当电制动失效时，自动转换到空气制动。在低速运行时，因电制动能力不足，由空气制动代替电制动。

紧急制动采用紧急安全回路或独立环路的纯空气制动，不受微处理器的控制，使电气故障导向安全。紧急制动时，动力和拖车按最大超员情况（AW3），实施最大的空气制动力，且在列车完全停车前，不允许缓解。

快速制动采用常用制动控制模式，只是制动力与紧急制动一致。

制动控制系统在车辆上有两种布局方式：架控制动系统和车控制动系统。架控制动系统是以每个转向架为单位进行制动力的分配与控制，如图所示。由于每个转向架的实际负载有所差别，架控系统能更好地发挥每个转向架的电制动能力。当其中一个制动控制单元失效时，列车只损失一个转向架的制动能力。架控制动系统网络布置复杂。

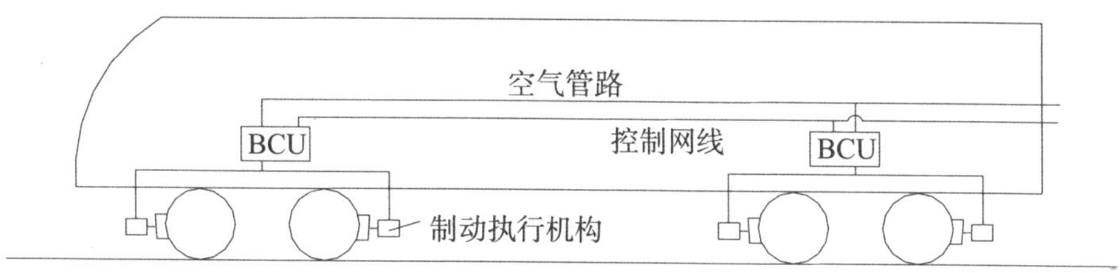

架控制动系统示意图

车控制动系统中以每辆车为单位进行制动力的分配与控制，如图所示。每辆车的制动控制单元直接接受列车的制动指令，当其中一个制动控制单元失效时，列车损失一辆车的制动能力。但车控制动系统网络布置简单，成本较低。

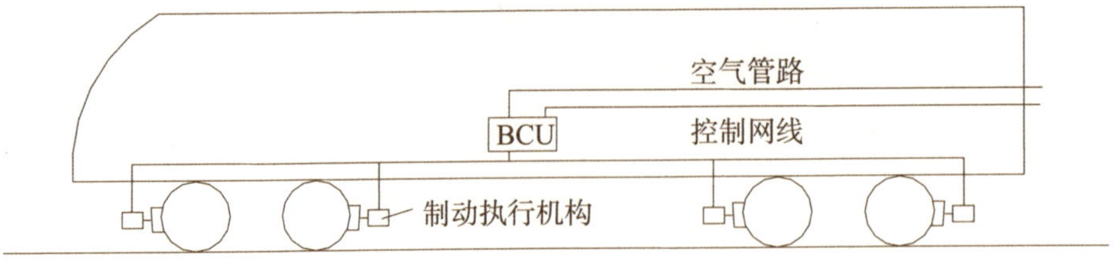

车控制动系统示意图

目前我国城轨车辆主要选用国外进口的制动系统，主要包括日本NABCO制动系统、德国KNORR制动系统、英国WESTINGHOUSE制动系统和SABWABCO（FAIVELEY）制动系统。我国自主研发的制动控制系统，正在进行试验验证中。

我的手臂——车钩缓冲装置

车辆之间采用车钩缓冲装置进行连接。车钩缓冲装置主要将车辆连接在一起后整体运行，实现电路及气路的连接，传递牵引力及制动力，并缓冲车辆之间的纵向冲动，消耗冲击能量，提高列车运行的平稳性和舒适性。特别是当发生两列车碰撞事故时，对列车之间碰撞的巨大能量进行缓冲吸收，降低冲动加速度，并防止车辆爬起，保证乘客不受伤害，避免车辆受到毁灭性损坏。

密接式车钩

城市轨道交通车辆一般采用密接式车钩。连接后两钩之间没有上下和左右的移动，纵向间隙很小，能减小纵向冲动，连接可靠，可提高列车的纵向舒适性和安全性。车钩内含有电路、气路连接装置，方便操作。

密接式车钩有全自动车钩、半自动车钩及半永久车钩（牵引杆）三种型式，如图所示。全自动车钩主要应用在列车的前、后车，在司机室就可以实现机械、气路和电气的自动连挂和解钩，并可进行人工解钩，提高连接效率，方便车辆救援；半自动车钩主要应用在有一定解编需求、动车和拖车组成的单元间的连接，其机械和气路可实行自动连挂，但电气的连挂和解钩通过人工操作完成；半永久牵引杆主要应用在长期不解编或极少解编车辆间的连接，其机械、气路和电气的连挂和解钩均由人工操作完成。半永久牵引杆之间通过卡环和螺栓连接，具有刚性强、无松脱、安全性高等优点。

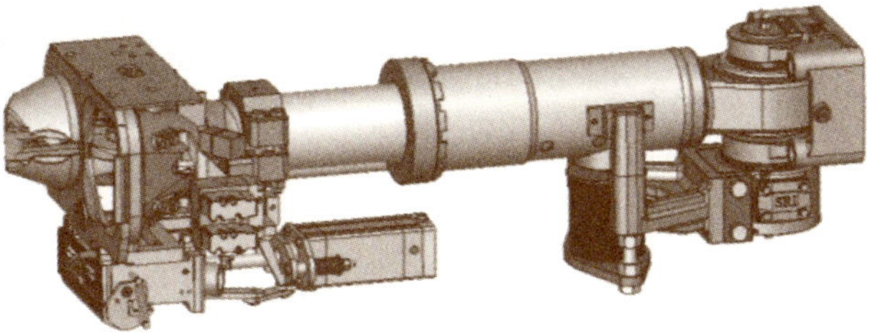

全自动车钩

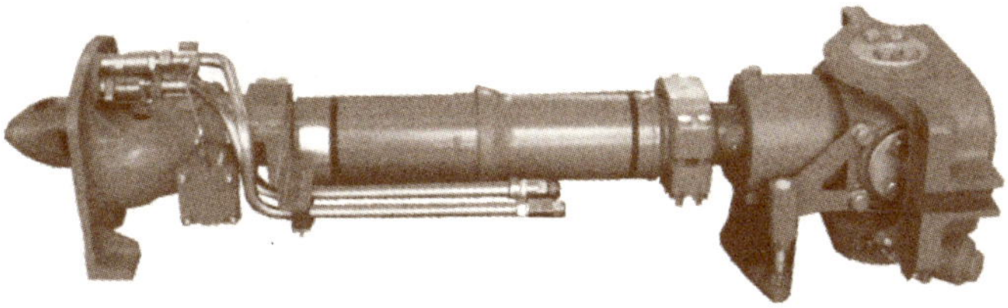

半自动车钩

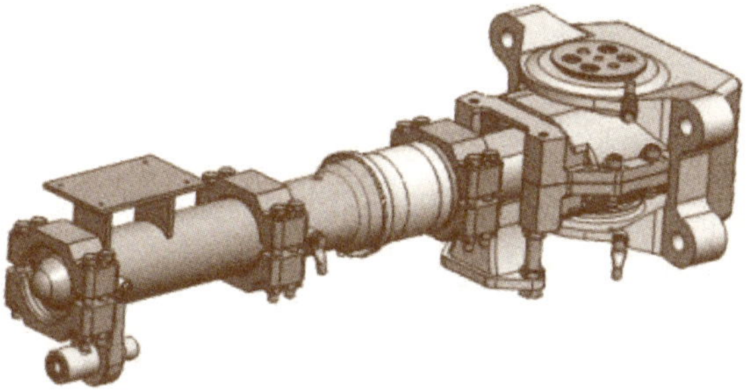

半永久车钩

密接式车钩现有四种型式，一种是日本柴田式密接式车钩，北京地铁车辆上已有应用；第二种是 Scharenberg 型密接式车钩，上海地铁上已有应用；第三种是德国的 BSI-COMPACT 型密接式车钩；第四种是我国四方车辆研究所研制的密接式车钩，已广泛应用在地铁、高速客车上，填补了国内技术空白。

密接式车钩一般分为机械钩头、电气连接装置、气路贯通装置、钩身和钩尾座等部分，便于安装、拆卸和维护。

机械钩头：机械钩头是密接式车钩连接部位，用于纵向力的传递。钩头一般由凸锥体、凹锥孔、钩舌或锁栓、解锁装置等组成，如图所示。两钩连挂时，凸锥体插入对方车钩的凹锥孔中，推动钩舌或锁栓运动。当两钩连接面接触后，钩舌或锁栓相互咬合，将两凸锥体啮合成一整体。凸锥体、凹锥孔能自动导向和对中功能，保证机械、气路和电气的连接贯通。

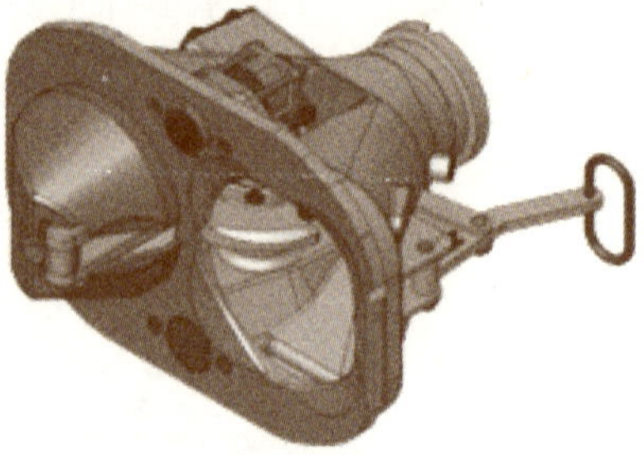

330 型机械钩头示意图

电气连接装置：电气连接装置也称为电气车钩，主要作用是贯通车辆间的低压、信号、通信等电缆，实现车辆间的电气连接。按相对于钩头的位置分，电气车钩有上置式、下置式和左右式。左右式电气车钩如图所示。

左右式电气车钩

主要缓冲装置

城市轨道交通车辆在正常运用时，其列车的纵向冲动均由可恢复的缓冲器进行缓冲及能量吸收、消化。由于城轨列车比铁路列车编组少、轴重低，要求的缓冲器容量、阻抗力均比铁路客车小，机械弹簧缓冲器、摩擦缓冲器均不太适用。城市轨道交通车辆缓冲器主要使用橡胶缓冲器、胶泥缓冲器、液气缓冲器等。

橡胶缓冲器：是利用橡胶作为弹性元件的缓冲器。它是借助于橡胶弹性变形及橡胶分子内摩擦、橡胶与金属的外摩擦来缓和冲击和消耗能量的作用，在牵引和压缩方向均具有能量吸收功能。缓冲器目前在城轨车辆车钩系统中普遍采用。根据缓冲器容量的需要，橡胶缓

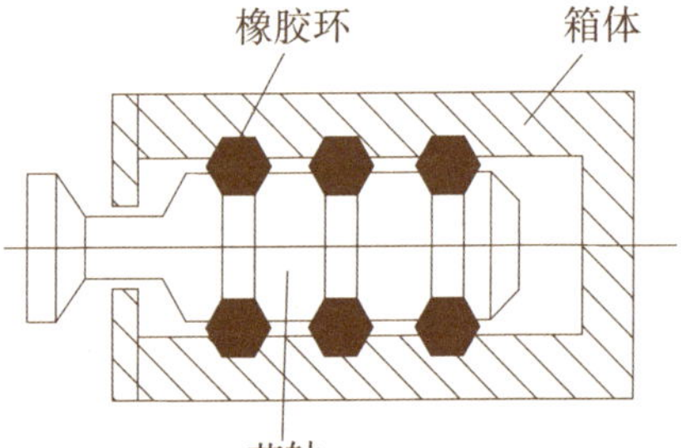

橡胶缓冲器示意图

冲器有两组橡胶环的 EFG2 和有三组橡胶环的 EFG3。EFG3 缓冲器如图所示。在整个冲击过程中，环形橡胶既与壳体、芯轴发生挤压摩擦吸收消耗能量，橡胶本身又生变形蠕动来消耗能量。

胶泥缓冲器：是以弹性胶泥作为弹性材料的新型缓冲器。弹性胶泥是一种由有机硅高分子化合物组成的弹性材料，具有高阻尼黏弹性、体积可压缩性、流动性及抗剪切性，其物理化学性能在 −50℃— +250℃范围内具有很高的稳定性，抗老化、无臭、无毒、无污染，具有固态和液态两种属性，其动黏度比普通液压油大几十倍至几百倍，密封问题很好解决。胶泥缓冲器的弹性胶泥装入密闭箱体中，如图所示。活塞杆在车钩力的推动下，压缩弹性胶泥。弹性胶泥体积缩小，将车钩冲击能量转化为弹性胶泥的势能。由于活塞上有节流孔，弹性胶泥会通过节流孔产生流动。流动时，与节流孔的摩擦以及胶泥分子链运行都消耗车钩冲击能量并转化为热而消散。当车钩力撤去后，弹性胶泥体积膨胀，将活塞推回原位。胶泥缓冲器恢复到原始状态。

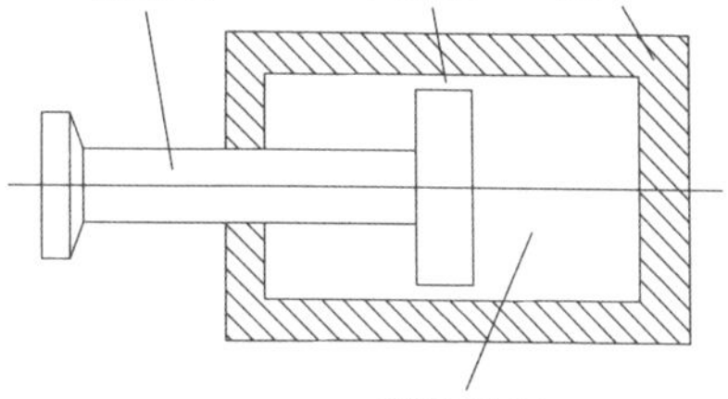

胶泥缓冲器示意图

胶泥缓冲器具有容量大、能量吸收率高（不低于 80%），体积小、重量轻、结构简单、使用寿命长等优点，在城轨车辆上广泛使用。

液气缓冲器：是利用液压油和气体的压缩来实现缓冲吸能、压缩气体作为复位弹簧的可恢复式缓冲器。液气缓冲器结构中，液体和气体被分别注入缓冲器的两边，液体注入缓冲器箱体中、气体注入柱塞中，液体和气体之间采用浮运活塞隔开，柱塞底部安装节流孔，如图所示。当车辆冲击速度较小时，液体通过节流孔的速度较大，缓冲器几乎没有受到液体阻力，阻抗力大部分来自于气体压缩。由于气体的分子间

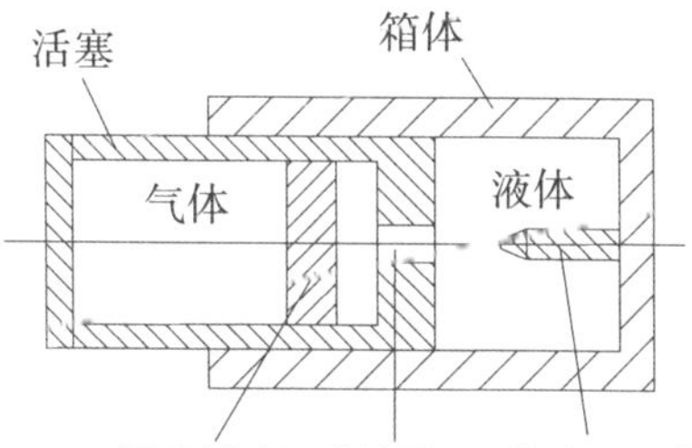

液气缓冲器

隙大，气体压缩的阻力很小，缓冲器的阻抗力也很小。当车辆冲击速度较大时，受节流孔受到阻尼棒的限制，液体通过节流孔时的阻力很大，消耗的能量也很大。

碰撞吸能装置

当列车之间产生碰撞时，仅靠缓冲器无法吸收、消化碰撞能量，还需要其他装置来吸收超出缓冲器的能量。吸能装置有压溃装置、过载保护装置、底架吸能部件等。这些装置一旦发生了作用，不能恢复。

压溃装置：是一种破坏性的能量吸收元件，通过压溃管在压溃变形的过程中消耗能量。

压溃装置的核心是压溃管。压溃管是用采用普通碳素钢制成的、具有一定壁厚的直形筒体，其端口外涨呈喇叭口，与涨块配合进行挤压，如图所示。当压溃装置涨块受到的冲击力大于压溃管压溃变形的触发力时，涨块将压溃管压溃变形。在压溃管压溃行程中，涨块挤压前进，压溃管被压溃消耗能量。

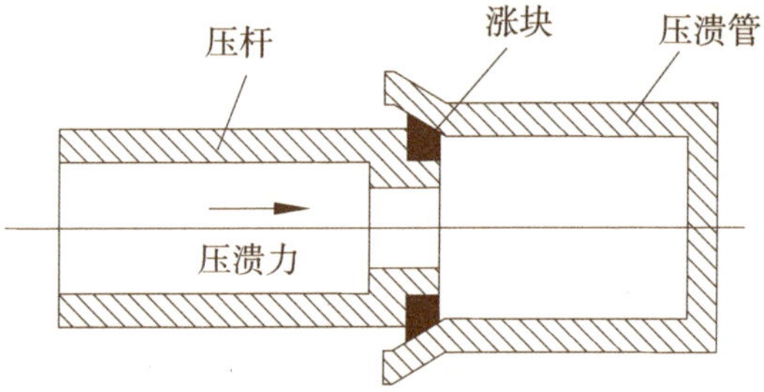

压溃管压溃变形示意图

过载保护装置：是当车辆受到过大的冲击力、缓冲器和压溃管都无法承受时，将过大的冲击力传递给底架碰撞吸能区、使车钩免遭毁灭性破坏的一种保护装置，主要由钩尾座与车体间的连接螺栓组成。因连接螺栓的破坏型式不同，过载保护装置有拉断式过载保护、剪切式过载保护和压溃式过载保护。

当车钩的作用力超过压溃管的作用力时，压溃式过载保护的收缩套收缩变形后，连接螺栓从安装孔滑出，如图所示。当连接螺栓失效后，钩尾座与车体板脱离，车钩在冲击力的作用下向后

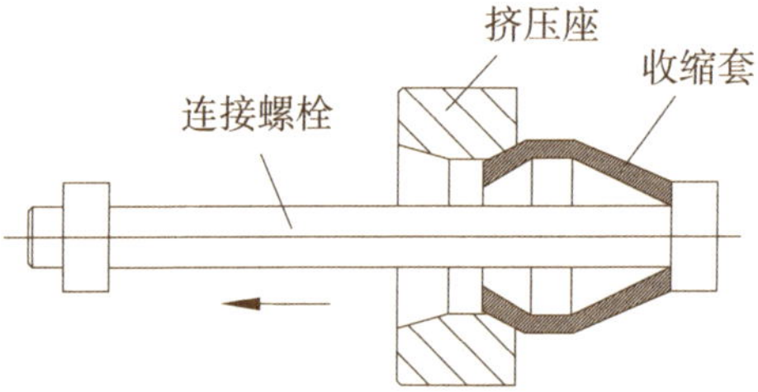

压溃式过载保护收缩套

移动，车前端的防爬器接触，将车钩力传递到车体碰撞吸能区。

底架碰撞吸能区：是在车辆底架上设置、用于吸收消耗列车冲击能量的专门区域。当车辆冲击太大，超出缓冲器、压溃管及过载保护螺栓的吸能总和时，将过大的冲击能量用底架碰撞吸能区以破坏形式消耗掉，以保证乘客安全及底架主体不受毁灭性破坏。底架碰撞吸能区一般设置在列车头部车辆底架的前端、牵引梁两侧的非关键区域，它依靠防爬器接触来传递过大的冲击力。城轨车辆底架碰撞吸能区主要采取两种结构，即附加式碰撞吸能结构及承载式碰撞吸能结构。

附加式碰撞吸能结构主要由独立的吸能元件构成，一般与防爬器集成为一个模块化部件，安装在车辆端部两边，通过螺栓、焊接等方式连接到车体上，如图所示。当发生碰撞事故时，通过该吸能元件的变形吸收碰撞能量，而底架主体结构基本上保持完好。

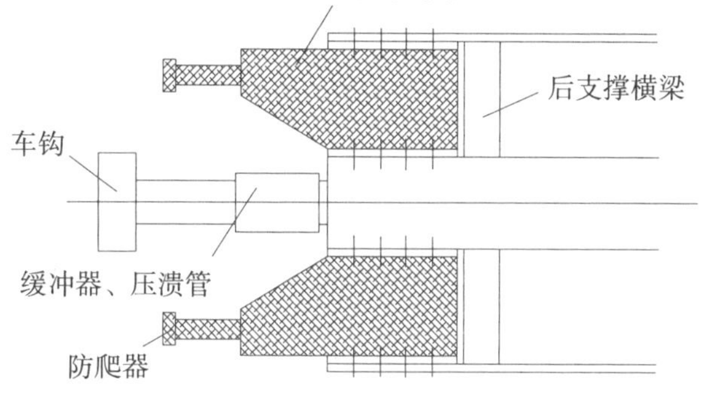

附加式碰撞吸能结构

承载式吸能结构则采取与车辆底架完全一体式设计，通过焊接组装在牵引梁两边，如图所示。在正常运用情况下，牵引梁及其上面组焊的吸能结构具有良好的传递纵向力的性能，并能保持结构的完整而不发生塑性变形。在发生碰撞事故时，内部梁件发生压溃式变形以吸收能量，后支撑横梁只发生弹性变形，从而保护乘客区车厢的安全。

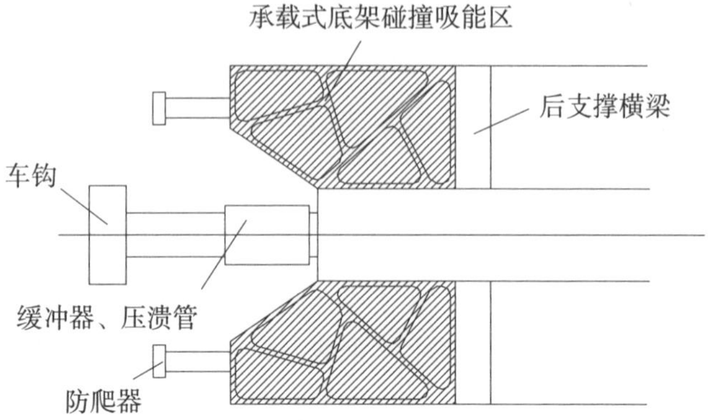

承载式吸能结构

能量吸收控制系统

城市轨道交通车辆的碰撞能量吸收主要采取四级方式：第一级为钩缓装置中的缓冲器压缩吸能；第二级为钩缓装置中的压溃管压溃吸能；第三级为过载保护装置的连接螺栓失效时吸能；第四级则是头车前端底架的碰撞吸能区破坏变形吸能。

四级吸能结构发生条件及过程如下：

列车正常联挂速度下（ ≤ 7.5 km/h ），产生的冲击能量全部由钩缓装置中的缓冲器吸收，压溃管不动作，过载保护装置不动作，头车前端底架的碰撞吸能区不变形，车体结构不变形、不受损。

当两列 AW0 列车以 15 km/h 的相对速度相互碰撞时，冲击能量全部由钩缓装置中的缓冲器和压溃管吸收，过载保护装置不动作，头车前端底架的碰撞吸能区不变形，车体结构不变形、不受损，传递到乘客身上的加速度值在允许极限范围内。

当两列 AW0 列车以大于 15 km/h 的相对速度相互碰撞时，过载保护装置连接螺栓失效，吸收部分能量。车体结构不变形、不受损。

当两列 AW0 列车以 25 km/h 的相对速度相互碰撞时，除缓冲器、压溃管及过载保护装置参与能量吸收外，车前端的防爬器接触，车体端部的碰撞吸收区发生变形，吸收碰撞产生的全部剩余能量，但车体不爬起，司机室后面的客室部位不发生变形。

为保证四级吸能装置按先后顺序发生作用，各缓冲装置的位移关系如图所示。

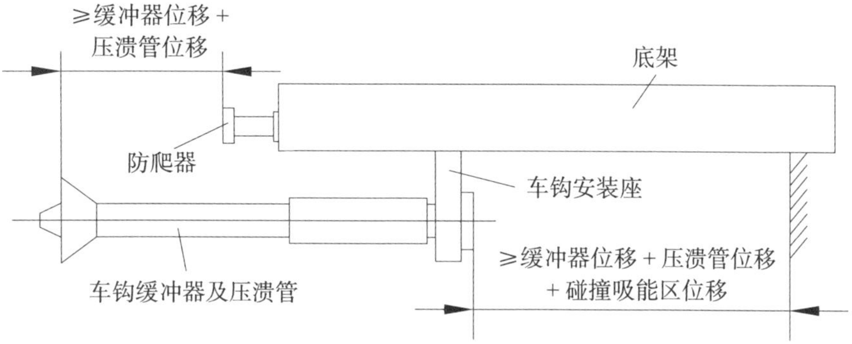

能量吸收各位移关系图

我的心脏——牵引传动装置

牵引传动是将电能转化成机械能、推动车辆运动或者将车辆动能转化成电能、进行列车电制动的系统，它是城市轨道交通车辆的核心部分，关系到车辆动力特征、最高运行速度、制造成本、列车动拖比、车辆运营成本和安全可靠性等重要技术经济指标。

牵引传动主要动力特征

与干线铁路相比，城市轨道交通站间距较短，启动和制动频繁。为缩短区间运行时间，提高区间平均旅行速度，需要车辆有很高的启动加速度和制动减速度。但提高启动加速度和制动减速度，牵引力和制动力不能突破轮轨黏着限制和乘客舒适度要求的范围。另外，车辆还要具备故障运行能力和救援能力。要保证列车的运行能力，城市轨道交通车辆牵引传动系统的动力性能应满足以下要求：

在 AW2 载客工况、平直干燥轨道、半磨耗车轮条件下：从 0 加速到 40 km/h 的平均加速度≥ 1.0 m/s^2；从 0 加速到 80 km/h 的平均加速度≥ 0.6 m/s^2；列车常用制动的平均减速度≥ 1.0 m/s^2；快速制动和紧急制动的平均减速度≥ 1.2 m/s²。

当车辆发生故障时：在牵引力减小 25% 条件下，能在平直道上以不小于运营速度运行；在牵引力减小 50% 条件下，能在 30‰坡道启动，并能运行至下一站。

当车辆救援时：一列空车牵引一列 AW3 载荷重车，能在 30‰坡道上启动，并运行至下一站。

为适应城市轨道交通车辆很高的启动加速度和制动减速度的要求，三相异步电动机在 VVVF 控制作用下，牵引工况和制动工况的动力特征曲线如图所示。

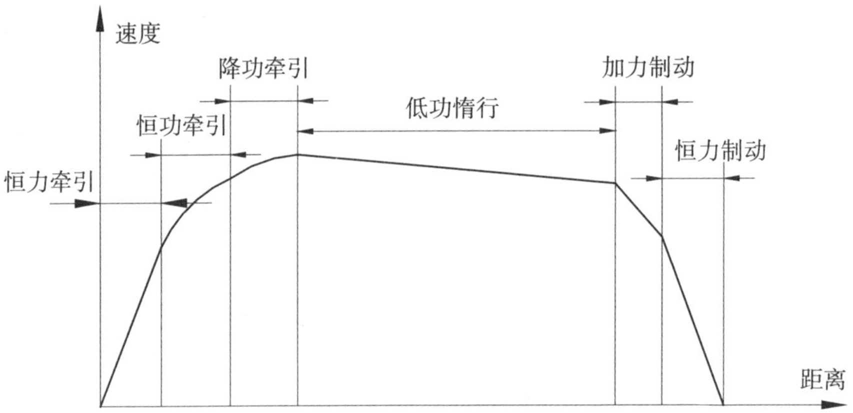

城市轨道交通车辆牵引制动特征曲线

◆牵引工况

牵引工况下，城市轨道交通车辆的动力特征分为恒力牵引阶段、恒功牵引阶段、降功牵引阶段、低功惰行阶段。

恒力牵引阶段：电动机输出最大的牵引力并保持恒定，列车以较大的加速度加速运行。在这个阶段内采用调压控制方式，保证 U/F 恒定。

恒功牵引阶段：采用恒电压控制方式，牵引电机的功率维持不变，通过提高交流电频率的方式将电机转速度进一步提高。

降功牵引阶段：牵引功率处于下降水平，牵引力下降，采用恒转差频率的控制方法来变频恒压调速，利用电动机转矩裕量，列车速度达到最高。

低功惰行阶段：该阶段是列车达到最高速度以后，利用自身的动能继续运行，电动机仅输出很小的功率来克服运行阻力，车辆的牵引力较小，速度保持恒定或轻微下降。

◆制动工况

城市轨道交通车辆优先采用电制动。在制动工况时，牵引电机处于发电机状态，吸收列车动能并进行电制动。制动工况下的制动力特征要求分为制动力提升阶段、恒力制动阶段。

制动力提升阶段：刚开始制动时，列车速度很高，受牵引电机转矩裕量的限制，只能按自然特征控制，在此阶段，制动力逐步加大，直至达到所允许的极限。

恒力制动阶段：为保证列车制动减速度，采用制动力恒定（恒转矩）控制方式，在很宽的速度范围内，一直按允许的最大制动力实施制动。

牵引功率的匹配利用

城市轨道交通车辆牵引功率的匹配利用，是车辆设计、列车编组型式的重要依据，也是关系车辆运营成本及节能降耗的重要指标。

◆电机功率的适当过载

城市轨道交通车辆在启动阶段，为了获得很大的加速度，功率快速上升，而达到最高速度后又进入惰行区，以较低的功率运行。惰行区占整个站间距一半以上。为节省能耗，在保证加速性能的同时减小电机功率，可采用电机过载的方法来解决。通常城市轨道交通车辆的电机功率设计时一般允许 1.3—1.7 倍的过载，以充分发挥其性能。

◆列车动拖比的合理设置

城轨列车采用动力分散牵引方式，列车中既有动车也有拖车。较高的最高运行速度和启动加速度需要较大的牵引功率。列车牵引功率的增加，一是增加单车的电机功率，功率越大，动力性能越好。二是增加动车的比例，动车越多，加速性能越好。但动车比例过大，将减少拖车数量，在拖车上的轴盘制动也将减少，不利于制动热量的逸散。

一般情况下，运行速度在 80—100 km/h 的地铁列车中，4 辆编组采用 2 动

2拖的方式，6辆编组采用4动2拖的方式。运行速度140—160 km/h时的市域快线列车8辆编组采用6动2拖的方式。

牵引传动主要设备

牵引传动系统主要由电动机、可变电压可变频率（VVVF）逆变器、断路器、制动电阻、机械传动装置、接地装置、微机控制电路、保护电路等组成。

◆三相异步电动机

我国地铁车辆早期采用直流电动机，使用凸轮调阻或斩波调阻的调速方式，自重大、结构复杂，存在着电刷容易磨损、转向冒火花、电阻发热等技术问题，使用维护不便。而随着科技的发展，采用VVVF控制的三相交流电动机，具有功率大、转速高、重量轻、体积小，恒功速度范围宽、功率因数高、黏着系数大、结构简单、维修方便，再生制动能量回收等优势，在城市轨道交通车辆上广泛应用。目前交流电机主要采用三相异步电动机和永磁同步电动机。

三相异步电动机结构简单，技术成熟，单台逆变器可带多台电动机，维护工作量小，在城市轨道交通车辆广泛使用。而永磁同步电动机是最近发展起来的新式交流电动机，与三相异步电动相比，其功率因数和效率更高，体积小，功率密度大。缺点是永磁体价格较高、弱磁能力低、高速制动时的反电势等问题，永磁同步电动机的应用正处在摸索当中。

◆可变电压可变频率（VVVF）逆变器

可变电压可变频率（VVVF）逆变器就是将直流750 V或1 500 V通过IGBT逆变器和微机控制，获得一个频率和电压可控制的三相交流电，使交流异步牵引电动机的转速可以平滑调节，达到牵引和制动动力特征。

辅助供电系统

城市轨道交通车辆辅助供电系统是向车上的空调机、通电机、压缩机、照明、车门、电子显示等用电设备进行供电的系统。辅助供电电压分两类，一类是三相AC 380 V及单相AC 220 V，另一类是DC 110 V和DC 24 V。

辅助供电系统中，主要包括辅助逆变器、低压电源装置、蓄电池、隔离开关、接触器、整流器。辅助逆变器，又称静止逆变器（SIV），是一种将直流电转换为 50 Hz、380 V/220 V 三相交流电的能量变换装置。辅助逆变器输出电压的品质因数好，电源使用的效率高，工作性能安全可靠。

为保证车内安全系统供电的不间断，车辆配备有二组蓄电池，供电电压分别为 110 V 和 24 V。平时情况下，车上辅助供电系统给蓄电池。当辅助供电系统停止工作时，由蓄电池给车上设施供电。

我的腿脚——转向架

转向架是城市轨道交通车辆的走行部分，也是城市轨道交通车辆中非常重要的部件，直接关系到车辆的走行安全性、运行平稳性、性能稳定性，直接影响到旅客乘坐的舒适感。

采用转向架是轨道车辆特有的、其他交通工具所没有的技术特征。转向架的作用是将车轮沿钢轨的滚动转化为车辆的平动；承载车体及旅客重量并传递给轨道；利用轮轨间的黏着，提供牵引力和制动力，引导车辆运行；缓和线路不平顺对车辆的冲击，提高车辆运行平稳性和稳定性；便于车辆通过小曲线，提高车辆曲线通过能力；加大车辆长度，提高城轨车辆的载客量；改善车辆动力学性能，提高车辆运行速度。

按转向架应用范围，现在主要转向架种类有钢轮钢轨转向架、胶轨单轨转向架、胶轨路轨转向架、磁悬浮车辆转向架。

钢轮钢轨转向架技术

钢轮钢轨转向架主要运行在标准轨距（1 435 mm）钢轨上，以轮轨关系导向，依靠电力驱动。传统结构的转向架技术成熟，广泛应用在地铁、轻轨及部分有轨电车上，如图所示。

钢轮钢轨转向架

钢轮钢轨转向架中，有整体轮对、旋转电机牵引的传统结构转向架，也有直线电机牵引转向架，还有独立车轮转向架。这些转向架大同小异，主要由轮对导向及弹性定位装置、构架、车体弹性悬挂及抗侧滚装置、车体支撑及纵向牵引装置、基础制动及电子防滑装置等组成。动车转向架还有电机悬挂及驱动机构。

轮对导向及弹性定位装置

轮对轴箱装置主要由轮对、轴箱、轴承及轴箱弹性悬挂组成，是联系构架和轮对的活动关节。它的主要功能是对轮对进行弹性定位，抑制轮对的蛇行运行；将车轮的滚动变动车辆的平动，引导车辆运行；隔离和缓冲因线路不平顺对车辆造的振动和冲击；传递轮轨间包括牵引力和制动力在内的各种作用力。

◆轮对

轮对是车辆运行的最关键部件，由一条车轴和两个车轮组成一个整体，如图所示。在车辆运行过程中，两个车轮与车轴是同时转动。车轮压紧在车轴上，不能松弛。

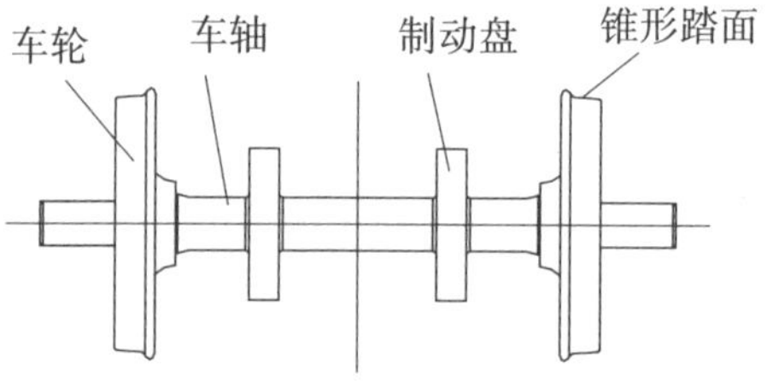

轮对

车轮与钢轨的接触踏面是带有一定锥度的斜面，斜面的最高处是突出的轮缘，具有通过曲线和自动对中作用，这是轨道车辆的独特之处。

在运行过程中，因滚动直径大小的来回变化，轮对像蛇一样呈左右摆动前进，导致车辆的“蛇行运行”，如图所示。

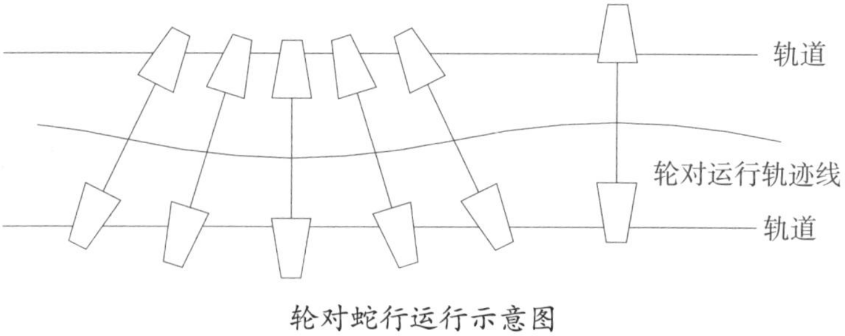

轮对蛇行运行示意图

绝大多数的钢轮钢轨转向架车轴是平直的，但在100%低地板有轨电车独立车轮转向架上，车轴则是下凹式，可将上部空间留作低地板使用，如图所示。此时，车轴是不能转动的，只有车轮转动。由于两车轮各自转动，没有轮对的蛇行运行，也就没有自动对中功能。需要采取特殊措施来实现100%低地板有轨电车的安全运行。

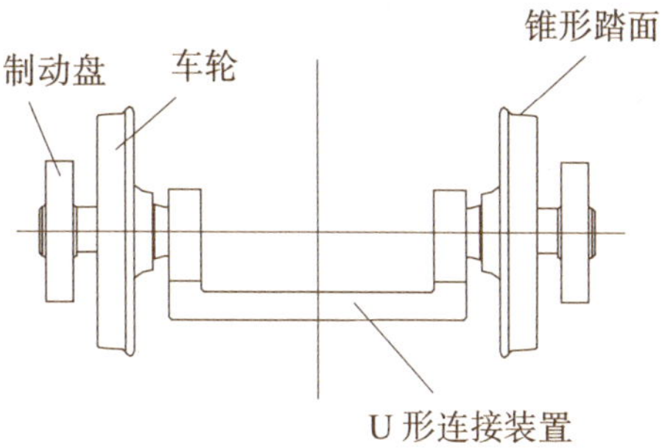

U形轮对

在动力转向架中，轮对上还要安装齿轮减速箱。为实现盘形制动，车轴或车轮上需要安装制动盘。

◆轴承

轴承是将车轮的滚动变动车辆平动的主要部件。城轨车辆转向架采用滚动轴承，主要有圆柱滚动轴承、圆锥滚动轴承、球面滚动轴承等。滚动轴承一般由外圈、内圈、滚子和保持架等组成。内圈压装在车轴轴颈上，外圈支撑着轴箱。

转向架的轴承绝大部分安装在车轮的外侧，也有安装在车轮内侧的情况，如独立车轮转向架，由于车轮外侧需要安装驱动电机、制动装置等，只能将轴承安装在内侧。

◆轴箱弹性悬挂

轴箱弹性悬挂也称一系悬挂，将轮对与构架联为一体，隔离和缓冲轮轨间的冲击和振动。主要由定位装置、轴箱弹簧及减振器等组成，如图所示。

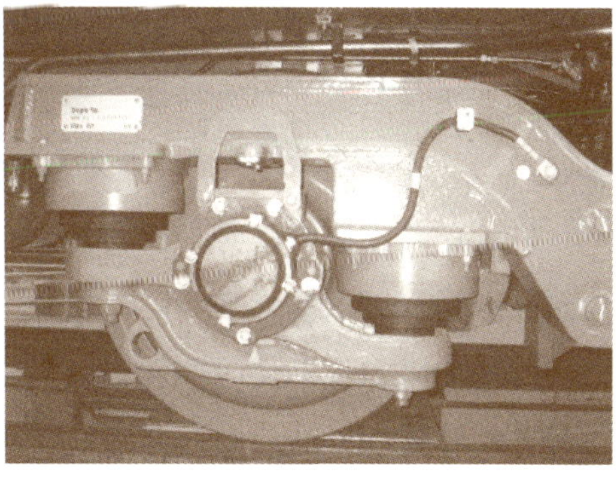
轴箱弹性悬挂装置

为减少构架的点头和沉浮振动，在轴箱和构架间加装垂向油压减振器，缓冲和消耗构架的垂向振动能量。有些轴箱端部要安装速度传感器、轴温报警器等运用、安全设施。

构架

构架是转向架的基础，把转向架的各零、部件组成一个整体，在车体与轮对间传递各种作用力和载荷，并对两个轮对进行均载。

钢轮钢轨转向架的构架一般由侧梁、横梁焊成“H”型结构或“日”字结构，上面安装有空气弹簧座、轴箱导框、电机安装座、齿轮箱吊座、牵引杆安装座、制动吊座、高度控制阀座、抗侧滚扭杆座、减振器座、止挡座等。

在空气弹簧的转向架中，构架侧梁的内腔还可作为空气弹簧的附加气室。

车体弹性悬挂及抗侧滚装置

车体弹性悬挂及抗侧滚装置也称中央弹性悬挂装置或二系悬挂，是联系车体与构架的弹性平台。它的主要作用是降低车体的振动，提高旅客乘坐的舒适性。

车体弹性悬挂及抗侧滚装置可分为有摇动台、无摇动台两种形式。干线铁道车辆转向架大都采用有摇动台的二系悬挂。因城市轨道交通车辆在空车和重车时，载荷差别大，转向架二系悬挂采用空气弹簧可更好地满足车辆连挂及地板面高度的要求。而空气弹簧可同时承受三个方向的载荷，有较大的变形范围，可取代传统转向架摇动台。

车体弹性悬挂及抗侧滚装置主要由空气弹簧装置系统及扭杆弹簧抗侧滚装置组成。

◆空气弹簧装置系统

空气弹簧装置系统主是由空气弹簧、附加气室、高度控制阀、差压阀、节流阀等组成，具有自动控制调整弹簧高度、保证两边弹簧的均衡性、衰减垂向振动、故障发生后的安全保障等功能。

空气弹簧：空气弹簧如图所示，是由橡胶层、帘线层和钢丝圈组成的可变形、有弹性的气囊，具有降低城轨车辆自振频率、非线性刚度的功能，振幅小时刚度低，振动大时刚度高，可较好地满足车辆振动性能的需要。橡胶作为空气弹簧的主体材料，应有较好的耐油性、气密性，抗紫外线和抗老化性能，一般采用氯丁橡胶。为提高空气弹簧的密封性，采用压力自封式密封技术，安全可靠。空气弹簧底部安装有紧急叠层弹簧。万一发生空气弹簧破裂故障，车体可支撑在紧急叠层弹簧上，保证车辆安全缓行到检修点。

空气弹簧

高度控制阀：作用是根据车辆载客量的变化，自动调整空气弹簧的内部压力，使车体高度保持不变。如果车辆装有两个高度控制阀时，还可减少车体在曲线上的倾斜。

差压阀：是安装在左右两个空气弹簧中间、连通两个空气弹簧的部件，如图所示，主要功能是将一个转向架左右两侧空气弹簧的压力差控制在一个安全范围内。当左、右空气弹簧的压力差超出安全范围，则压力高的一端气流向压力低的一端，以防止车体过大倾斜；当一侧的空气弹簧破裂时，通过差压阀，另一侧的空气弹簧空气也能泄出，可使车辆低速安全运行到检修点。

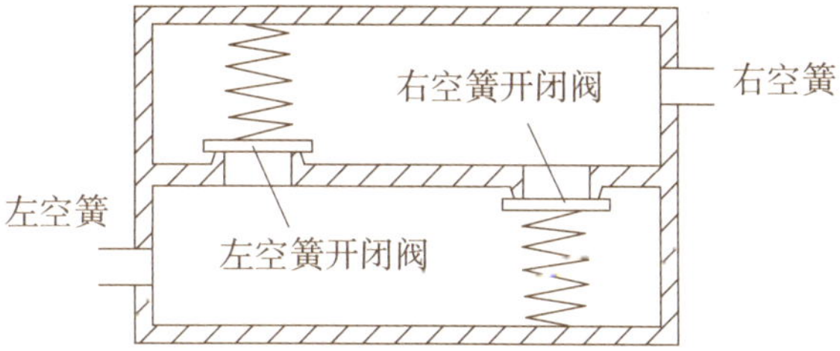

差压阀示意图

◆扭杆弹簧抗侧滚装置

扭杆抗侧滚装置是增大车体抗侧滚刚度、限制车体侧滚角位移的装置。钢轮钢轨转向架二系悬挂采用的空气弹簧，因垂向刚度小改善了车辆垂向振动性能，但现时引起了车体抗侧滚刚度的不足。当车辆过道岔时，车体侧滚角位移增大，侧滚运行加剧，影响乘客乘坐的舒适性。在车体与构架间安装抗侧滚装置，就能对车体抗侧滚起到很好的效果。

扭杆弹簧抗侧滚装置主要由扭臂、扭杆、吊杆、支撑座等组成，利用了扭杆弹簧的原理，如图所示。

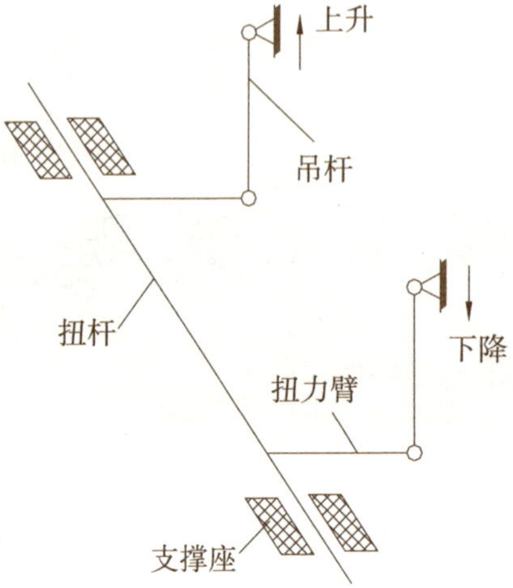

扭杆弹簧抗侧滚装置示意图

车体支撑及纵向牵引装置

车体支撑及纵向牵引装置是转向架支撑车体且车体与转向架之间发生相对转动并传递纵向力的装置。

因结构型式不同，支撑及牵引装置分为摇枕支撑及纵向牵引装置和“Z字形”纵向牵引装置两种类型。

◆摇枕支撑及纵向牵引装置

摇枕支撑及牵引装置主要由摇枕、下心盘、下旁承、纵向牵引拉杆等组成，如图所示。下心盘、下旁承安装在摇枕上，纵向牵引拉杆组装在摇枕与构架间。车体相对摇枕可绕心盘转动，并由上、下旁承的摩擦力提供转动阻力矩。纵向力通过心盘、摇枕及纵向牵引拉杆传递。纵向牵引拉杆两端均采用橡胶弹性

摇枕支撑及牵引装置

节点，不影响摇枕的垂向运行。在摇枕与构架间安装横向液压减振器，减少车体的横向振动。

◆ “Z 字形”拉杆纵向牵引装置

“Z 字形”拉杆纵向牵引装置主要由中心销、牵引橡胶套、牵引座、Z 型双拉杆等组成，如图所示。

采用 Z 型双拉杆，比直线拉杆牵引更具有柔性，轮对受力更均匀，近年来广泛应用在机车、客车及城轨车辆上。

“Z 字形”拉杆纵向牵引装置

基础制动及电子防滑装置

基础制动及电子防滑器装置是车辆制动系统的执行机构，主要功能是将电能或压缩空气转换成车辆制动力。城轨车辆主要采用踏面制动、盘形制动以及动车电制动等组合的复合制动方式，有些对制动减速度要求很高的有轨电车，还要安装磁轨制动。为防止制动中车轮打滑，有些车辆还安装了电子防滑器。

电子防滑器的主要原理是制动时自动检测车轮的转动角速度。当车轮不转时，说明车轮已抱死。此时，电子防滑器的通路打开，将制动缸的压缩空气排放到大气中，降低制动缸的空气压力，使车轮恢复转动。

电机悬挂及驱动机构

电机悬挂及驱动机构是电机从外部受电后将电能转化为机械能、驱动车辆运行的装置。城轨列车采用分散式牵引，动车上安装电机驱动装置，拖车上不用安装。

钢轮钢轨车辆的驱动装置，按电机类型分，有旋转电机驱动和直线电机驱动两种型式。旋转电机还有交流电机和直流电机之分。旋转电机普通应用在地铁、轻轨车辆上，直线电机主要应用在直线电机系统车辆上。牵引电机不同，其转向架结构也大不相同。

◆旋转电机驱动装置

旋转电机驱动装置，不论是直流电机还是交流电机，均是通过机械传动，将电机的扭矩转化为轮对的扭矩。旋转电机驱动装置型式有很多，按电机悬挂位置分，有轴悬式、架悬式和体悬式。

轴悬式是电机一端支撑在车轴上，另一端吊挂在构架上，电机与齿轮箱直接连接，如图所示。该方式加大了簧下重量，增大了轮轨间的动作用力，电机驱动和传统系统柔性差，阻力大，各零部件磨耗大，只适应于速度较低的轻轨车辆、有轨电车。

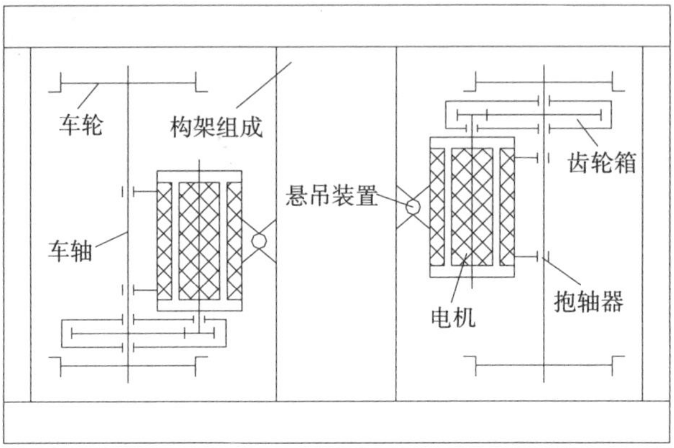

轴悬式电机示意图

架悬式是电机全部悬挂在构架上，电机与齿轮箱间采用联轴节连接，如图所示。该方式电机重量属于簧上部分，减轻了簧下重量，可降低轮轨间作用力，联轴节具有一定的柔性，可消除刚性连接的阻力，传动效率高。该方式适应于行驶速度较大的地铁车辆。

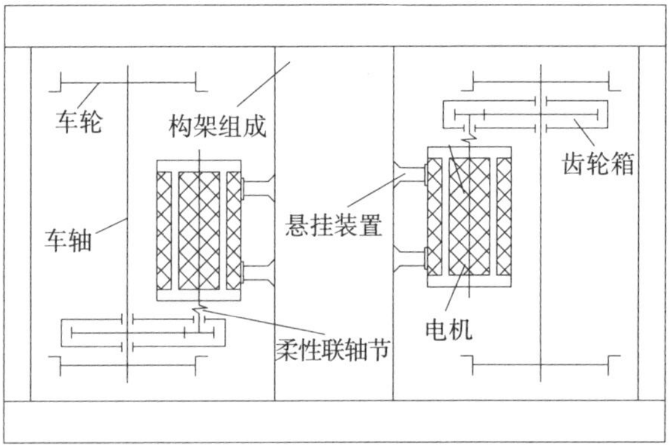

架悬式电机示意图

为适应构架与车轴之间的相对运动，齿轮箱与电机间采用的联轴节要具有灵活性和柔性。现在柔性联轴节有两种：挠性浮动齿式联轴节和TD挠性板式联轴节。

挠性浮动齿式联轴节：运用了鼓形齿技术，主要由两个轴套和两个套筒等组成，如图所示。在力矩传递过程中，两个套筒就像树叶一样，漂浮在轴套上。

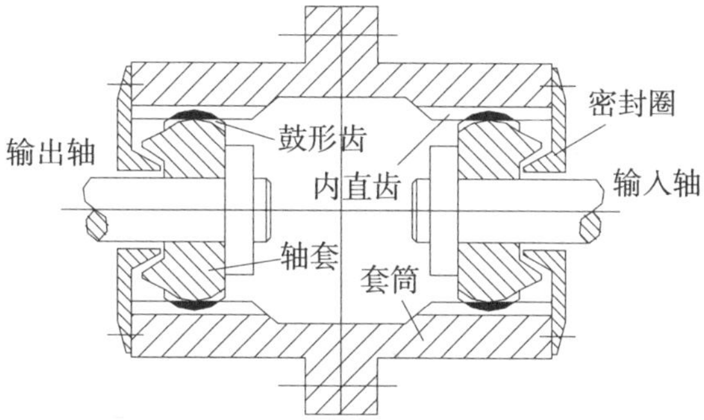

挠性浮动齿式联轴节示意图

挠性浮动齿式联轴节使电机输出轴和齿轮箱输入轴之间可实现径向、轴向和偏角三个方向的位移，以适应构架的振动，且能提供驱动系统必要的弹性，减少了机械传动系统的磨损，降低了机械传动的噪声。

TD挠性板式联轴节：是运用了金属挠性板轴向刚度小、径向刚度大的技术特征，在传递扭矩的同时，可实现减振和角向、轴向和径向三个方向的柔性变形。

TD挠性板式联轴节主要由四个TD挠性板、两个方形连接板、两个联轴器、两个法兰盘等组成，如图所示。

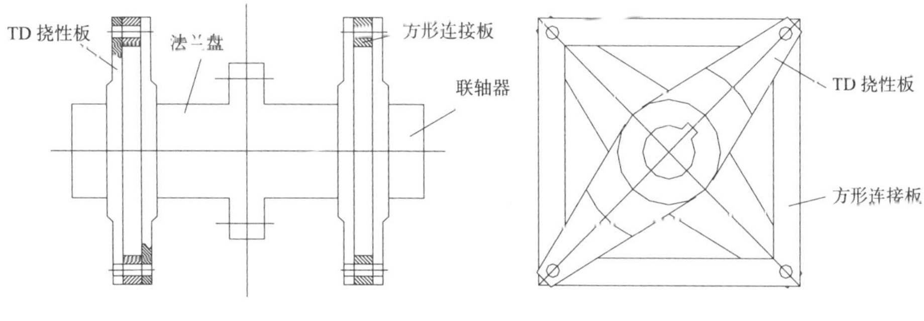

TD挠性板式联轴节

TD挠性板式联轴节结构简单，在运行中没有磨耗，无噪声，不用润滑，利用金属挠性板的变形可还吸收消耗部分振动能量，技术经济性较好。TD 挠性板式联轴节已在北京复八线地铁车、重庆跨座式单轨车上使用。

◆直线电机驱动装置

与旋转电机驱动装置相比，直线电机驱动装置省去了繁重的机械传动系统，具有磨耗小、噪声低、加速制动不受黏着限制、运用维护方便等优点。

直线电机驱动装置中，定子固定在转向架上，转子（俗称感应板）固定在道床上，两者保持 10 mm 左右的气隙。按照直线电机定子的悬挂方式，有轴悬式驱动和架悬式驱动两种。

轴悬式驱动：就是将定子悬吊在车轴上进行驱动，如图所示。直线电机定子横向用拉杆与构架水平相连，防止其横向运行，且还不影响垂向力和纵向力的传递。直线电机定子通过纵向牵引杆连接到构架横梁上，传递纵向力。各连接端均采用橡胶关节，通过弹性变形，减小了电机轴悬对轮对摇头的约束。

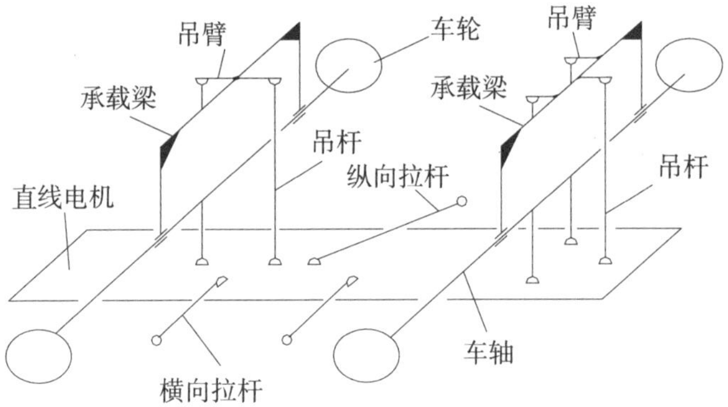

直线电机轴悬式驱动

架悬式驱动：就是把直线电机吊挂在构架上进行驱动。直线电机定子横向、纵向定位与轴悬式驱动相同。

架悬式驱动的优点是簧下重量小、轴上部件少，对轮对运动无任何影响。轮对上无其他附加零部件，更容易在转向架上布局径向装置。但由于直线电机定子与轮对轴箱之间有一系悬挂，在振动过程中影响气隙的稳定性，给设计带来很大的困难。

胶轮单轨转向架技术

跨座式单轨转向架是为跨座式单轨车辆配备的专门转向架，它运行在单根混凝土轨道上，具有爬坡能力强，通过曲线半径小、自重轻、噪声小等优点。

该转向架与钢轮钢轨转向架完全不同。它采用走行橡胶轮胎来承载车体和乘客重量及负责车辆运行，用导向橡胶轮胎进行车辆导向及承担侧向力，用稳定橡胶轮胎承担车体侧滚作用力，如图所示。

跨座式单轨转向架

跨座式单轨转向架主要由悬臂轮对及驱动装置、车轮导向及稳定装置、车体弹性悬挂及抗侧滚装置、构架、基础制动装置等组成。

悬臂轮对及驱动装置

悬臂轮对是由胶轮和空心轴组成一体、具有类似悬臂梁结构的胶轮走行装置，主要由走行轮胎、轮辋、轮芯、空心轴、轴承及传动轴等组成，负责承载车体和乘客重量及车辆运行，如图所示。

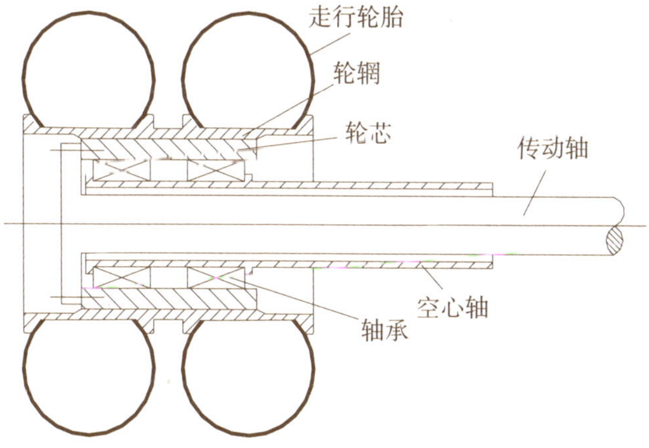

悬臂轮对示意图

橡胶轮胎与空心轴通过轴承组装在一起。轴承内圈压装在空心轴上，橡胶轮胎上的轮芯类似于轴箱，套在轴承外圈上。橡胶轮胎与空心轴之间可相对运动，橡胶轮胎转动，空心轴不转，类似于独立旋转车轮。

空心轴的一端压装轴承并伸到橡胶轮胎内，另一端安装在转向架构架上。因此，橡胶轮胎通过空心轴与构架间形成了悬臂梁结构。两个悬臂轮对在转向架上呈斜对称布置，保持承载及驱动力的平衡，如图所示。

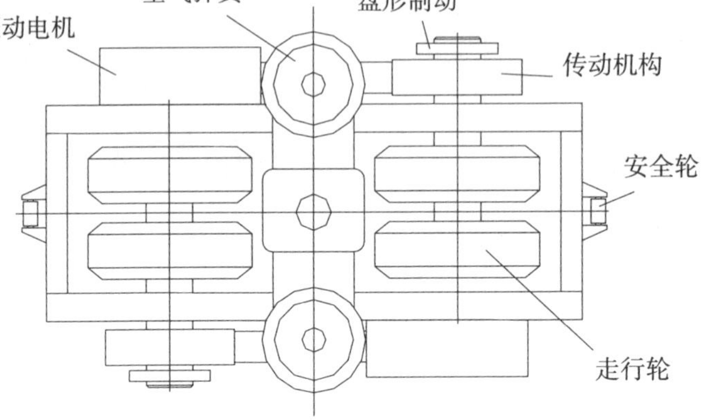

悬臂轮对及驱动机构示意图

车轮导向及稳定装置

车轮导向及稳定装置主要由导向轮和稳定轮组成。

导向轮主要由导向轮胎、轮辋、轮芯、车轴、轴承等组成。导向轮胎组装在轮辋上，形成中空的充气空间。轮芯通过螺栓连接到轮辋，轮芯与车轴间通过轴承形成相互转动机构。导向轮通过车轴安装在构架的两侧，前后各2个。导向轮运行在枕道梁的侧面，在车辆运行中给车辆导向。

稳定轮运行在轨道梁的下部，一边一个，用于增加车辆横向稳定，防止车辆侧翻。其结构与导向轮一样。所不同的是，导向轮中的安全轮在导向轮的下方，而稳定轮中的安全轮在稳定轮的上方，如图所示。

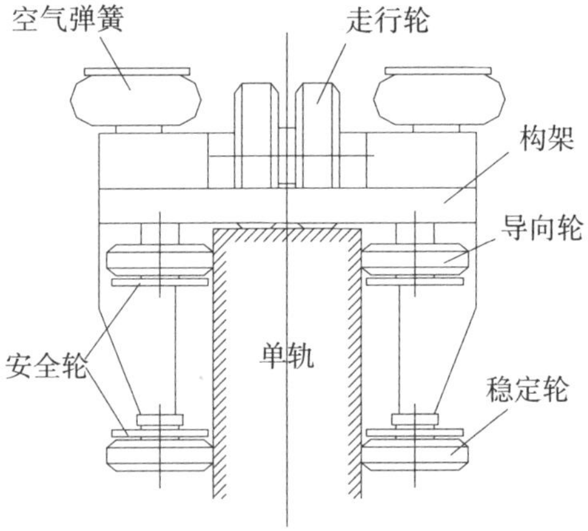

车轮导向及稳定装置示意图

中央悬挂装置

中央悬挂装置采用空气弹簧的摇枕结构，主要由中心销、中心销座、橡胶堆、减振器等组成。中心销安装在车体枕梁上，中心销与中心销座间安装有圆锥形橡胶垫，中心销座与构架间安装有弹性橡胶堆和减振器。车体落座在空气弹簧上，其上的中心销插入中心销座内。

基础制动装置

跨座式单轨转向架为橡胶轮胎，无法采用踏面制动，只能采用盘形制动。而制动盘装在齿轮箱的中间轴上，可提高制动倍率。这种结构简单、适用。

胶轮导轨转向架技术

胶轮导轨转向架是法国劳尔公司为新型胶轮低地板车（Translohr）开发的专用转向架，也是目前最具特色、最新颖的有轨电车转向架。它是一个单轴转向架，将公路汽车底盘的导向机构原理与钢轨导向相结合，将汽车的人工转动方向盘导向改为导向轮沿钢轨运行导向。驱动电机安装在列车两头的车体上。

转向架分动力转向架和无动力转向架，如图所示。动车转向架位于列车的两头，由车体上的驱动电机通过传动轴万向节驱动车轮运行。无动力转向架位于列车中部。

胶轮导轨转向架主要由导轨导向装置、橡胶轮胎及轴桥、中央悬挂系统及制动装置等组成。

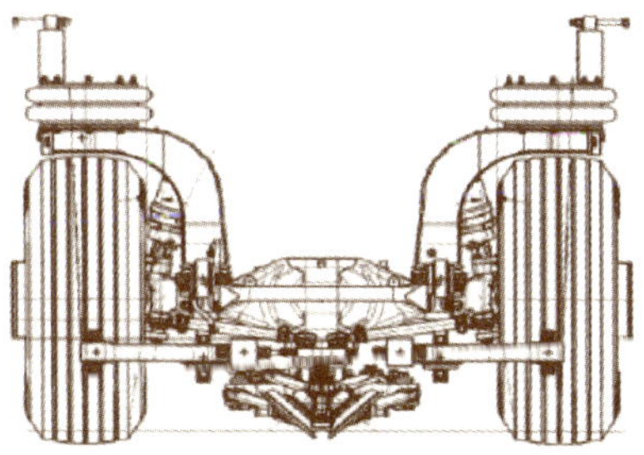

带动力胶轮导轨转向架

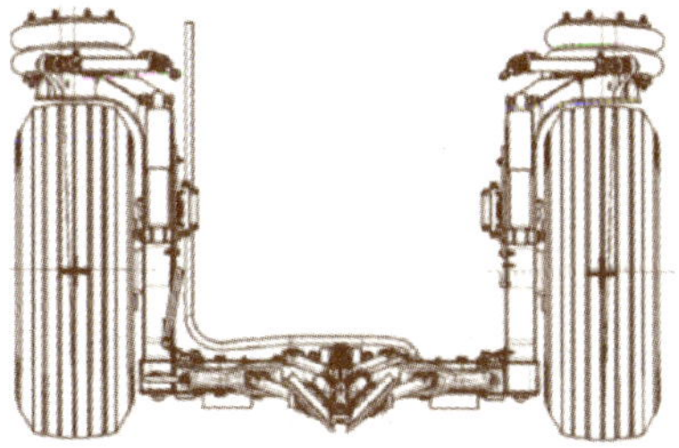

不带动力胶轮导轨转向架

导轨导向装置

导轨导向装置主要由两部分组成，一部分是导向力的形成。这部分主要由导向轮、导向轨组成。该导向轮以两个 45° 角的钢制车轮夹紧在道路中央的导向钢轨上运行产生导向力。导向轮设置有轮缘，以防脱轨，如右图所示。

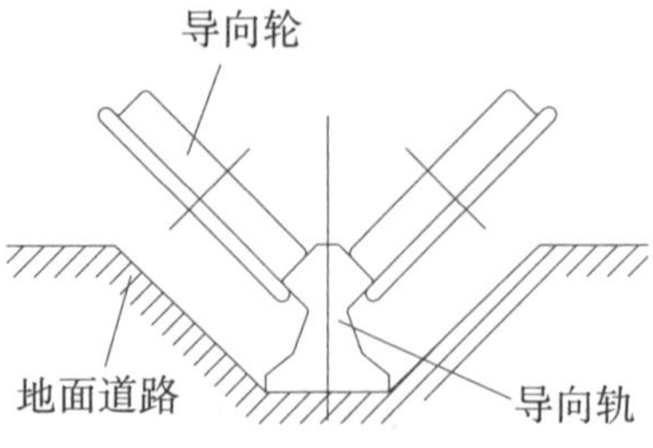

导向轮组成示意图

另一部分为导向力的传递。这部分主要由导向连杆、导向推杆、转向臂和横向位移限位器等组成导向机构，如下图所示。导向连杆、转向臂、轴桥和导向推杆构成一个平行四边形连杆机构。当导向轮沿曲线发生转角时，通过导向机构，能将转向方向和转向角度传递到轮胎，使轮胎的转角方向与转向角度与导向机构同步，保证安全通过曲线。

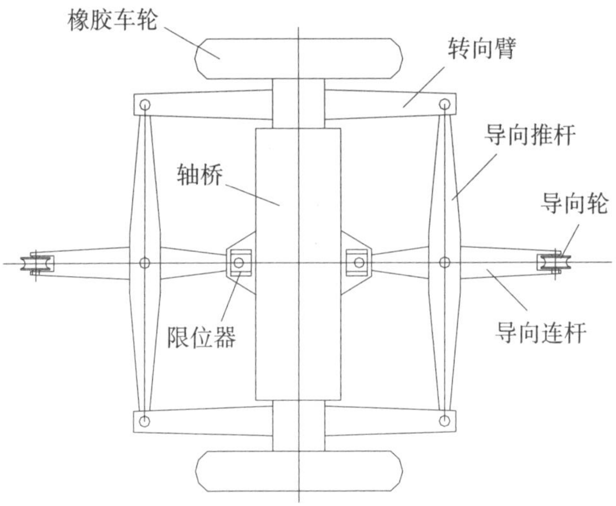

导向机构示意图

独立车轮及轴桥驱动装置

胶轮导轨转向架为单轴转向架结构，车轮为橡胶轮胎，采用独立旋转车轮设计。

牵引电机安装在车体上，通过垂直万向轴，将电机扭矩传递给橡胶轮胎上的驱动轴，驱动车辆运行。左右两个车轮，通过解耦机构实行转速差，方便通过曲线。驱动轴、解耦机构组成轴桥，将两个车轮连接成一个整体，上部通过垂直万向轴与牵引电机相连。

中央悬挂及纵向拉杆

中央悬挂系统由空气弹簧、垂向液压减振器及抗侧滚装置等组成。

空气弹簧位于构架上部、橡胶车轮的顶面。车体钢结构坐落在空气弹簧上。为减轻车体的垂向振动，在车体与构架间安装垂向液压减振器。为防止车体发生侧滚，在车体与构架间还安装了扭杆弹簧抗侧滚装置。

磁悬浮车辆转向架技术

磁悬浮车辆转向架是由 4 个或 5 个悬浮架通过柔性连接成一个整体、悬浮在轨道上并用直线电机驱动运行的转向架。在所有城市轨道交通车辆中，是唯一一个没有车轮的转向架。

由于没有轮对，磁悬浮车辆转向架不需要一系悬挂，只有二系弹性悬挂。

5 个悬浮架的转向架与 4 个悬浮架的转向架相比，在同样车长情况下，单个悬浮架的长度更短，与曲线的重合度更高，车辆悬浮力与导向力越大；在同时载重情况下，通过的平曲线和竖直曲线半径可以更小，线路选址更加方便灵活。

在 5 个悬浮架的转向架中，悬浮架 1 与悬浮架 2 的交点、悬浮架 4 与悬浮架 5 的交点分别为车体与转向架间的固定转动点，类似于传统转向架的心盘，如图所示。

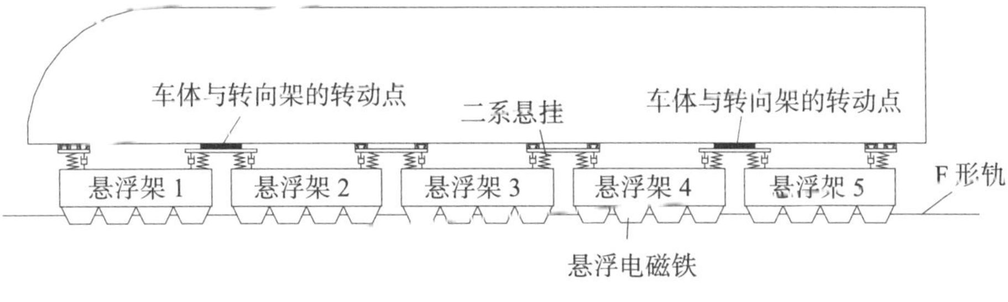

磁悬浮车辆转向架示意图

磁悬浮车辆转向架主要由悬浮架组成、导向机构、二系弹性悬挂、制动装置等组成。转向架上还设有液压支撑轮系统，当悬浮出现故障时，启动液压支撑轮将车辆升起，依靠支撑轮可运行至检修地点。

悬浮架组成

悬浮架组成是磁悬浮车辆转向架的主体，相当于钢轮钢轨转向架的构架。主要作用有：支撑车体，承受并传递车体和轨道之间的各种载荷及作用力，并使载荷均匀分配；实现与轨道特性的匹配性和耦合性，保证车辆直线运行的稳定性及曲线通过的安全性；传递牵引力和制动力，使车辆平稳运行和在规定的距离之内安全停车。

悬浮架主要由悬浮侧架、抗侧滚梁、悬浮电磁铁、直线电机等组成。每个悬浮架由两个悬浮侧架、两组抗侧滚梁组成框型结构，如图所示。

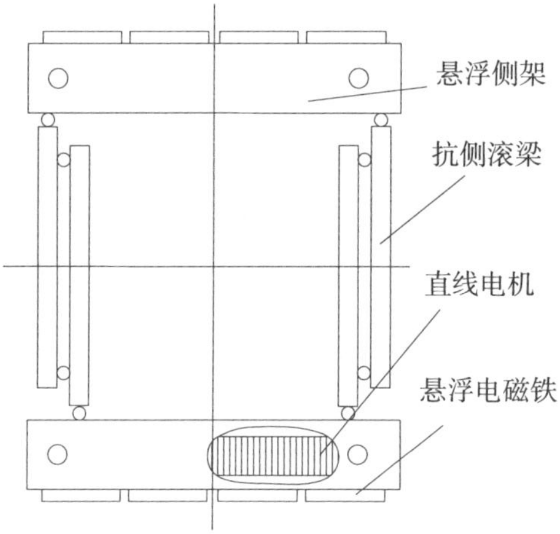

悬浮架示意图

抗侧滚梁是连接左、右两悬浮侧架、限制两悬浮侧架侧滚的机构。该机构由两片抗侧滚梁、两个弹簧铰接杆组成一个平行四边形，如图所示。抗侧滚梁使悬浮侧架可相对实现沉浮、横移、伸缩、点头、摇头等运动，但限制了侧滚。

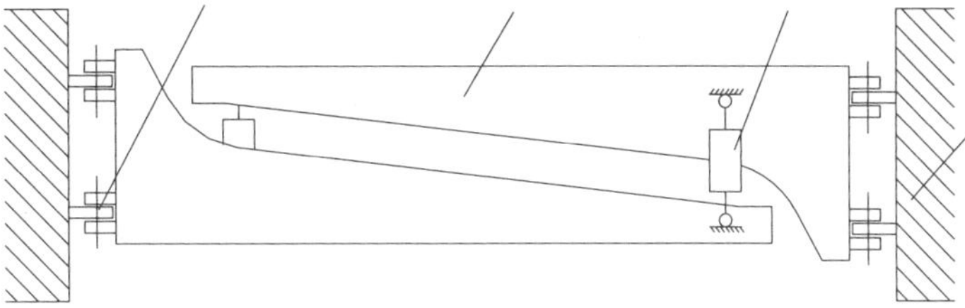

抗侧滚梁示意图

二系悬挂系统

二系悬挂系统是连接车体与悬浮架之间的弹性支撑系统，主要由空气弹簧、垂向减振器、横向拉杆、牵引拉杆和横向滑台等组成。空气弹簧、垂向减振器、横向拉杆、牵引拉杆等与传统转向架作用类似，只有横向滑台比较特殊，是磁悬浮车辆转向架所特有的装置。

由于磁悬浮车辆转向架由多个悬浮架组成，基本上与车体等长，与车体有多个支撑点，当车辆过曲线上，悬浮架相对于车体要产生横向位移。这就是横向滑台的来由。

横向滑台由滑台、滑块及滑槽等组成。滑台支承在空气弹簧上，滑块固定在滑台上，而滑槽焊接在车体上，滑块可在滑槽中滑动，使车体相对于转向架发生横向移动，方便车辆通过曲线。

由于采用了瘦高型空气弹簧，垂向减振性能好，但横向刚度不足。为保证横向力传递和垂向减振性能，在悬浮侧架和滑台间，每个空气弹簧均设置了横向拉杆和垂向减振器，如下左图所示。为传递牵引力和制动力，在车体与悬浮侧架间安装了纵向牵引拉杆，如下右图所示。

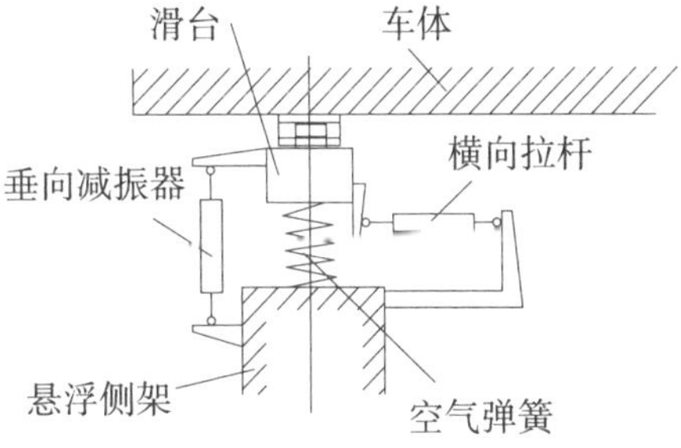

横向拉杆和垂向减振器示意图

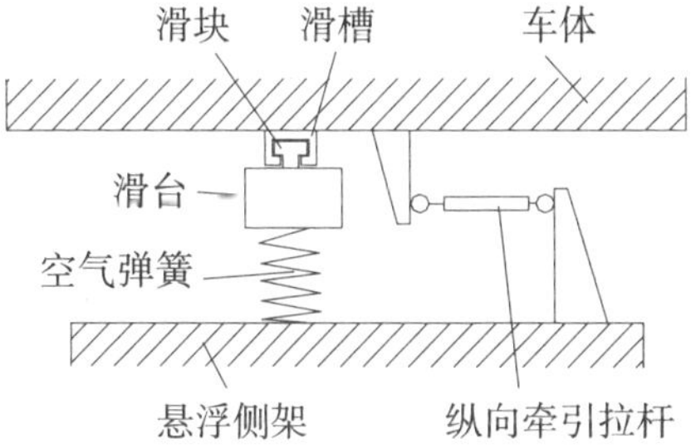

纵向牵引拉杆示意图

导向机构

磁悬浮车辆转向架的悬浮侧架数量多，又都是一个个独立动作的单元。在直线上，悬浮力、导向力及牵引力能将各悬浮侧架沿轨道排列运行，但在曲线上，因内、外曲线半径的不同，内外悬浮侧架需要走行不同的距离，要使各悬浮侧架沿曲线呈径向位置排列，单靠电磁力是无法做到的，必须要借助导向机构来进行。

导向机构主要由 T 形转臂、转向推杆、转向拉条等组成。五个悬浮架的转向架共用两套导向机构，分别将悬浮架 1 和悬浮架 2、悬浮架 4 和悬浮架 5 组成一个联动机构，如图所示。依靠联动机构的相互作用，使各悬浮侧架沿曲线呈径向位置排列，如图所示。

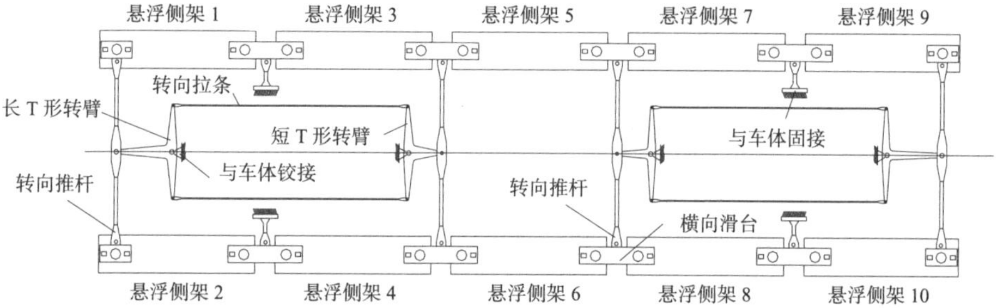

磁悬浮车辆转向架导向机构

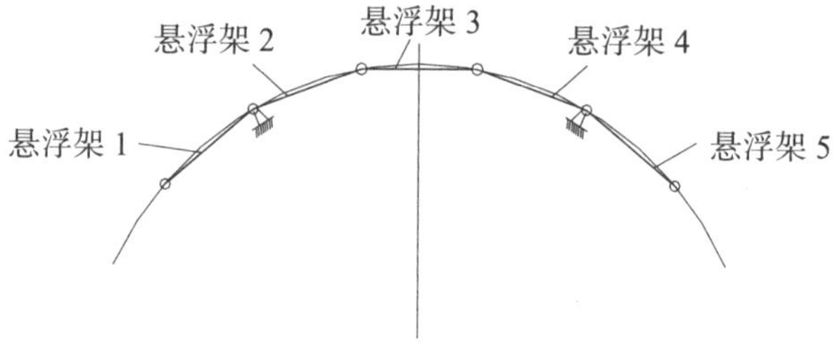

悬浮架在曲线上呈径向位置示意图

制动装置

磁悬浮列车采用直线电机电制动和液压制动两种方式。在正常运行中，当到达一定速度时（一般大于 10 km/h），完全依靠直线电机制动；当速度较小时，采用直线电机和液压共同制动；当速度很小时（一般小于 5 km/h），直线电机无法产生制动力，必须依靠液压制动器进行机械制动。

液压制动是通过液压装置使悬浮架上的机械制动装置钳住F形轨立沿，依靠摩擦阻力制动。在紧急情况下，当上述制动措施均失效时，磁浮列车可以通过支撑滑靴降落在支撑轨上，依靠摩擦阻力使列车制动，非常安全。

光明前景

经过多年的技术发展，特别是近年来在我国城市轨道交通快速发展的需求带动下，我国城市轨道交通车辆取得了长足的技术进步，已成为世界上车型种类最全面、数量保有总量最多的国家之一；城市轨道交通车辆除满足国内使用外，还能批量向国际市场特别是向发达国家出口；城市轨道交通车辆的运用管理水平也达到世界先进水平，在安全保障、检修维护、行车指挥等方面技术创新，能较好地完成高密度、高运量、高强度的旅客输送任务，为城市交通的发展及方便城市居民出行做出了巨大的贡献。

但与先进国家相比，我国城市轨道交通车辆的技术水平还有不小的差距，主要表现在系统集成能力不足、主要关键零部件还主要依赖进口或合资生产、技术创新成果不多。特别是技术创新方面，主要是模仿、借鉴、跟进国外技术，很少有自主原创性技术。

城市轨道交通的快速发展及巨大需求，将为城市轨道交通车辆的技术发展提供强大的原牵引动力。到2025年，我国要从制造大国迈向技术强国，城市轨道交通车辆技术集成能力大幅提高，关键零部件全部国产化，拥有关键技术的自主知识产权，并在新材料、新能源、智能化、人性化城市轨道交通车辆方面进行技术突破，引领城市轨道交通车辆的发展方向。

未来新材料车辆——复合材料车辆

复合材料（composite materials）是由两种或两种以上不同性质的材料，通过物理或化学的方法，组成具有新性能的材料。复合材料种类很多，其中，以合成树脂为基体，以玻璃纤维、碳纤维等为增强材组成的热塑性树脂基复合材料，具有自重轻、比强度大、耐腐蚀、减振性能好、耐酸耐碱、隔热、绝缘、易成型等优点，在飞机、汽车、化工、纺织、机械、医疗器械等领域广泛应用，但在城市轨道交通车辆领域的应用还是空白。

目前城市轨道交通车辆多采用铝合金替代钢铁，由于钢铁的密度为 7.8 g/cm^3，铝合金的密度为 2.8 g/cm^3，采用全铝替代传统钢铁，一般可实现 30%—40% 的减重。而复合材料的密度仅为 1.5 g/cm^3，采用复合材料代替铝合金后，可进一步实现 30%—40% 的减重。采用复合材料是城市轨道交通车辆轻量化的主要技术手段和发展方面。

为抢占未来轨道车辆技术和经济的制高点，世界发达国家相继投入巨大的人力和财力来研发复合材料列车。法国阿尔斯通研制的 AGV-V150 列车车体采用碳纤维和玻璃纤维混合增强环氧树脂，比铝制车减重 25%。法国 TGV 新一代双层列车车体采用碳纤维复合材料泡沫夹芯结构，运用碳纤维环氧预浸料固化真空袋压整体成形工艺，零部件数量及制造成本大幅降低。韩国目前已研制出了长达 24 m 的世界首台单体碳纤维复合材料车体，并获得了比铝蜂窝结构减重 40% 的优异效果，引起了韩国政府的高度重视；日本在 N700 车体结构中采用了大量的复合材料，其车顶、车底降噪板、侧墙连接板、车体下裙板等均采用复合材料，减重近 10 吨，车辆的加速性能和最高运行速度分别提高了 62.5% 和 8%；由德国 AEG 和 MBB 公司已研制了世界上第一台复合材料转向架构架。

采用复合材料的 AGV-V150 列车　　法国 TGV 碳纤维复合材料双层列车车体

但由于复合材料的耐老化性、抗冲击性能较差及弹性模量较低，用复合材料制造的轨道车辆还只停留在研究、试制、试验阶段，投入实际运用前还需要解决大量的技术难题。

城市轨道交通车辆比干线铁路车辆具有更良的运用条件，轴重小、编组短、速度低，复合材料有望在城市轨道交通车辆率先获得实际应用。

随着复合材料的技术成熟及制造成本的降低，复合材料城市轨道交通车辆将是中国制造 2025 的重要突破方向。

未车新能源车辆——氢燃料车辆

目前，城市轨道交通车辆均采用电力驱动，无论是接触网供电还是第三轨供电，需要架设大量的供电网，存在着工程造价高、施工周期长的问题，且所用电力来自于石化能源，而石化能源产生过程中产生大量的有害物排放，污染环境。

氢能源是一种真正意义上的零排放、零污染的清洁能源，也是目前最具发展前景的新能源。它采用氢燃料电池型式，依靠氢和氧发生电化学反应产生电力，排放的只有水。氢燃料电池所使用的“氢”燃料可以来自于水的电解所产生的氢气及任何的碳氢化合物，来源广泛，例如天然气、甲醇、乙醇（酒精）、沼气等，氧则来自于空气，如图所示。

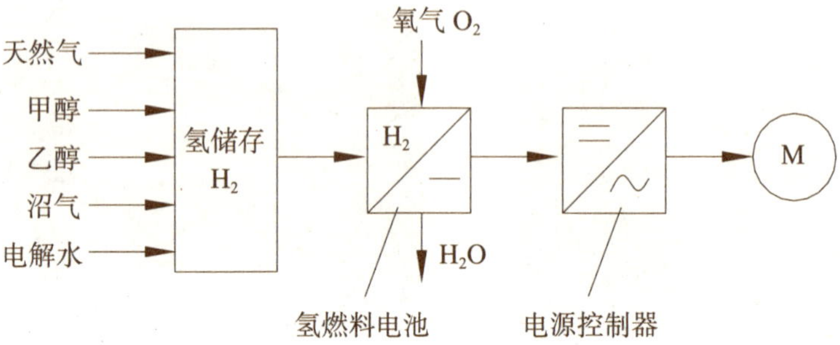

氢燃料电池工作示意图

由于氢燃料电池的清洁、环保、经济，德国正大力发展氢燃料电池交通工具。2008 年，德国的氢燃料电池游船投入运用，单船载客量为 100 人，每工作小时氢气消耗量 17 kg，如图所示。2010 年，德国研发了 12 m 长的公交车，载客量为 45 人，每工作小时氢气消耗量 8—10 kg。现在德国正加紧研发氢燃料电池轻轨列车。国内方面，中车四方有限公司研发了世界首列氢能源有轨电车，最高运行时速 70 km/h，加满一次氢只需 3 min，可持续行驶达 100 km。

德国研制的氢燃料电池游船

城市轨道交通车辆采用氢燃料电池驱动具有得天独厚的条件。城市轨道交通车辆按线路运行，点到点，运行距离也不长，只需在线路两端建加氢站即可，可节省大量的电网铺设、变电站建设成本。加满一次氢可运行多个来回，不仅可全线无接触网运营，也不需要在沿途再设置充电站，解决了储能式有轨电车续航里程短的“瓶颈”问题。

氢燃料有可能首先在城市轨道交通车辆上获得推广运用，氢能源城市轨道交通车辆将是中国制造 2025 的又一个重要突破方向。

未来更人性化车辆——100% 低地板有轨电车

100% 低地板有轨电车是目前世界范围内“最绿色”的交通工具之一，轨道可直接在现有马路上铺设，不用设专用道，与其他车辆共享路权，车辆底盘距地面低于 400 mm，不用在路面设置站台。运行系统建造成本仅为地铁的四分之一、轻轨的三分之一，投资少，工期短。车辆与地铁相似，乘坐的舒适感高于公交车，既可承担城市交通任务，还兼备城市观光功能。因此，有望在我国新兴城市、中小城市及大城市支线推广应用，具有很大的发展空间和广阔的市场前景。

与地铁、轻轨车辆不同，100% 低地板钢轮钢轨有轨电车必须采用独立车轮转向架。由于独立车轮转向架的车轴为 U 形轴，左右两车轮解耦，运行时车轴不转动，车轮分别独立自由旋转运行，转速可以不同，导致车轮其在直线上没有自动对中能力，在曲线上没有自导向能力。在曲线上运行时，由于独立车轮没有纵向蠕滑力矩，轮对冲角和轮轨横向作用力加大，容易发生脱轨事故。在直道上运行时，轮缘容易贴靠钢轨，只能依靠重力进行复原，导致轮缘磨耗较大。

100% 低地板胶轮导轨有轨电车导向机械为外部导向，导向力与车辆荷载没有关联，导致导向能力不足，运行速度不高，且还经常发生脱轨事故。

对于独立车轮自动对中及自动导向问题，国际上提出了很多的解决办法，如采用具有径向功能的转向架，以减小轮对在曲线上的冲角；设计具有反推功能的新型踏面，以加强自动对中和自动导向功能；在小半径区段敷设护轨及轮缘润滑，利用轮背来导向等办法，应用效果都不十分理想。对于 100% 低地板胶轮导轨有轨电车导向能力不足的问题，虽经多次改进，效果也不佳，没有从根本上解决问题。

对于 100% 低地板钢轮钢轨有轨电车，需要对独立车轮的自动对中及自动导向技术问题进行技术攻关，运用电磁、液压或柔性结构对独立车轮进行反解耦，优化独立车轮转向架结构设计。

对于 100% 低地板胶轮导轨有轨电车，需要对导向原理、导向机构进行大胆创新，由外部压力导向改为内部荷载压力导向，提高导向能力及安全可靠性。对动力转向架的贯通轴桥、驱动机构进行改进，以适应低地板的要求。

预期到 2025 年，我国解决 100% 低地板有轨电车现有技术问题，并形成自主知识产权，使我国 100% 低地板有轨电车技术从模仿跟随跨越到世界领先地位。

未来更智能化车辆——全自动无人驾驶车辆

全自动驾驶系统（Fully Automatic Operation，FAO）是基于现代计算机、通信、控制和系统集成等技术、由自动化设备取代司机自动驾驶列车、实现列车运行全过程自动化在全线运行的新一代城市轨道交通系统，是一种全新理念的轨道交通模式，可进一步提升城市轨道交通运行系统的安全与效率。

采用全自动无人驾驶城市轨道交通车辆，可加快车辆周转、提升运输能力；加强故障监控预警，提升应急处置水平；改变人力资源配置，提高运营组织灵活性；优化列车操纵方法，降低能源消耗；减少人为操作失误、提高系统安全性。

按照国际标准规定，无司机有人值守下列车自动运行 GoA3（DTO）和无人值守下的列车自动运行 GoA4（UTO）都属于无人驾驶技术范畴，而 GoA4（UTO）是最高级别的无人驾驶。

为实现城市轨道交通车辆的全自动无人的安全驾驶，必须解决列车远程自动诊断及自动控制技术，包括车辆适应场景自动运行控制、转向架自动安全监测和故障诊断、车辆受流装置自动检测、空气制动和风源系统自动控制、车门状态与人员关系识别及控制、车内环境自动识别及远程控制、车地通信及交互自动等一系列关键技术。

目前，全自动无人驾驶车辆的核心技术与国外先进水平相比存在一定差距，系统集成能力不足，主要依靠国外厂家，缺乏适应于我国城轨交通无人驾驶模式及安全评估体系，缺少与无人驾驶系统相匹配的维护管理技术标准。

全自动无人驾驶车辆不是仅靠车辆技术能解决的，还需要线路设施、通信控制、远程监控等地面设施配合。全自动无人驾驶车辆是城市轨道交通车辆中的一颗明珠，是未来城市轨道交通车辆智能化的目标。

随着信息化、网络化技术的发展，全自动无人驾驶车辆将是中国制造2025的又一个重要突破方向。

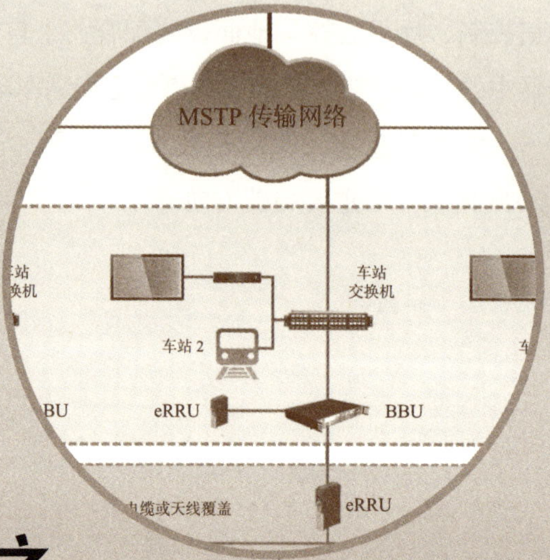

城市轨道交通之通信与信号

嘴巴、耳朵和眼睛——通信系统

通信系统在正常情况下应保证列车安全高效运营、为乘客提供高质量的出行服务；异常情况下能迅速转变为供防灾救援和事故处理的指挥通信系统，应能为各子系统提供语音、文字、图像和数据等多种信息的传递。通信系统应具有强大的网络管理能力，能做到自我监控，应是安全、可靠的，能连续24小时不间断运行；应是灵活的，既要满足工程建设的需要，又要有适应其他引入或扩展的能力。通信网终的设计应充分考虑将来的发展，并处理好交换网与市话网的连接。

通信系统的构成

通信系统由专用通信系统、商用通信系统、公安通信系统、政务通信系统组成。

专用通信系统包括传输系统、公务电话系统、专用电话系统、无线通信系统、视频监控系统、广播系统、乘客信息系统、时钟系统、电源及接地系统、通信综合网络管理系统等子系统组成；商用通信系统由商用传输系统、移动电话引入系统、商用电源及接地组成；公安通信系统由计算机网络系统、公安无线引入系统、电源及接地系统等子系统组成，公安视频监控与专用通信系统视频监控资源共享，由专用通信的视频监控负责实现；政务通信系统通常由政务传输系统和无线系统组成。

城市轨道交通通信系统技术体系

专用通信系统

传输系统

传输系统是最重要的子系统，在进行系统容量选择时，应考虑近期建设和远期发展的需求，确保系统性能可靠，容量可扩，系统构建相对灵活。

为了满足轨道交通信号、电力监控、防灾、环境及设备监控、自动售检票及语音等多种业务信息传输，传输系统采用以光纤通信为主的传输介质。传输网络的逻辑拓扑结构采用双环结构，从而保证系统在故障情况下仍可提供更好的系统恢复能力，提高网络运行的可靠性。网络节点及用户接口模块是用户接入网络的唯一途径。用户端的信息经网络节点实现上传下载。由于信息的多样性，系统可为用户提供丰富的接口类型。传输设备的网络管理系统采用成熟的操作系统，功能强大，界面友好，操作人员可轻松完成对网络的配置、管理及维护工作。

公务电话系统

公务电话系统是作为专网进行网络构建的，由程控交换机、电话机及附属设备组成。公务电话系统与公用电话网的连接方式采用全自动呼出、呼入方式，通过数字中继电路工作。

专用电话系统

专用电话系统是为运营组织、电力供应、设备维护和防灾救护提供有效通信手段的重要通信系统。该系统主要由调度总机、调度台、调度分机组成，并通过传输系统连接而成。

调度总机是调度电话子系统的核心部分，由具有交换功能的交换机或交换模块组成。调度台设在控制中心，是调度业务的操作控制台。调度分机为普通电话机，与总机通过传输系统提供的点对点专用音频话路连接。

实际应用中的系统主要功能包括通话功能、选叫功能（即调度台对分机进行单呼、组呼、全呼及分机对调度台进行一般呼叫或紧急呼叫）、会议功能、录音功能、维护管理功能。

无线通信系统

无线通信系统是为控制中心调度员、车辆基地调度员、车站值班员等固定用户与列车乘客、防灾、维修、公安等移动用户之间提供通信手段的专用系统。无线通信系统采用有线和无线相结合的传输方式。中心无线设备通过传输系统与车站、车辆基地的无线基站连接，各基站通过天线空间波传播或经漏缆的辐射构成与移动台的通信。无线通信系统根据运营管理需要分别设置了行车调度、防灾调度、综合维修、车辆基地调度、乘客服务等系统。系统具有单呼、组呼、全呼、紧急呼叫、呼叫优先级权限设置等调度通信功能，并具有录音、存储、监测等功能。

视频监控系统

该系统为运营相关人员提供有关列车运行、防灾救灾及乘客疏导等方面的视频信息。系统由车站本地监视系统、控制中心远程监视系统、远程多路信号传输系统以及多媒体网络管理终端组成。系统具有监视、控制优先级、循环显示、任意定格与锁闭、图像选择、实时录像、摄像范围控制、字符叠加等功能。

视频信号远距离传输采用数字传输方式，本地视频传输信号采用视频同轴电缆传输。车站与控制中心的视频和控制信号通过传输系统进行传输，同一时刻同时上传至控制中心的数字视频信号路数仅与控制中心需同时显示的路数有关，与前端摄像机数量无关，在控制中心不需设置大容量视频交换矩阵和传输设备，系统结构简单。

广播系统

广播系统是城市轨道交通行车组织的必要手段，一方面，对乘客进行广播，通知相关乘车信息；另一方面，又可用作事故抢险、组织指挥的防灾广播；此外，还可以通过广播对运营人员发布有关信息，以便协同配合工作。

该系统采用模块化设计、总线式结构，由车站级、中心级和列车广播设备组成，具有中心广播、车站广播、预存广播信息、自动音量调节、自动音频测试和远程控制等功能。系统采用中心广播和车站广播两级控制方式，控制中心的智能广播台输出的音频信号和控制信号，通过高品质语音卡提供的

RS422 通道，经传输系统传输到各站，再通过语音卡连接到车站广播设备，从而实现控制中心的远程广播组织和指挥。

乘客信息系统

该系统主要由信息管理系统和终端乘客信息显示屏组成，乘客信息通过传输系统传输。在全线各车站及车辆客室内设置乘客信息显示屏，显示列车到、发、乘车须知、时事新闻等各种乘客信息，并在发生突发事件时具有报警联动功能，显示相关报警信息。

时钟系统

为保证轨道交通运营准时服务乘客、统一全线设备标准时间，提供统一定时信号，设置了时钟系统。该系统采用 GPS（全球卫星定位系统）标准时间信息，由 GPS 标准时钟信号接收单元、中心一级母钟、监控设备、二级母钟及子钟组成。系统设置数字同步设备，一级母钟接受外部 GPS 基准信号并对一级母钟进行校准，一级母钟定时向二级母钟、控制中心的子钟及其他需提供统一时间信息的各系统发送时间编码信号用以校准；二级母钟产生时间信号提供本站的子钟。母钟具有万年历功能并具有年、月、日、时、分、秒输出与显示。子钟能显示时、分、秒。自身时间精度，一级母钟在 10^{-7} 以上，二级母钟在 10^{-6} 以上。一级母钟、二级母钟配置数字式多路输出接口，以便向其他各系统提供定时信号。

电源及接地系统

通信设备供电应采用一级负荷，电源系统应对通信设备提供不间断、电压及频率相对稳定的供电，并具有集中监控管理功能。

不间断电源系统（简称 UPS）一般分为 UPS 机柜和蓄电池两部分，可采用离线式 UPS 系统或在线式 UPS 系统。离线式 UPS 系统平时由市电直接向负载供电，市电故障时瞬时切换到由逆变器供电（实用于对供电稳定性要求不高的设备供电）；在线式 UPS 系统由市电经整流逆变后再向负载供电，市电故障时，改由蓄电池—逆变器方式向负载供电，这种方式较前一种方式供电更加稳定。UPS 系统包含正常工作模式、蓄电池工作模式、静态旁路模式和手动旁路工作模式四种工作模式。接地系统设计应做到确保人身、通信设备安全和通信设备正常工作。通信设备采用综合接地方式，综合接地电阻值要求不大于 1 Ω，分设室外接地体的保护接地及防雷接地的电阻值要求不大于 10 Ω。

通信综合网络管理系统

为实现通信各子系统的集中管理、维护和故障监测，以便实现故障的快速定位，为尽快修复故障提供可能，轨道交通通信系统专门构建了综合网络管理系统。该系统可对传输系统、无线通信系统、电话系统、广播系统、视频监控系统以及网络管理系统自身进行监控管理。该系统硬件部分主要由用于收集、处理信息的远程终端和位于控制中心的监控终端组成。可编程逻辑控制器（简称 PLC）是构成远程终端和监控终端的核心元件，实现数据的采集、分析和处理等功能。系统的远程连接及数据传输仍然由传输系统来实现。软件部分包括应用于 PLC 的软件和应用于监控终端的软件。监控终端软件采用可视化图形界面，界面直观清晰、简单明了、操作简单、数据记录详细、便于查找分析。

商用通信系统

商用通信系统是为满足轨道交通开展公众通信服务而设立的通信系统，将电信运营商通信系统覆盖至轨道交通地下空间，从而为乘客提供更优质的服务。商用通信系统建成之后，能供地铁工程地下区域内的公众移动通信服务，开辟出高质量的无线通信服务区域。

公安通信系统

计算机网络系统

由于公安特定的职能需求，对传输系统的保密性、可靠性、安全性存在较高的要求，本系统独立设置一套公安计算机网络系统，用于传送公安用视频图像信息、数据、语音信息。计算机网络系统主要用于车站警务室、地铁线路派出所、公安公交总队以及相关省市公安其他职能部门之间的通信联络。本系统采用 IP 数据网络的方式组建该网络系统。

公安无线引入系统

车站、区间按照公安部门需求，系统需对所有车站、区间范围进行 350 M

公安无线覆盖。同时，预留政务无线的覆盖条件：公安无线覆盖用天线、同轴电缆需同时满足 350 MHz 频段公安无线通信系统和 800 MHz 频段政务无线通信系统两种信号传输。

电源及接地系统

本系统为全线公安通信系统设备提供可靠的UPS电源,UPS保护时间为2 h。

政务通信系统

政务通信系统通常由政务传输系统和无线系统组成，无线政务专网覆盖公安、消防、应急指挥、城管、园林、水务等各政府部门。无线政务网还作为轨道交通指挥中心的无线指挥系统和在灾害情况下对轨道交通进行指挥的应急系统。

未来发展展望

通信系统的未来向着集成与融合、资源共享的方向发展，以新技术实现更高的传输带宽和可靠服务质量。

车地无线通信涵盖信号系统的车地列控通信、车地语音通信（含无线列调和车载应急电话）、PIS 多媒体通信（含车载 CCTV）。由于采用全自动驾驶系统，对车地通信传输带宽和质量提出更高要求。目前的 WLAN 技术很难满足未来对传输带宽和安全性的迫切需求。

LTE 移动通信技术的目标是建立一个能够获得高传输速率、低时延，支持增强型多媒体广播组播业务、基于包优化的可演进的无线接入架构。为了达到以上目标，LTE 系统采用接近于全 IP 化的扁平化的网络结构，集成了适用于宽带移动通信传输的众多先进技术，如正交频分复用（OFDM）、多输入多输出（MIMO）、混合自动请求重传（HARQ）、自适应调制编码（AMC）、小区间干扰协调（ICIC）等。

TD-LTE 技术还具备频谱申请灵活、上下行资源可调配的特点，可根据业务需要灵活配置上下行业务比例。根据 LTE 网络承载的业务量可选择支持相应带宽的设备，支持 5 MHz、10 MHz、15 MHz 和 20 MHz 带宽组网。

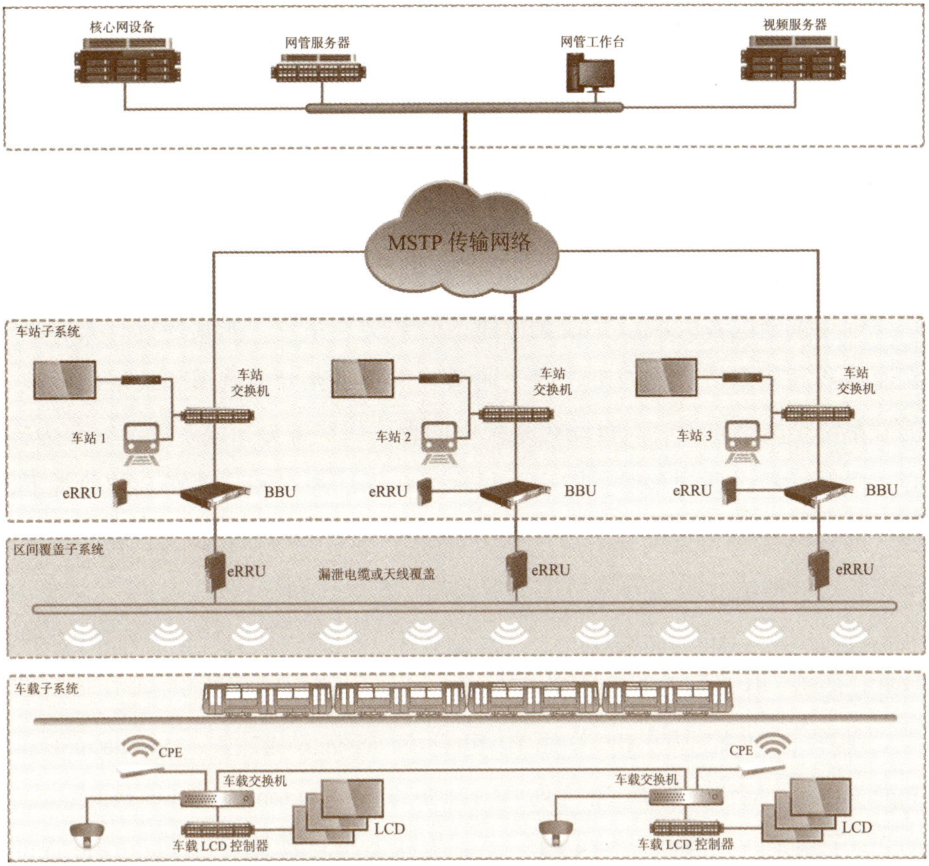

LTE 组网示意图

目前国内有十数家厂商能够提供整套的 LTE 解决方案，产品成熟度较高，可选择范围较大。

技术应用情况：郑州地铁 1 号线 PIS 车地无线传输系统采用 TD-LTE 技术同频组网，系统使用 10 MHz 专用频率资源（1795—1805 MHz）。

承载业务：上行规划带宽 6 Mbps，用于回传视频监控图像；下行规划带宽 8 Mbps，用于 PIS 车载图像直播。

因此，以 TD-LTE 为代表的 4G 甚至是 5G 技术是未来轨道交通解决车地通信瓶颈的必由之路。

中枢神经——信号系统

近年来全国各大城市开始大力建设公共交通系统，尤其是具有大容量、高速度和高效率特点的城市轨道交通系统得到了充分的重视和长足的发展。信号系统是城市轨道交通自动化系统中的重要组成部分，该系统以安全为核心、以保证和提高列车运行效率为目标，在保证列车和乘客安全的前提下，通过调节列车运行间隔和运行时段，实现列车运行的高效和指挥管理的有序。城市轨道交通信号系统的自动化水平较高，系统协同性较强，通常又被称为列车自动控制（Automatic Train Control，ATC）系统，是集行车指挥和运行调整等功能为一体的列车自动控制系统。

列车自动控制（ATC）系统包括列车自动监控（Automatic Train Supervision，ATS）子系统、列车自动防护（Automatic Train Protection，ATP）子系统、计算机联锁（CI）子系统和列车自动运行（Automatic Train Operation，ATO）子系统。ATC 系统通过车载设备、轨旁设备、车站和控制中心组成的控制系统完成列车运行控制，有机结合了地面控制与车载控制、现地控制与中央控制，构成一个以安全设备为基础，集行车指挥、运行调整以及列车驾驶自动化等功能为一体的列车自动控制系统。

ATS 子系统为 ATC 系统的上层环节，负责管理、监督、控制、协调列车运行，根据客流与实际运行情况，选定、管理和执行运行图，自动或在人工参与下调整站停时间或区间运行时间。信号系统与其他系统的接口主要通过 ATS 子系统实现。ATS 子系统通常定义为非安全系统，但鉴于 ATS 子系统的监控对象包括 ATP 子系统和 CI 子系统，也涉及人工的介入操作。按照最新的安全理念，ATS 子系统不能简单地称为非安全系统，而应定义为具有一定安全等级的系统。

ATP 子系统为 ATC 系统的安全核心，是负责列车间的安全间隔、超速防护及车门和屏蔽门的安全监控的安全设备，必须符合故障 - 安全原则，主要包括正线、车载和地面设备等。

CI 子系统是保证列车运行安全，实现轨道区段、道岔、信号之间的正确联锁的安全设备，必须符合故障 - 安全原则。CI 子系统设备主要负责进路控制、信号机控制和道岔控制，保证列车运行安全。

ATO 子系统在 ATP 子系统的安全防护条件下使用，负责列车车速的调整和列车运行的控制，完成列车牵引、巡航、惰行和制动的操作。实现列车的站间运行、车站的定点停车、折返控制等。

ATO 子系统有利于行车效率的提升、列车节能、提高旅客乘坐的舒适度和减轻司机的劳动强度。

ATO 子系统控制的要点是列车运行的正点控制、舒适度控制和精确度的控制。

信号系统技术体系及发展趋势

信号系统技术体系

ATC 系统自 20 世纪 70 年代投入运用至今，经历了 40 余年的发展，技术日趋成熟，为使列车控制技术经济指标更加合理，世界各国纷纷开发了先进的 ATC 系统，目前国内外城市轨道交通应用的列车运行控制系统（简称列控系统）按闭塞方式分为三种类型：固定闭塞、准移动闭塞和移动闭塞。其中固定闭塞和准移动闭塞系统是基于轨道电路的列控系统，移动闭塞是基于通信的列控系统（简称 CBTC，移动闭塞制式）。

从目前的技术发展、应用及设备配置考虑，固定闭塞制式的信号 ATC 已经不适应现在城市轨道交通高密度的运营需求，已属于被淘汰的落后技术。现在用于大运量城市轨道交通的信号系统主流的 ATC 系统主要有两种：基于数字轨道电路 ATC 系统和基于通信的列车控制 ATC 系统。

与基于数字轨道电路的准移动闭塞信号系统相比，CBTC 移动闭塞信号系统有行车间隔小、信息传递因不再依赖钢轨而免受牵引回流影响，系统设备调试安装简单，建设及维护作业与其他专业相互干扰少，系统全寿命周期成本低，车－地双向连续通信信息量大、有利于实现互连互通等优点。

准移动闭塞在国内地铁建设的初期有着广泛的应用，近些年随着 CBTC 系统的快速发展，新建城市轨道交通项目已很少采用基于轨道电路的准移动闭塞技术，基于通信的 ATC 系统大多采用移动闭塞列车运行间隔控制技术，已经在工程实践中逐渐走向成熟。

CBTC 移动闭塞信号系统已代表了城市轨道交通信号系统的发展趋势，IEEE 制定了 CBTC 系统的功能需求规范，现正在制定 CBTC 系统的互连互通规范。

与基于数字轨道电路的准移动闭塞 ATC 信号系统相比，CBTC 移动闭塞信号系统具有以下优势：

◆提高运营能力

CBTC 系统能有效缩短行车间隔，进一步提高线路的运能力。

◆轨旁设备设置相对较少，独立于轨道及钢轨

如此可减少设备的安装和调试，减少信号系统设备与其他工种的接口，减少各工种间的干扰，可维护性强，减少维修及维护成本。

◆系统全寿命周期成本低

随着各信号系统厂商对基于通信的移动闭塞系统的投入和工程应用的增加，移动闭塞系统的采购价格与准移动闭塞系统相差不多。而移动闭塞系统的硬件设备较少，更多采用 COTS（商用现货供应）设备，运营和维护成本较低，使得系统在全系统寿命周期内的成本低于准移动闭塞信号系统。

◆符合技术发展趋势，有更广的应用前景

随着无线通信技术的发展，各信号系统供应商多采用国际标准的无线局域网技术作为列控车－地通信手段。

◆有利于实现互连互通，实现轨道交通网络的资源共享

在整体结构和功能划分上，各厂商 CBTC 系统日趋与 IEEE 标准一致，只是在有线和无线网络通信协议标准上目前还不能做到统一。但随着标准的进

一步发展，CBTC 系统将为轨道交通信号系统的互联互通提供平台，进而实现轨道交通网络的资源共享。

除上述优势外，目前基于通信的移动闭塞系统的采购价格非常已经接近准移动闭塞系统的价格，甚至低于早年采购的准移动闭塞系统价格，新建城市轨道交通项目已很少采用基于轨道电路的准移动闭塞技术，基于通信的移动闭塞已成为城市轨道交通信号系统的主流技术，是城市轨道交通信号系统的发展方向。

从以上几方面可以看出，基于通信技术的列车控制（CBTC）移动闭塞系统是一种采用先进的通信和计算机技术，连续控制、监测列车运行的移动闭塞方式。基于通信技术的 ATC 系统不依靠轨道电路检测列车位置、向车载设备传递信息，而是利用通信技术，通过车载设备、现场的通信设备与车站或列车控制中心实现信息交换完成速度控制。这种 ATC 系统能够实现车 - 地双向通信，由于没有预先设置的闭塞分区，不以固定闭塞分区为列车追踪的最小单元，使得系统较准确。

移动闭塞系统具有更大的运用灵活性和更小的行车间隔，因此具备了更大的运行调整能力，突破了固定（或准移动）闭塞的局限性，较以往系统具有更大的技术优越性和先进性。该系统的使用代表着目前世界上列车运行控制系统的发展趋势，是近年来国际国内推崇的一种闭塞方式。目前国内各大城市轨道交通系统已经开始采用，如北京、广州、深圳、南京、上海、福州、天津、西安、成都、重庆、沈阳等。

信号系统的发展趋势

◆列车 ATC 系统与地面 ATC 系统间信息传输

从点式到连续；

从地 - 车单向到车 - 地双向；

从小容量到大容量通信。

◆列车控制方式

从“阶梯”式速度曲线到“跳跃”式跟随速度曲线，再到“连续”式跟随速度曲线。

◆闭塞制式

从固定闭塞到准移动闭塞，再到基于感应环线的移动闭塞，再到基于无线通信的移动闭塞方向发展。

城市轨道交通信号系统技术制式

城市轨道交通信号系统主要包括基于轨道电路的固定闭塞系统、基于轨道电路的准移动闭塞系统、点式 ATC 系统、移动闭塞系统等技术制式。随着信号技术的发展，轨道交通信号系统从“机械化式”的固定闭塞系统逐步发展到“智能化”移动闭塞系统。

基于轨道电路的固定闭塞系统

固定闭塞的原理

固定闭塞方式的信号系统，通常以轨道电路按预先设定的长度，检测列车位置和列车间距。线路条件和列车参数等均在闭塞设计过程中加以考虑，并体现在地面闭塞分区的划分中。ATP 子系统根据每个闭塞分区的限速指令，监控列车的速度。由于列车定位是以固定区段为单位，固定闭塞系统的速度控制模式一般都是分级方式，即阶梯方式。当列车运行速度超过限速指令时，对列车实施制动控制。由于该制式通常没有列车运行的精确距离信息，列车在某闭塞分区收到限速指令时，ATP 子系统将在闭塞分区的入口端或出口端将当时的列车实际速度与接收到的速度码进行对比检查，并实施安全制动控制。由于列车运行安全的需要，通常需要设置保护区段。

轨道电路传输的信息量有限，不能实现对列车运行速度的实时连续控制，而只能把速度划分为若干等级。

基于模拟无绝缘轨道电路的阶梯式速度控制模式应用上很成熟，如北京地铁 1 号线和上海地铁 1 号线，实用化程度很高，工程造价比较低。该模式采用模拟信号处理技术对轨道电路信息进行处理，或者在处理过程中部分采用数字信号处理技术，但是轨道电路传输的信息仍然是模拟信号，抗干扰能力差。列车控制曲线如图所示。

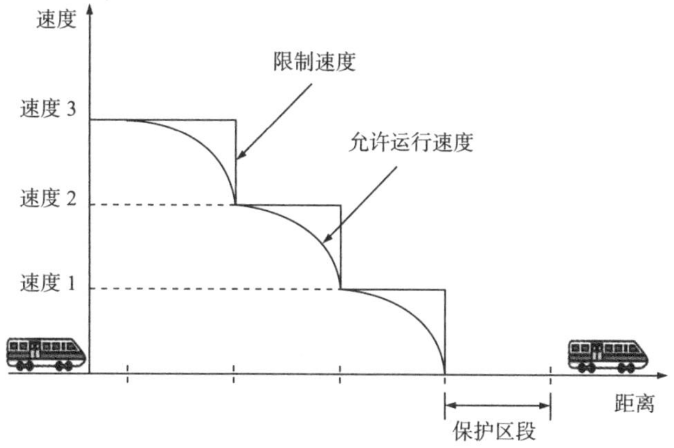

固定闭塞 ATC 系统阶梯曲线速度控制示意图

固定闭塞的特点

◆线路被划分为固定位置、某一长度的闭塞分区，一个分区只能被一列车占用。闭塞分区的长度按最长列车、满负载、最高速度、最不利制动等最不利条件下设计。

◆闭塞分区的划分依赖于线路状况、列车运行间隔要求、列车性能，影响效率，也不适应因线路改造引起列车类型变更的情况。

◆列车间隔为若干闭塞分区，而与列车在分区内的实际位置无关。

◆制动的起点和终点总是某一分区的边界。

◆要求运行间隔越短，闭塞分区（设备）数也越多，通常列车最小运行间隔为 100—120 s。

◆一般采用模拟轨道电路，轮轴传感器，信息量少。

◆对列车控制精度不高、列车运行舒适度不高、列车运行间隔大且技术落后。

基于轨道电路的准移动闭塞系统

准移动闭塞系统的发展与主要工作原理

准移动闭塞式 ATC 系统一般采用音频无绝缘数字轨道电路、高信息存储量的车载设备，具有较大的信息传输量和较强的抗干扰能力。列车控制采用连续式速度 - 距离模式曲线。

列车车载设备根据由钢轨传输而接收到的联锁、轨道电路编码、线路参数、控制管理等报文信息，对列车追踪运行以及折返作业进行连续的速度监督，实现超速防护，控制列车运行间隔，以满足规定的通过能力。

准移动闭塞的追踪目标点是前行列车所占用闭塞分区的始端，留有一定的安全距离，而后行列车从最高速开始制动的计算点是根据目标距离、目标速度及列车本身的性能计算决定的。目标点相对固定，在同一闭塞分区内不依前行列车的走行而变化，而制动的起始点是随线路参数和列车本身性能不同而变化的，空间间隔的长度是不固定的。

由于音频数字轨道电路传输信息量大，可向车载设备提供目标速度、目标距离（指从占用音频轨道电路始端至停车点的距离）、线路状态（坡道、弯道数据等），使 ATP 车载设备结合固定的车辆性能数据计算出适合于本列车运行的模式速度曲线，保证列车在模式速度曲线下运行，提高了线路的利用率，采用连续式速度 - 距离模式曲线控制列车，增强了列车运行的舒适度，列车追踪运行的最小安全间隔仅为一个距停车点（前方列车占用的轨道电路的始点）的安全保护距离。ATS、ATP 子系统与 ATO 子系统结合性较强，ATC 系统技术成熟。

准移动闭塞 ATC 系统，采用音频数字编码轨道电路或其他传输方式实现连续曲线速度控制模式，信息传输不仅容量较大，而且抗干扰能力强，向车载设备提供目标速度、目标距离、线路状态等信息，可在车载上最终形成模式曲线控制方式，将保护区段缩短成安全保护距离，有利于提高线路的通过能力。该类系统在系统成熟性、系统国产化等方面都具有较大的优势。

准移动闭塞方式（即目标距离控制方式）的信号系统也进行闭塞分区的划分，但根据列车前方目标距离、线路状态、列车性能等因素所确定的速度 - 距离控制曲线对列车的速度进行监控。

原则上，当列车速度超过速度 - 距离控制曲线限定的速度值时，对列车实施安全制动控制。由于准移动闭塞系统同时采用列车移动和固定分区的定位方式，其速度控制模式既具有连续的特点，又具有分级的性质。若前行列车不动，而后续列车前进时，其最大允许速度表现为按速度 - 距离控制曲线连续变化。而当前行列车前进，其尾部驶过固定闭塞分区的分界点时，后续列车的允许速度将产生跳变。为使后续列车能够根据自身的定位，生成其速度 - 距离控制曲线，需通过报文向其提供前方线路的各种参数及前行列车所处闭塞分区等信息，准移动闭塞系统主要通过地对车的单向安全数据通信是其基本技术特征之一。

目前较为广泛采用的基于数字式无绝缘轨道电路 ATC 系统是以数字信号技术为基础，仍然利用钢轨为列车所需信息的传送载体。在信号传输、信号处理过程中均实现了数字化，不但信息量大，而且抗干扰能力较强，车载设备还可以实现列车的连续曲线速度控制。

采用这种方式构成的 ATC 系统，地面轨道电路可以向列车传递足够用于列车连续曲线速度控制的信息（包括目标速度、目标距离、线路状态、线路允许速度、轨道电路标号及长度等），列车控制曲线如图所示。这种方式可以减少阶梯式控制的保护区段对列车运行间隔时间的影响，提高列车控制的精度，提高行车效率。连续曲线速度控制的运用使得司机在驾驶中也比较轻松，不需要进行频繁的制动、牵引，就可以达到较好的节能效果，又使乘客的乘坐舒适度得到相应提高。这种 ATC 系统下列车仍以闭塞分区运行，也称为准移动闭塞式的 ATC 系统。

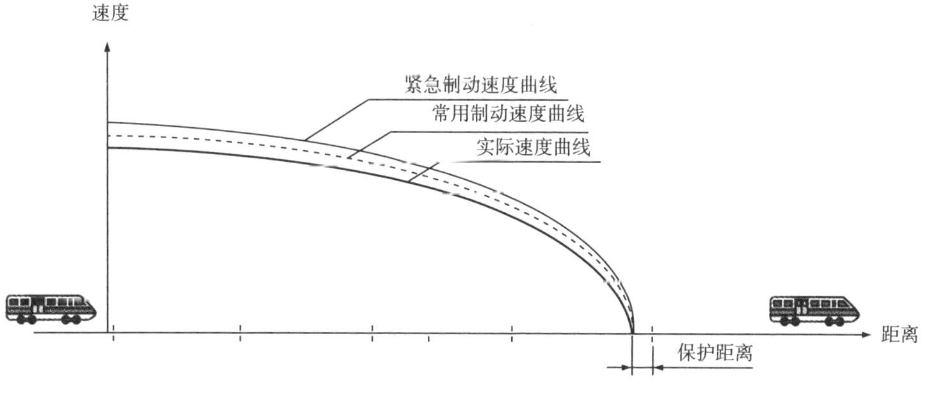

准移动闭塞 ATC 系统连续曲线速度控制示意图

基于数字式无绝缘轨道电路的 ATC 系统是随着计算机技术尤其是单片机

技术和数字信号处理技术的快速发展而发展起来的，具有 20 世纪 90 年代的世界先进水平，是目前已经比较成熟且先进的 ATC 系统。

技术特点

◆准移动闭塞系统的组成及控制方式

典型的基于数字无绝缘轨道的准移动闭塞制式的正线 ATC 系统主要由 ATP、ATO 和 ATS 系统组成。

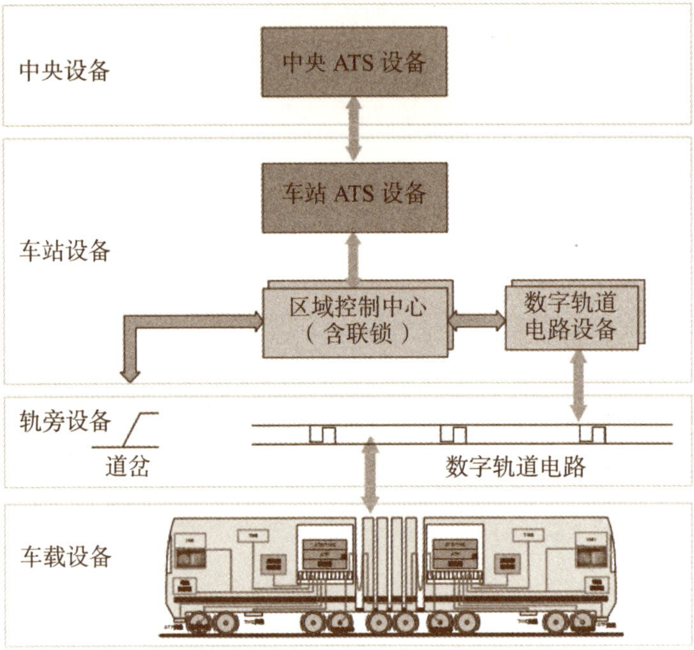

准移动闭塞 ATC 系统构成示意图

ATP/ATO 子系统中轨道区段的占用和车地信息的传送由音频数字轨道电路实现。由于音频数字轨道电路传输信息量大，可向车载设备提供目标速度、目标距离（指从占用音频轨道电路始端至停车点的距离）、线路状态（坡道、弯道数据等），使 ATP 车载设备结合固定的车辆性能数据计算出适合于本列车运行模式速度曲线，保证列车在模式速度曲线下运行，提高了线路的利用率，采用连续式速度 - 距离模式曲线控制列车，增强了列车运行的舒适度。

轨旁 ATP/ATO 设备采用区域控制中心、ATP/ATO 设备、车地通信环线设备 TWC 等。区域控制中心可与计算机联锁系统一体化配置。

数字轨道电路系统采用无绝缘轨道电路技术，适应城市轨道交通发展无缝钢轨的需要，采用二乘二取二的安全逻辑结构，保证车地传输信息的安全可靠，且有较强的抗干扰能力。

◆数字轨道电路的技术特点

轨道电路：轨道电路是以线路的两根钢轨作为导体，两端加以机械或电气绝缘，并接上送电和受电设备构成的电路。轨道电路用来监督线路的占用情况，以及将列车运行与信号显示等联系起来，即通过轨道电路向列车传递行车信息。轨道电路是信号的重要基础设备，它的性能直接影响行车安全和运输效率。

数字轨道电路：为便于牵引电流流通，提高线路性能，方便维修，轨道电路大多采用了无绝缘的音频轨道电路，采用数码调制方式，数码调制是用较高频率的正弦信号作为载波，但调制信号是数字基带信号，多采用高可靠性、多信息量的数字编码式音频轨道电路，简称数字轨道电路。数字轨道电路有以下三个特点：谐振式无绝缘轨道电路；数字化信息传递；车站区间一体化。

应用方案

北京地铁5、13号线，广州地铁1、2号线，南京地铁1号线，深圳地铁1、4号线，上海地铁2、3、4号线，共和新路高架，天津津滨快轨，地铁1号线，长春轻轨净月线，哈尔滨地铁1号线等城市轨道交通工程项目均采用了准移动闭塞ATC系统。国外的主要代表产品有美国USSI公司的AF-904无绝缘数字轨道电路，德国SIEMENS公司的FTGS无绝缘数字轨道电路，法国ALSTOM公司的SDTC轨道电路等。由于该闭塞方式在国内的广泛使用，进入国内市场的各供货商均在国内有其合作伙伴进行部分系统的设计、设备生产和系统的安装调试工作，国产化工作取得了较大的成绩，国内的信号系统集成商通号公司也研制出了具有自主知识产权的准移动闭塞ATC系统。

准移动闭塞ATC系统，采用音频数字编码轨道电路或其他传输方式实现连续曲线速度控制模式，信息传输不仅容量较大，而且抗干扰能力强，向车载设备提供目标速度、目标距离、线路状态等信息，可在车载上最终形成模式曲线控制方式，将保护区段缩短成安全保护距离，有利于提高线路的通过能力。该类系统在系统成熟性、系统国产化等方面都具有较大的优势。

点式 ATC 系统

工作原理

点式信号系统是指轨旁和车载之间的信息传输是非连续式的，车载只能在轨旁的某一点或某一处得到信息的信号系统，普通的点式信号系统一般只具备从轨旁到车载的单向传输能力。

点式传输系统因其主要功能是实现列车超速防护，又称为点式超速防护（点式 ATP）系统。它是一种点式传递信息，用车载计算机进行信息处理，最后达到列车超速防护目的的系统。

点式 ATP 系统在车站出站信号机和折返轨信号机处具有红灯误出发防护功能，当出站信号机未开放时，车载 ATP 设备发出安全切除牵引指令，切除牵引，防止列车误出发。

点式 ATP 系统在进路始端信号机外方设置有源应答器设备，应答器将相关进路的联锁信息发送给列车。列车通过有源应答器时，获取前方相关进路联锁信息和有源应答器所对应的信号机防护的进路的相关移动授权信息，指导司机或 ATO 设备控制列车运行。

点式降级模式以联锁设备保证进路安全，以进路闭塞的方式保证列车行车间隔。系统工作于点式降级系统时，每条进路中仅允许存在一列列车，进路采用信号机至顺向信号机的办理方式，联锁设备需要检查进路内的所有区段空闲、道岔位置及锁闭、敌对信号机的状态、终端信号机的红灯灯丝状态等，另外还需要检查终端信号机内方的保护区段的空闲及锁闭状态，才能开放进路始端信号机。

在点式列车控制等级下，司机可以 ATO 自动驾驶模式驾驶列车或以 ATP 监控下的人工驾驶模式人工驾驶列车运行。

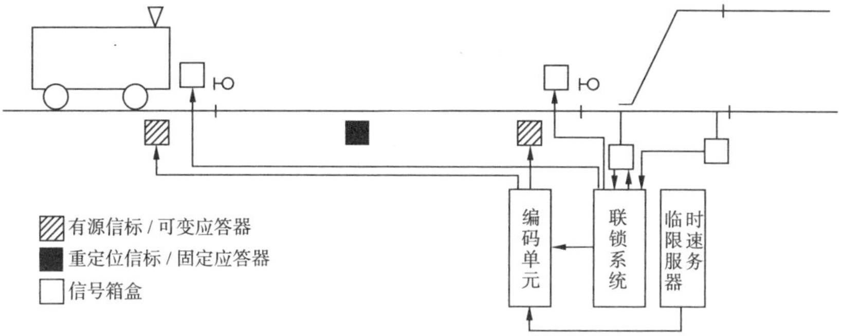

点式 ATC 系统构成示意图

技术特点

系统构成简单，调试方便，在工程工期紧张或运行密度不大（一般为 5 min）的情况下，能够起到有效的安全防护作用，满足运营需求。

点式信号系统作为主要系统使用时，功能实现与工程造价的性价比高。

点式系统在以往的工程中，一般体现为三种功能定位：作为后备模式实现的主要方法，在主系统（主要指连续式 ATC）功能失效的情况下，启动点式功能；在建设工期紧张的局面下，主系统安装调试的工作周期长，先行开设系统的点式功能，作为列车安全防护的有效方法；根据项目需求，点式系统作为主要的功能系统。

主要作用和应用方式

点式系统主要有点式 ATP、点式 ATO 两种系统配置方案，点式系统是整个信号系统完整构成的重要部分。

近几年来，在铁路、城市轨道交通信号系统的设计上点式系统得到大量使用，铁路上典型的是 ETCS-1 级系统，城市轨道交通主要将点式 ATP 系统作为 CBTC 系统后备降级模式来使用，也有直接当作主用系统来使用的，如上海莘闵线。

尽管点式信号系统存在着一些不完善的地方，但不可否认点式系统仍是简单有效的信号控制系统，在成本、工期方面存在优势，作为对主用信号系统的补充发挥着较大的作用。另外，作为点式信号系统的本身也存在着一定的改进空间，如在部分区域增加车载与轨旁的连续传输措施，以解决部分现存的问题，尽可能地提高点式系统的效率。

基于通信技术的移动闭塞系统（CBTC 系统）

工作原理

移动闭塞系统是在现代通信技术和计算机、网络技术基础上发展起来的先进的列车控制系统。系统不依靠轨道电路，而是采用自由空间无线天线、交叉感应电缆环线、漏泄电缆以及裂缝波导管等方式实现车地间双向实时的数据传输。

车载设备通过车载线路数据库，以及测速电机测出的列车走行距离来计算列车位置信息，通过环线的交叉点或应答器对计算位置进行校准，并通过连续车地通信设备将自身位置和设备状态实时地传递给轨旁 ATC 设备。轨旁 ATP 设备根据列车的位置信息和进路情况计算出每一列车的移动授权，并动态更新，通过连续车地通信设备发送给列车。移动闭塞的原理如图所示。

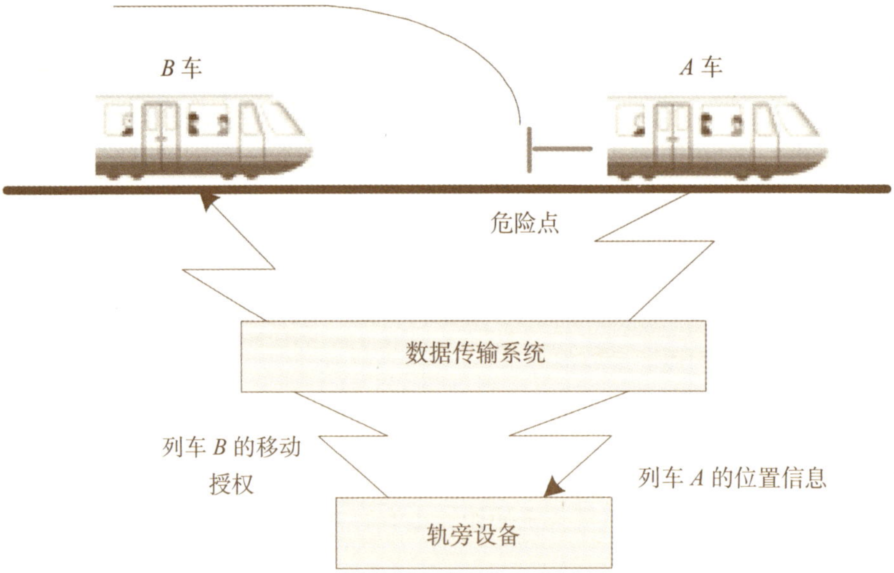

移动闭塞系统原理图

车载设备根据接收到的移动授权和自身的运行状态计算出列车运行速度曲线和防护曲线，在 ATP 子系统的防护下，ATO 子系统或人工驾驶控制列车在该速度曲线下运行。后续列车可最大限度地接近前行列车尾部，与之保持一个安全距离。在保证安全的前提下，移动闭塞系统能最大限度地提高区间通过能力，不受轨道电路区段分割的限制。移动闭塞的安全间隔原理如图所示。

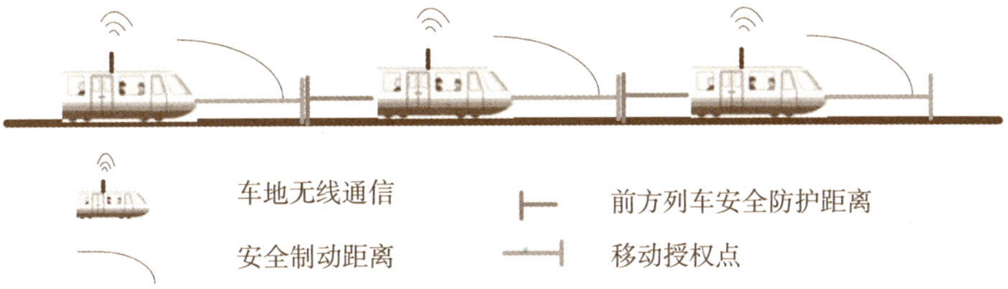

移动闭塞安全间隔原理

移动闭塞的显著特点是不依靠轨道电路检测列车位置、向车载设备传递信息，而是利用通信技术实现车地通信和列车定位，通过车载设备、轨旁通信设备实现列车与车站或控制中心之间的信息交换，完成速度控制。

ATP 地面设备周期性地接收本控制范围内所有列车传来的列车识别号、位置、方向和速度信息。相应地，ATP 地面设备根据接收到的列车信息，确定各列车的移动授权，并向本控制范围内的每列列车周期性地传送移动授权（ATP 防护点）的信息。移动授权由前行列车的位置来确定。

移动授权将随着前行列车的移动而逐渐前移。ATP 车载设备根据接收到的移动授权信息以及列车速度、线路参数、司机反应时间等，计算出列车的紧急制动触发曲线和紧急制动曲线，以确保列车不超越现有的移动授权。因此，在移动闭塞系统中 ATP 防护点不是在轨道区段的分界点，而是在前行列车车尾后方加上安全距离的位置，它随着列车的移动而移动。

移动闭塞系统能够实现车地实时双向通信，由于没有预先设置的闭塞分区，不以固定闭塞分区为列车追踪的最小单元，而是根据实际运行速度、制动曲线和进路上列车位置，动态计算出相邻列车之间的安全距离，列车安全距离的计算是后续列车的受控停车点和前一列车尾部的确认位置之间的一段固定距离。因此，与固定闭塞相比，列车运行间隔相对将可能大大减少。与准移动闭塞相比，则具有更大的运用灵活性和更小的行车间隔，也因此具备了更大的运行调整能力。基于通信技术的 ATC 系统的列车速度控制曲线如图所示。

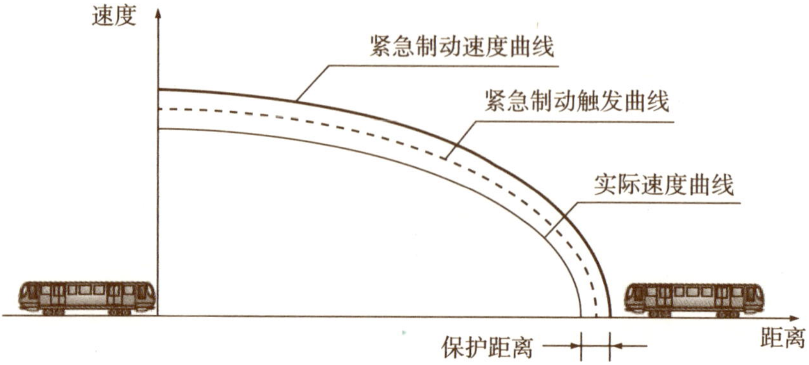

移动闭塞 ATC 系统连续曲线速度控制示意图

移动闭塞 ATC 系统的列车定位系统分为车载定位设备和地面辅助定位设备两部分，车载定位设备主要包括安装于车轴上的测速发电机、无线接收天线、应答器天线、车载 ATP/ATO 计算机等车地通信设备，地面辅助定位设备包括安装于地面的交叉感应环线、无线接入设备、应答器，通过车载定位设备和地面辅助定位设备，并结合车载线路数据库的方式来建立列车位置信息。车载定位设备根据从测速电机传来的速度和方向信息确定列车在线路的位置，当经过地面应答器（或感应环交叉点）时地面辅助定位设备将传送列车位置校正信息（应答器报文或感应环线交叉点相位变化信息）。车载 ATP 计算机根据这些信息与车载线路数据库相结合，计算出列车在线路上的位置报告并通过车地通信设备通知轨旁 ATP 计算机。

列车的定位精度由测速发电机精度、安装于线路的应答器数量和精度（或感应环线交叉点数量和安装精度）等确定。列车向地面 ATP 设备报告的列车位置一般由列车实测位置、列车前端位置，列车后端位置组成。

移动闭塞系统的性能和功能

◆主要技术性能和技术特点

线路没有固定划分的闭塞分区，列车间隔是动态的，并随前一列车的移动而移动，根据目标速度和目标距离调整列车的实际运行速度，速度曲线控制是“连续式”的，提高了列车运行的舒适度。

列车间隔是按后续列车在当前速度下所需的制动距离，加上安全裕量计算和控制的。

系统采用基于通信的传输方式，独立于轨道电路，系统抗干扰能力强，受外界环境影响较小，减少了牵引回流对信号系统的谐波干扰，可靠性高。

运行间隔小，通常列车最小运行间隔可做到 80—85 s，移动闭塞系统的系统通过能力较准移动闭塞有了较大的改善。

无线通信移动闭塞系统能够通过无线网络规划，实现各系统（如通信、供电）之间的无线接口。利于实现城市轨道交通地铁线路之间的互联互通。

无线通信移动闭塞系统作为旧线升级改造是最佳选择，在不影响既有线正常运营的前提下，能够对系统进行升级改造，将对运营的影响降到最低。

◆系统的主要功能

ATP 系统是保证列车运行安全的系统，所有 ATP 功能应符合“故障—安全”原则。CBTC 系统须提供双方向的 ATP 列车防护功能。

在 CBTC 系统中，列车通过转速计、多普勒雷达、加速度计设备，由车载设备自身计算运行速度和位置坐标，并通过轨旁应答器或环线交叉点惊醒定位误差校准；通过轨旁自由无线、环线、波导管、漏泄电缆等车地通信设备和骨干网，列车向轨旁 ATC 设备连续报告列车位置。列车定位和测速功能必须提供足够的分辨率和精确度以满足安全行车的需要。

在 CBTC 系统中，列车在进入 CBTC 区域时或 CBTC 设备故障修复后，系统能进行列车定位功能的初始化，自动确定列车位置而不需要人工输入列车位置和列车长度。

系统应具有定位和测速误差的补偿功能。特别是当车载设备依据车轮的转动来进行定位与测速时，系统应能自动纠正由于车轮空转、打滑或是轮径磨耗、修理或更换所引起的误差。

CBTC 系统同时还须配备计轴设备作为备用和辅助列车占用 / 空闲状态的备用检测设备。对列车位置的检测，保证了系统在降级模式下对列车和列车进路的安全控制，并且可支持装备列车和非装备列车的混合运营。

各种无线车地通信方式的技术特点

CBTC 系统采用独立于轨道的车地双向通信设备，从而避免了钢轨传输带宽的限制和钢轨牵引回流的影响。车地双向连续通信方式是系统的关键技术之一。

目前 CBTC 系统的车地通信媒介方式主要有两类。

◆交叉感应环线方式（IL）

车地通信采用交叉感应环线方式，传输特性好，抗干扰能力强。感应环线电缆敷设于轨道之间，每 25 m 交叉一次。每组感应环线控制距离为 1 000 m 左右。车载控制器在经过每个交叉点时检测感应信号相位的变化，并以此来进行其定位计算。

◆无线扩频通信方式（RF）

无线扩频通信方式根据采用的传播介质的不同又分为无线天线、波导管、漏泄电缆。

专用无线传输网络 LTE 技术

LTE（Long Term Evolution）项目是 3G 的演进，始于 2004 年 3GPP 的多伦多会议，它改进并增强了 3G 的空中接入技术，采用 OFDM 和 MIMO（运用于 802.11n 的核心技术，速度可达 600 Mbps）作为其无线网络演进的唯一标准，具有 100 Mbps 的数据下载能力。在 20 MHz 频谱宽度下能够提供下行 326 Mbps 与上行 86 Mbps 的峰值速率，改善了小区边缘用户的性能，提高了小区容量，降低了系统延迟；用户平面内的单向传输时延低于 5 ms，能够为 350 km/h、最高 500 km/h 高速移动的用户提供大于 100 kbps 的接入服务，可以灵活配置从 1.25 MHz 到 20 MHz 多种带宽。

目前国内商用将 1 785—1 805 MHz 的频段分配给 LTE 使用，郑州地铁 PIS 系统采用的车地无线通信方式即为 LTE 技术。

LTE 具有如下技术特征：

①通信速率有了显著提高，下行峰值速率为 100 Mbps，上行峰值速率为 50 Mbps。

②以分组域业务为主要目标，系统在整体架构上将基于分组交换，通过

系统设计和严格的 QoS 机制，保证实时业务的服务质量。

③系统部署灵活，能够支持 1.25—20 MHz 间的多种系统带宽，保证了将来在系统部署上的灵活性，为与 PIS 等系统融合，提供可靠的基础通信手段。

④子帧长度为 0.5 ms 和 0.675 ms，降低了无线网络的时延。

⑤增加了小区边界比特速率，如 MBMS（多媒体广播和组播业务）在小区边界可提供 1 bps/Hz 的数据速率。

LTE 技术目前已在民用通信领域得到了广泛的应用，也是轨道交通未来车地无线的发展方向，轨道交通行业正在积极试点，如北京市 LTE 轨道交通工程已在环形实验轨道上进行了模拟动态测试，取得了阶段性的成果。

对于高速的适用性

◆无线车地通信系统适应 160 km/h 速度分析

目前国内大部分城市轨道交通的线路设计速度一般在 80 km/h，部分城市也设计了 100 km/h 和 120 km/h 的线路，例如上海 16 号线、宁高城际二期工程等均按 120 km/h 的速度进行设计，为了满足高速条件下的列车运行，应配置适应的信号系统，满足列车的安全运行。国内已经投入运营的上海地铁 11 号线、北京机场线，速度已经达到 100 km/h，广州地铁 3 号线采用的感应环线技术已经达到了 120 km/h，香港地铁西铁线采用的感应环线技术已经达到了 135 km/h。各移动闭塞信号系统供货商能够满足最高设计时速为 120 km 的线路，目前超过 120 km/h 的速度的无线车地通信技术还处于研究和试验阶段。感应环线选用 36 kHz 和 56 kHz 的频率，车载天线与地面环线之间采用电磁感应的方式传输信息。目前，泰雷兹公司采用的感应环线技术在香港地铁西铁线得到应用，最高速度可达 135 km/h，实验室实验可以达到 140 km/h。

采用无线天线的方式进行车地通信的传输，各信号系统商一般采用 IEEE802.11b、g 标准，采用免费的 2.4G 开放频段，由于无线自由波会产生多普勒效应，IEEE802.11b、g 标准不能满足 160km 的移动速度要求。由于波导管或者漏泄电缆方式不存在发送方和接收方的相对运动，也就没有多普勒频移的影响，从理论上来说这两种方式没有移动速度的限制，但此方式并未进行工程验证。

高速对于 CBTC 系统中的无线通信系统和列车定位（信标）等会有一定影响，根据泰雷兹公司目前的分析及实验，确认感应环线和列车定位系统在 160 km/h 速度下可以正常的工作。

由此可见感应环线的传输方式可以适应 160 km/h 速度列车的运行，但目前城轨项目中采用的感应环线方式是否能直接应用，仍需进行深入的研究。

◆长距离站间距通信设备传输的研究

国内城市轨道交通项目一般站间距在 2—3 km 左右，站间距如果超过 3 km，通信设备的传输距离将受到一定限制。针对城市轨道交通线站间距较长的情况下，以上四种车地信息传输的方式理论上均可以满足要求，对于站间距较大的区间，建议增设中继站，尤其超过 20 km 站间距，为了信息传输的稳定性，需增设中继站。车地信息传输的方式有四种：感应环线方式、无线天线方式、漏缆方式和波导管方式。

各种车地传输方式传输距离及最大控制距离详见下表。

各种车地传输方式传输距离及最大控制距离表

序号	传输方式	传输距离（m）	最大控制距离（km）
1	感应环线	2 000	26
2	无线天线	400	5—8
3	漏缆	600	5—8
4	波导管	1 600	5—8

感应环线方式：泰雷兹公司采用的 SelTracS40 技术，车辆控制中心 VCC 最远控制距离约为 8 km，如果超过这一距离需要增加线路放大器（放置在轨道旁的箱盒内），每根环线至少可以达到 2 km，一般一个 VCC 最多可以控制 26 根环线，这样就是 26 km 上下行的轨道长度。广州 3 号线和机场线共 65 km，用了 4 个 VCC。站间距超过 20 km，如果采用此种方式进行传输，根据理论值可以无需增加中继站，但是考虑现场实际条件，建议超长站间距的车站之间增加中继站。

无线天线方式：车地通信传输采用无线天线的方式，无线接入 AP 点的理论传输距离一般在 400 m 左右，长大区间的传输可以不受站间距的限制，但是考虑 AP 点供电问题，供电电缆截面积无法无限制增加，建议在超长站间距车站之间增加中继站，保证向区间 AP 点安全供电。

漏缆方式：庞巴迪公司在天津地铁 2、3 号线，深圳地铁 3 号线均采用此技术，漏缆传输的为 2.4G 频率信息，理论传输距离为 600 m，为了满足无线发射装置的供电要求，建议在超长站间距车站之间增加中继站，保证向区间无线发射装置点安全供电。

波导管方式：阿尔斯通公司在北京机场线、深圳地铁 2、3 号线均采用此技术，波导管理论传输距离为 1 600 m，为了满足轨旁无线单元（TRE）的供电要求，建议在超长站间距车站之间增加中继站，保证向区间轨旁无线单元（TRE）安全供电。

信号系统功能

信号系统设备主要包括正线 ATC 系统、车辆段 / 停车场信号设备、试车线信号设备、培训设备和维修监测设备等。

正线 ATC 系统功能

城市轨道交通信号系统是其自动化系统中的关键部分，是保证列车和乘客安全，实现列车运行高效、指挥管理有序的自动控制系统。信号系统的核心是列车自动控制系统（ATC 系统），它由列车自动监控子系统（ATS）、列车自动防护子系统（ATP）、列车自动运行子系统（ATO）和计算机联锁子系统（CI）组成。上述四个子系统通过信息交换网络构成闭环系统，从而保证行车安全，提高运行效率，缩短行车间隔，促进管理现代化，提高运输能力和服务质量。

ATS 子系统功能

ATS 子系统由控制中心中央级和车站级设备组成，主要设备均采用双机热备方式，当主机出现故障时，可以自动或手动切换至备机，保障系统的可靠运行。中央级 ATS 设备设于大连路控制中心，车站级 ATS 设备的设置于正线各车站。

ATS 系统主要功能包括：

◆列车自动识别及自动追踪功能

ATS 子系统根据当日计划运行时刻表确定的车次号以及列车与地面的双向通信功能、根据列车在线运行的位置、进路状态等信息实现全线的列车自动追踪运行，并显示车次及列车进入、驶出管辖区的车次自动移位。

◆列车运行调整功能

ATS 子系统根据列车偏离当日计划（实施）运行时刻表的程度，提供两种运行调整方式。

①偏离时间在一定范围内时，ATS 子系统可通过选择 ATC 运行等级调整列车在区间的运行时分以及改变车站站停时间等措施自动调整列车运行时间，使全线列车按时刻表运行。

②在特殊情况下或偏离时间较大时，则需要行车调度员的人工介入，通过人机对话方式进行人工在线调整。

◆ ATS 子系统控制功能

ATS 子系统与信号其他子系统结合，根据列车运行时刻表进行进路的中心自动控制，必要时中心调度员可介入进行人工控制。

当运行需要时，可通过中心调度员与车站值班员办理授、受权手续后实现设备集中车站控制。

当车站发现有危及行车安全的情况时，车站值班员可以采取措施，强行进行车站人工控制。控制中心设备或信息通道故障以及运行需要时可降级为车站自动控制或车站人工控制。

车站 ATS 应能根据接近列车的识别号及目的地号等信息或程序控制等方式进行列车进路的车站自动控制。

通过车站联锁设备可以办理列车自动通过和自动折返进路。

若采用站间闭塞作为降级方式时，当车载设备故障或无车载设备的列车驶入，ATS 可以设定全部或部分区段降级为站间闭塞方式。

◆时刻表的编制与管理功能

通过运行图工作站实现自动或手动编制系统运行需要的各种时刻表，并可以进行修改。编制后的时刻表在数据库服务器的磁盘机内存储。存储的时刻表一旦被调度人员确认并进入在线系统，即可成为可实施的计划运行时刻表。控制中心系统可提供多种时刻表（如平日，节、假日，特殊活动日及适应不同季节的时刻表）。

通常编制时刻表需记入下列信息：车次，列车停靠站台，车站到 / 发时刻及通过、始发站、终到站等。

◆运行图绘制功能

ATS 控制中心计算机根据编制的时刻表及列车的实际运行情况，自动产生计划和实际运行图，可在控制中心的绘图仪或打印机上按指定的时间间隔及不同的颜色输出；运行图也可在有关工作站上显示并再现。

◆列车运行的监视功能

控制中心 ATS 系统根据车站 ATS 设备采集的信息在中心综合显示屏上动态显示全线线路、车站、折返线、道岔、信号机、进路以及在线列车运行的实际位置及各种状态；车辆段 / 停车场进 / 出段的信号机状态。

在各调度台上根据操作员或调度员的各种操作能给出所需的各种显示，包括各车站及车辆段 / 停车场的详细站场情况、所管辖范围内的各种设备状况、详细的报警信息、操作及控制指令的显示、时刻表及列车调整的各种参数的显示、各种统计报告及系统的运行状况和提示、告警。

◆系统设备监视功能

控制中心 ATS 系统对管辖范围内的信号设备进行监视，系统内的主要设备具有自检测及故障监视功能，一旦检测到故障信息，即送至控制中心主计算机，并在相关调度工作站或维修工作站上给出报警。

ATS 车站设备能够采集各站的信号 ATP、ATO 及联锁设备的主要工作状况，并能及时传至控制中心维护工作站和车辆段内的信号维修中心。

控制中心 ATS 主要设备、车站 ATS 设备构成均应采用热备方式。当主机出现工作异常时，可自动或手动切换至备机，保证系统继续运行。

◆区间封锁与临时限速

中心 ATS 设备可以设置线路区间封锁与临时限速，并通过内网将区间封锁信息送至 ATP 及联锁子系统；将临时限速信息送至 ATP 子系统。

◆调度员培训和模拟演示

在培训 / 模拟工作站上，配备有各种系统编辑、装配、连接和系统构成工具，以及列车运行的仿真软件。培训 / 模拟工作站可以与中心调度员工作站具有同样的显示内容和相同的控制功能，并能实际仿真列车的在线运行，但不参与实际的列车控制。

◆运行统计和报表的生成处理功能

ATS 子系统可以根据需要记录中心调度员的每日输入信息、中心设备工作状况信息、车辆走行距离信息等，进行统计，并将统计结果存入数据库。

根据数据库有关数据，可以自动产生与列车运行有关的报表，主要包括列车识别和列车追踪报表、列车运行的调整报表、进路报表、异常情况和设备报警信息报表、列车运行时刻表和偏离时刻表报表等，并将报表存入数据库。存入数据库的统计结果和报表可以在有关工作站上显示，或由打印机打印输出。

◆操作员身份识别及记录管理功能

防止非法登录操作。

◆各种操作信息的记录及回放功能

ATS 子系统对整个 ATC 系统设备的状态、报警信息和调度员的操作信息进行记录并输出备份，并能够根据运营需要，对系统所辖区域内任何地点的记录数据进行过程回放。

◆车站发车计时器

通过 ATS 车站分机驱动车站发车计时器，向司机提供车站发车时机早晚点提示。正常情况下，列车在站台停车后，按系统给定站停时分倒计时，显示距计划时刻表的发车时间，为零时指示列车发车；正计时为发车晚点。特殊作业发车计时器应有特殊标志。

◆实现 ATS 子系统与其他系统的信息交换

包括与通信系统的接口；与主时钟的接口，为 ATS 中心计算机系统提供基准时间；与无线系统的接口，用于实现车次号与无线车载台的对应；与综合监控系统的接口，提供运行时刻表信息、实时列车位置信息、列车识别号、信号设备状态及故障信息以及信号系统可提供的其他信息。

ATP 子系统功能

ATP 子系统是保证列车运行安全、提高运输效率的重要设备，由车载设备和地面设备组成，该系统必须符合“故障－安全”的原则，ATP 子系统具有自检和自诊断能力。ATP 子系统根据线路状态、道岔位置、前行列车位置等条件，实现列车速度控制，防止列车超速，确保追踪列车之间的安全行车间隔距离，实现列车自动追踪运行。

ATP 子系统主要功能包括：

◆自动检测列车位置，列车位置检测应安全可靠。

◆实现列车间隔控制，确保列车之间的安全距离。

◆具有测速和超速防护功能。车载设备能根据速度－距离曲线连续地计算速度曲线，保证列车在 ATP 允许速度范围内运行。如果超过 ATP 限制速度，则实施紧急制动。

◆实现对车门和站台屏蔽门的监控。车载 ATP 设备监督车门、屏蔽门的开启和关闭，为列车车门和屏蔽门的开、关提供安全保证。正向运行的列车停站后，当列车未停在规定的停车范围内（大于 ±0.5 m）时，ATP 将实施保护，不允许打开车门和屏蔽门。同时允许列车以不大于 5 km/h 的速度前进或后退规定的次数（如 2 次）以达到停车精度位置，最大移动距离不大于 5 m。停车精度超过 ±0.3 m，小于 ±0.5 m 时，采取人工开门方式，但在 ATO 自动驾驶模式下应能自动开门。

◆对列车非正常移动（溜车）的监控，非正常移动报警应不大于 2 m。

◆对紧急关闭按钮等状态的监控。

◆根据联锁子系统提供的进路、道岔、轨道及信号机的状态，通过地面轨旁设备向车载 ATP 设备传送列车安全运行的控制信息。

◆车载 ATP 设备和车辆监控系统之间的接口应保证安全和对列车连续有效的控制。车载 ATP 设备能在下列驾驶模式下对列车实施监控：ATO 自动驾驶模式；列车有人或无人自动折返模式；ATP 监督下的人工驾驶模式；限速人工驾驶模式。

◆任何地对车连续通信中断、信道的阻塞，列车的非预期移动（包括非限制人工驾驶模式以外的列车退行），列车完整性电路断路，列车超速、车载设备重要故障等将产生报警及安全性制动（如紧急制动）。

◆具有人工或自动轮径磨耗补偿功能。

◆具有自检和自诊断的能力。

◆实现与 ATS、ATO、CI 子系统的接口及信息交换。

◆通过自动或司机人工实现列车驾驶模式转换，实现与车辆的接口及信息交换。

◆列车运行状态、设备状态、驾驶模式等信息的显示及记录。

◆列车实际运行速度、列车限速、目标速度、目标距离等信息的显示；列车超速、设备故障等的报警。

◆降级模式行车的保护功能：轨旁 ATP/ATO 计算机故障，列车应按限速人工驾驶模式运行；车载 ATO 设备发生故障，列车按 ATP 监督下的人工驾驶模式；车载 ATP 设备发生故障，列车应按非限制人工驾驶模式。闯红灯防护功能应能连续检查。

ATO 子系统功能

ATO 子系统是自动控制列车运行的设备，由车载设备和地面设备组成，在 ATP 系统的安全防护下，根据 ATS 系统的指令实施列车的自动运行，此模式下的牵引和制动还应满足旅客舒适度的要求。

ATO 子系统功能主要包括：

◆ ATO 子系统应实现列车自动驾驶和无人自动折返的功能。

◆在 ATP 子系统安全保护下，完成列车的牵引、巡航、惰行和制动的控制，以较大的速度实现在正线运行、折返线运行、出入段线运行的自动追踪功能，确保列车达到设计追踪运行间隔和旅行速度要求。

◆自动折返时，通过按压自动折返按钮，列车两端的车载设备应能实现自动转换。

◆实现列车区间运行时分控制。按照设定的运行曲线，根据 ATS 指令选择最佳运行工况，确保列车按运行图运行，达到列车运行的自动调整和节能控制。

◆车门和屏蔽门开、关的监督控制，只有车门、屏蔽门均已关闭以后，才允许列车启动。

◆车站站台定点停车控制。ATO 模式下列车停车精度应满足 ±0.3 m，根据停车站台的位置、运行方向及停车精度，在 ATP 的保护下自动地对相应站台侧的车门、屏蔽门进行开关控制。

◆实现与 ATS、ATP 子系统的接口及信息交换，在 ATS、ATP 监控范围内能连续地进行车地双向通信，以便 ATS 子系统能对在线列车进行实时监控。

◆车载 ATO 设备应向列车广播设备及车厢信息显示牌提供有关旅客信息数据。

◆ ATO 子系统应具有自诊断功能，发生故障时应立即向司机和 ATS 子系统报警。根据故障性质可实施常用制动和紧急制动。

CI 子系统功能

CI 子系统设备是保证列车运行安全，实现轨道区段、道岔、信号机之间正确联锁的基础设备，必须满足“故障－安全”原则。为确保正线区域内行车、折返、出入段场及转线等作业的安全，通常全线均纳入联锁范围。

CI 子系统主要功能包括：

◆与 ATS 系统结合实现车站和中心两级控制，根据运营要求实现自动和人工控制两种模式办理进路。

◆按正确的联锁关系、运行计划及列车位置自动设定、建立、解锁列车进路，自动排列进路的功能。

◆对列车进路、敌对进路及侧冲进行防护。

◆实现列车进路、自动折返进路、自动通过进路、站台紧急控制、引导进路、进路解锁和取消、列车运行方向控制及倒换、轨道区段故障恢复、信号机关闭、道岔单操及锁闭、临时限速、车站封锁、区间封锁、扣车和取消、站控/遥控等功能。

◆联锁设备应能对道岔实现：进路锁闭、区段锁闭、人工锁闭；在车站操作工作站上对该车站控制范围内的道岔实行单独操作和单独锁闭、对列车开放引导进路、对轨道区段、道岔、信号机等实施封锁、禁止通过其排列进路。

◆车站值班员可利用现地控制工作站进行轨道和道岔区段的临时限速的设置，联锁设备也可接收中央 ATS 子系统设置的临时限速指令。

◆联锁设备能对进路实现预先锁闭和接近锁闭，锁闭的进路随列车的运行自动分段解锁。

◆向 ATP 系统提供信号机和道岔状态、列车进路设置情况、保护区段的建立、线路的临时限速、区间运行方向等信息，并能使 ATP 的信息发送满足列车在各种折返模式下的作业要求。

◆实现与车辆段/停车场以及与其他线路联络线的接口功能。

◆具有较完善的自诊断功能及提供信号监测诊断系统必要的信息。

车辆段/停车场信号设备的功能

实现车辆段/停车场内所有信号机、轨道电路、道岔间的正常联锁功能。

与正线 ATS 系统接口，实现控制中心对车辆段/停车场列车作业的监督。

与正线联锁设备接口，实现列车出入车辆段/停车场的安全控制。

实现车辆段/停车场基础信号设备的微机监测功能。

轨道交通信号系统的未来

鉴于 TD-LTE 在城市轨道交通的高速应用还没有工程实例，可以进一步加强 TD-LTE 在高速应用条件下的应用验证工作，以保证未来高速区域轨道交通信号系统安全、可靠。此外，根据推荐的信号系统制式和系统方案，梳理适用于市域快线的设计规范和需要增强的技术要求，抓紧制定区域轨道交通的基于 LTE 技术的 CBTC 系统互联互通标准，是未来工作的重点。

CBTC 系统的互联互通一直以来是困扰城市轨道交通发展的一个难点，上海、纽约、巴黎都在这方面进行过积极的探索。欧洲从 2005 年起实施了一个名为 MODURBAN 的项目，目的是设计、开发和测试一种创新、开放和共通的城市轨道交通系统的核心系统架构和关键接口，制定基于 CBTC 的互联互通标准。整个的计划从 2006 年 1 月开始启动，计划时间为期 4 年。该项目已于 2008 年底在西班牙马德里成功进行了实验，达到了项目的设计预期。计划制订了互联互通系统结构规范、接口规范、需求规范（包括车载、轨旁和数据通信系统），标志这城市轨道交通互联互通的发展进入了一个新的阶段。

线网互联互通并不是线网中所有线路之间都实现互联互通，也不是所有设备都要互联互通，既因为现实条件无法实现，也没有全部互联互通的需求和必要。对于有互联互通需求的线路之间，互联互通的程度和需求也不一样。比如，有联通联运需要的线路之间对设备系统兼容性要求很高；不需要联运，但线路间设置了联络线，可以用较小的代价实现车辆在两条线间运营，实现备用车辆的资源共享。因此，首先需要明确互联互通的目标，哪些线路间需要调车的，哪些是基于降低设备维护和备品备件成本的。

城市轨道交通之机电设备系统

城市轨道交通工程的机电设备系统主要包括供电系统（含动力照明）、暖通空调系统、给排水及消防系统、站台门系统、电（扶）梯系统、火灾自动报警系统、综合监控系统、自动售检票系统（AFC）、安防系统、办公自动化（OA）等。机电系统是既直接面向乘客服务的设备系统，又和运营直接相关，它的好坏直接关系到乘客对城市轨道交通的感受，体现城市轨道交通的服务水平，是“以人为本”的落脚点。

本章受于篇幅限制，仅对机电系统中的供电、暖通空调、给排水等系统进行简单论述。

动力源泉——供电系统

城市轨道交通供电系统（Power supply system for urban rail transit），定义为由电力系统经高压输电网、主变电所降压、配电网络和牵引变电所降压、换流等环节，向城市轨道交通线路中运行的列车组及其他用电设备输送电力的供电系统。供电系统是城市轨道交通的大动脉，是轨道交通系统能源的基础设施，运转良好的供电系统既保证轨道交通车辆畅通无阻地运行，又可以向各机电设备系统提供动力，以保证乘客在旅行中有良好的乘车环境和秩序。供电系统不论在建设中还是在运营中，都起着极其重要的作用。在建设中，它涉及结构、建筑、车辆设备各个专业和部门，需要相互协调配合；在运营中，它是运营的基础，安全的保障，是加强管理、控制成本、预防事故的工作重点。

供电系统的家族成员

城市轨道交通供电系统从宏观上讲，一般分为两部分，即外部供电系统（城市电网）和内部供电系统。城市轨道交通工程通常可以直接从城市电网取得电能，一般情况下不用单独建设电厂，而城市电网一般也将城市轨道交通看成重点客户对待。城市轨道交通内部供电系统一般包括牵引供电系统、动力照明供电系统、杂散电流腐蚀防护系统和电力监控系统等。其中，牵引供电系统包括牵引变电所和牵引网两大部分，动力照明供电系统包括降压变电所与动力照明配电系统，具体如图所示。

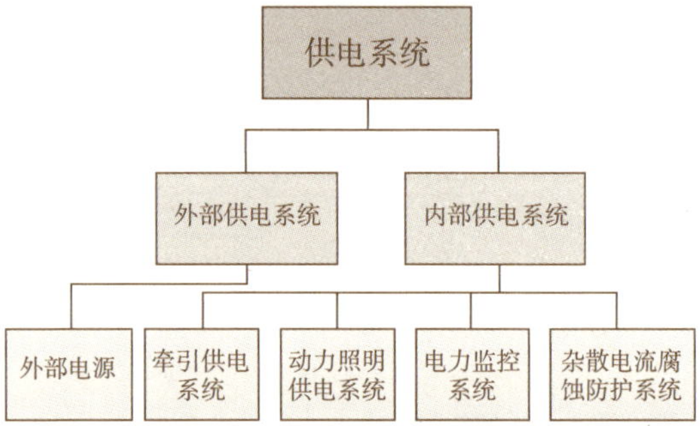

城市轨道交通供电系统划分

城市轨道交通的用电负荷按其功能不同可分为两大用电群体：一是车辆运行所需要的牵引负荷；二是车站、区间、车辆基地、控制中心等其他建筑物所需要的动力照明用电，诸如通风空调、自动扶梯、电梯、水泵、照明、自动售检票系统、火灾自动报警系统、环境与设备监控系统、通信系统、信号系统等。

供电系统的功能

供电系统的功能是向城市轨道交通各机电设备系统提供安全、可靠、优质的电力供应，满足各系统的供电要求，具体功能为：

（1）接受并分配电能的功能

通过主变电站从地方电力系统引入高压交流电源并降压成城市轨道交通供电系统使用的高压交流电（通常为 35 kV），再通过轨道交通的供电系统网络将电能分配到每一个车站和车辆基地内的牵引变电所和降压变电所。

（2）降压整流及输送直流电能的功能

通过牵引变电所对主变电站引来的高压交流电（通常为35 kV）进行降压整流，使之变成直流电（750 V/1 500 V/3 000 V），再将直流电通过沿线敷设的牵引网不间断地供给运行中的车辆，以保证车辆的安全、可靠、快速运行，准时地输送旅客。对于市域快线，随着速度的提升，降压整流有可能会采用降压为交流电（22.5 kV）的方案。

（3）降压及动力配电的功能

通过降压变电所将高压交流电降压成220 V/380 V交流电，给城市轨道交通中的各种动力、照明设备供电，保证各种车站设备的正常运行，给乘客提供一个安全舒适的乘车环境。

供电系统各级供电网络应具有在正常、事故、灾害运行情况下控制、测量、监视、计量、调整的功能；安全操作连锁功能；故障保护功能。

呼吸系统——通风空调系统

呼吸系统——通风空调系统

通风空调系统作为城市轨道交通中的重要系统之一，担负着对城市轨道交通内部空间的空气温度、湿度、空气流速、空气压力和空气品质进行控制的任务。列车正常运行时，为乘客和工作人员提供一个适宜的人工环境，满足其生理和心理要求；当列车阻塞在区间隧道时，向阻塞区间提供一定的通风量，保证列车空调等设备正常工作，维持车厢内乘客在短时间内能接受的环境条件；当发生火灾事故时，提供迅速有效的排烟手段，为乘客和消防人员提供足够的新鲜空气，并形成一定的迎面风速，引导乘客安全迅速地撤离火灾现场；为各种设备提供必要的空气温度、湿度以及洁净度等条件，保证其正常运转。从系统功能上可以看出，城市轨道交通需要通风空调系统为乘客和工作人员营造一个安全良好的内部空气环境，是保证其开通运转必不可少的基础条件。

城市轨道交通的通风空调系统具有以下显著特点：城市轨道交通的地下部分犹如一个庞大的横置于地下的狭长箱形建筑物，其内部空间相对闭塞，与外界的空气交换只能通过车站的出入口和有限的隧道、车站通风亭口部来进行；具有显著的内热源和污染源，包括列车牵引系统、车站照明及其他设备产生的巨大热量，列车刹车闸瓦产生的大量粉尘，乘客和工作人员的新陈代谢产生的大量的热湿负荷和 CO_2 气体等污染物；由于土壤的蓄放热特性，地下部分的建筑具有热壑效应显著、冬暖夏凉的特点；列车运行产生巨大的活塞通风效应。

城市轨道交通通风空调系统按照系统型式可分为传统闭式系统、集成闭式系统（安全门）、传统屏蔽门系统、集成屏蔽门系统。各种型式的特征及典型线路见下表。

城市轨道交通通风空调系统型式对比表

序号	系统名称	主要特点	应用实例
1	传统闭式系统	车站公共区通风空调系统和区间通风系统作为两套独立的系统进行设备配置。车站公共区通风空调系统需要设置空调进、排风道，配置组合式空调机组和回排风机；区间通风系统需要设置事故风道，配置区间事故风机。站台需设置安全门	上海地铁2号线（无安全门） 广州地铁1号线（无安全门） 南京地铁1号线（无安全门）（变频）
2	集成闭式系统	车站公共区通风空调系统和区间通风系统的风道及风机等设备共用。在送风道内设置大型表冷器、过滤器等以代替组合式空调机组；风机配置变频器，在正常工况时低速运行对车站送排风	北京复八线（无安全门）、4号线、5号线、9号线、10号线，南京地铁2号线，天津地铁1号线（无安全门）

续表

序号	系统名称	主要特点	应用实例
3	传统屏蔽门系统	车站公共区通风空调系统和区间通风系统作为两套独立的系统进行设备配置。车站公共区通风空调系统需要设置空调进、排风道，配置组合式空调机组和回排风机。区间通风系统需要设置事故风道，配置区间事故风机，同时需要设置活塞风道；车站轨行区还需要设置车站轨行区排热系统，设置排热风道和排热风机。站台需设置屏蔽门	无变频：上海地铁1号线、4号线，广州地铁2号线，重庆地铁2号线，天津地铁2、3号线 变频：北京地铁奥运支线、深圳地铁一期工程（部分车站）
4	集成屏蔽门系统	车站公共区通风空调系统和区间通风系统的风道及风机等设备共用。车站通风机、排热风机同时兼作区间事故风机	天津地铁6号线
5	集成屏蔽门系统+新型屏蔽门	具有集成屏蔽门系统的优点，同时与集成屏蔽门系统的最大区别在于：在过渡季时可以转换为安全门系统使用；从而节约过渡季的运行能耗，更加节能	尚无应用

鉴于不同时期，通风空调系统设计方案受当时的技术水平、设计观念、建设背景、资金情况等影响，根据建设时序、系统型式及代表意义等三个主要因素进行划分，并与国内城市轨道交通建设发展历程相对应，将国内城市轨道交通通风空调系统的发展分为了四个阶段。

城市轨道交通通风空调系统设置初始期（1965—1984年）

与服务于战备的轨道交通建设初始期在时间上相一致，其间主要包括北京地铁1、2号线。在这个时期因服务于战备以及经济水平的限制，轨道交通通风空调系统的设计标准较低，仅设置了通风系统。

北京地铁 1、2 号线地面构筑物（风亭、风冷机组、室外机）

城市轨道交通通风空调系统设置探索期（1986—1999 年）

与转型服务于城市交通的轨道交通建设探索期在时间上相一致，其间典型代表城市为北京，主要代表线路为北京地铁复八线。随着经济水平的提高，复八线第一次设置了空调系统，其通风空调系统的设计对后续线路的设计起到了很好的探索作用。

冷水机组

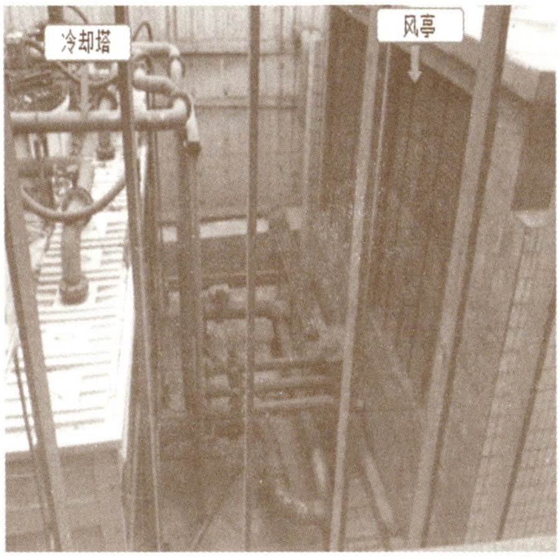

城市轨道交通通风空调系统设备（风亭、冷水机组、冷却塔）

城市轨道交通通风空调系统设置发展期（2000—2007 年）

为迎接北京奥运会的到来，国内轨道交通建设进入了一个快速发展的阶段，尤其是北京，作为奥运会的主办城市，在奥运筹备期间，不断加大城市轨道交通的建设。其间以北京 13 号线（普遍为地上线，仅东直门为地下车站）、北京地铁 5 号线、8 号线 1 期（奥运支线）、10 号线 1 期、机场线为代表。在这个时期，北京市的城市轨道交通通风空调系统开始快速发展，布置方式也呈多样化趋势。

城市轨道交通地下车站风亭、冷却塔

借着北京奥运会举办的东风，全国各地的轨道交通建设也逐步开始复苏，而作为直接影响车站规模的通风空调系统，也在全国各地呈现不同的发展状况。

上海市在此期间开通运营了包括 3 号线、4 号线、5 号线在内的多条城市轨道交通线路，通风空调系统均采用屏蔽门系统，车站公共区通风空调系统和区间通风系统作为两套独立的系统进行设备配置，车站公共区通风空调系统设置空调进、排风道，配置组合式空调机组和回排风机；区间通风系统设置事故风道，配置区间事故风机，同时设置活塞风道；车站轨行区设置车站轨行区排热系统，设置排热风道和排热风机。

广州市在此期间也开通运营了包括 2 号线、3 号线、5 号线在内的多条线路。由于地处南方，空调季时间长，通风空调系统也采用屏蔽门系统，系统制式与上海基本相同。

地铁通风空调系统设置改进期（2008 年至今）

与北京奥运后轨道交通的持续发展时期时间相一致。

北京地铁 9 号线系统机房布置

在此期间，随着科技的发展，北京地铁开始逐步使用各种空调系统的新技术新设备，如在地铁 1 号线西单站、2 号线建国门站通过改造项目应用蒸发冷凝机组；在 9 号线六里桥东站采用直接蒸发机组等。这些均是北京地铁建设及运营各方对空调系统进行的有益尝试，为以后地铁空调系统及其附属设施的设计提供了新的思路与有效补充。

通风空调系统主要成员介绍

通风空调系统主要包括车站公共区通风空调系统、隧道通风空调系统、车站设备管理用房通风空调系统、空调水系统等。

车站公共区通风空调系统

车站站厅和站台层公共区通风空调系统为全空气系统，主要功能为排除公共区的余热和余湿，保证公共区达到设计的温湿度和空气质量标准，并兼公共区发生火灾时的排烟系统。

表冷器

消声器

电动组合风阀

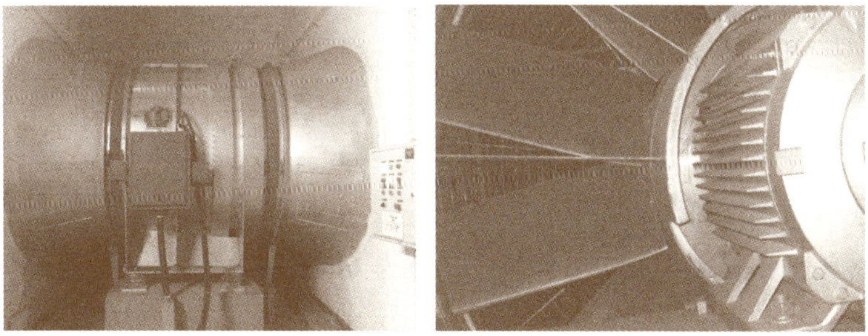

大型轴流风机

车站公共区通风空调系统设备

隧道通风空调系统

区间隧道通风系统是贯穿全线的纵向通风系统，选择不同的运行模式，可以满足正常工况、夜间通风、阻塞通风和火灾通风不同的系统要求。在每座地下车站的端部设置两台事故风机，可并联对一个区间送、排风，满足列车在区间发生阻塞或火灾时的送排风要求。

射流风机

事故风机

区间隧道通风系统设备

车站设备管理用房通风空调系统

设备及管理用房通风空调系统可以根据实际情况采用全空气系统或风机盘管加新风系统，主要功能是为排除设备及管理用房的余热和余湿，达到设计的温湿度和空气质量标准，并兼作事故排烟系统。

空调水系统

城市轨道交通车站的空调水系统的以水作为冷却介质，循环冷却水通过冷水机组与冷冻水（被冷却介质）之间进行间接传热，降低冷冻水的温度。同时，循环冷却水通在冷却塔与大气进行直接接触散热，恢复循环冷却水的降温能力。

系统主要由冷水机组、冷却循环水泵、冷冻水循环水泵、冷却塔、阀门及循环水处理装置、过滤器、循环管道、放空装置、补水装置、流量计、温度计、压力表等设备组成。

循环冷却水系统主要设备包括：冷却泵和冷却塔。

冷却泵

为保证冷却水系统的不断循环，需设置冷却循环泵，简称冷却泵，冷却泵与冷水机组一一对应，一般不设备用泵。水泵的选择根据循环的水量以及循环管路和冷却塔的水头损失确定。

轨道交通车站循环冷却水泵

冷却塔

冷却塔是循环冷却水系统最重要的部分，是城市轨道交通车站设置在室外的重要大型设备。冷却塔的选型与设置是否得当，直接影响到车站空调系统的运行效果，同时也影响室外景观的布置以及周边环境噪声。

轨道交通系统中，一般车站的循环冷却水量为500—1 000 m^3/h，冷却水量并不大，在达到同样制冷效果的前提下，横流式冷却塔较逆流式冷却塔节增加的占地面积的绝对数值有限，但采用横流塔可以最大限度地减小对周边区域环境噪声的影响，且运行时飘水较少，因此轨道交通循环冷却水系统中一般采用超低噪声横流式冷却塔。

超低噪声横流式冷却塔

超低噪声横流式冷却塔

冷却塔设置在路边

冷却塔设置在周边建筑物屋顶

下沉式冷却塔布置

空调水系统设备

通风空调系统的光明前景

轨道交通地下车站空气质量控制

城市轨道交通因其速度大、容量大、污染小的优点，已逐步成为国内外大、中型城市公交系统的重要组成部分。城市轨道交通将成为大城市公共交通的主干，目前国内已有 37 个城市的地铁线路获得国家发改委审批，已有北京、上海、天津、重庆、广州等 22 个城市累计开通 101 条城轨线路。至 2014 年底城市轨道交通总营业里程已达 3 155 km，其中地铁 2 438 km、轻轨 239 km、单轨 87 km、现代有轨电车 134 km、磁浮交通 30 km、市域快轨 227 km。预计 2020 年规划 1.4 万 km 左右，远景设想 3 万 km 左右。随着地上空间越来越少，又将有大量的地下车站建设完成。人们在地下封闭空间活动的时间越来越长，受地下空间环境影响越来越大。

轨道交通作为相对比较封闭的特殊环境，自然通风不足，需通过空调系统调节温、湿度，不利于空气污染物扩散；缺乏日光照射，人群密集、流动性大，易引起疾病传播，其对乘客健康的影响程度究竟怎样，有待实际检测。

如何系统科学地分析、预测和评估轨道交通对乘客健康的影响，探索轨道交通系统健康影响因素在不同时间、不同空间的分布规律，在工程设计和建设之前的可行性研究阶段进行人群健康危险评估，提出系统、科学、可行的专业建议和控制措施，消除或减少危害因素对人群健康的不利影响，应用于轨道交通的规划、设计、建设和运营管理，为地铁工程项目的行政审批提供科学论据，为制定轨道交通国家卫生标准提供科学依据，加强社会公共卫生安全保障，已经刻不容缓。

屏蔽门 / 安全门转换装置

通风空调系统作为城市轨道交通中的重要环控设备系统之一，担负着对地下空间的空气温度、湿度、空气流速和空气品质进行控制的任务：列车正常运行时，为乘客和工作人员提供一个适宜的人工环境，满足其生理和心理上的要求；列车阻塞在区间隧道时，向阻塞区间提供一定的通风量，保证列车空调等设备正常工作，维持车厢内乘客在短时间内能接受的环境条件；在发生火灾事故时，提供迅速有效的排烟手段，为乘客和消防人员提供足够的新鲜空气，并形成一定的迎面风速，引导乘客安全迅速地撤离火灾现场；为地铁各种设备提供必要的空气温度、湿度以及洁净度等条件，保证其正常运转所需的环境条件。

在国外城市轨道交通发达的城市，城市轨道交通通风空调系统能耗问题也备受关注。例如，新加坡地铁就是出于降低空调季节系统能耗考虑，设置了世界上第一套站台屏蔽门系统。从此，屏蔽门通风空调系统成了炎热地区地铁通风空调系统的首选方案。对于寒冷及严寒地区通风空调系统，相关文献较少，但据我们了解，国外通常采用与北京地铁既有线类似的开式通风（1、2 号线）或闭式空调系统（复八线）。除此之外，采用高效低耗的系统设备、设置先进的自动控制系统也是降低通风空调系统能耗的重要手段。可以说，如何降低地铁通风空调系统运行能耗也是国内城市轨道交通行业研究的重点与发展方向。

对于在城市轨道交通建设中冷却塔在核心城区由于空间限制造成的实施难题，全国各地的城市轨道交通建设方、设计院均进行了相关论证和研究，也有过各种技术方案的尝试，但一直没有找到合适的解决方案能够在能耗、投资和运行效果之间得到平衡。广州地铁曾尝试采用集中冷冻站的方案，成都地铁 1 号线尝试采用集中冷却的方案，但经过系统的论证分析后，均在系统运行维护及能耗方面存在较大缺陷，并不是好的解决方案。

水世界——给水与排水系统

城市轨道交通给水与排水系统简介

给水与排水系统是轨道交通工程中最基本的系统之一，由于轨道交通工程的特殊性，使得这个系统有鲜明的特点：

一是设计标准高、管理要求严格。轨道交通属于重要的公共设施，且大部分车站位于地下，施工难度大、后期维修困难，因此设备的设计标准、管理要求等大大高于普通的公共建筑，选用的系统必须成熟、选用的设备必须安全可靠、易于维护管理。

二是车站内部空间紧张，给排水管线路由复杂。轨道交通车站通常位于地下，土建空间十分紧张，同时给排水专业管线较多，故此管线路由复杂，导致管道的敷设、检修都比较困难。

从分类角度，本系统可分为生产生活给水系统、排水系统、消防给水系统、循环冷却水系统等部分。

城市轨道交通给水与排水系统装备介绍

车站生产生活给水系统

轨道交通工程的水源通常采用市政自来水，生活用水系统指轨道交通车站内工作人员及乘客饮用、盥洗、冲厕、清洗地面和其他生活用途的用水。随着人们对饮用水品质要求的不断提高，管道直饮水给水系统已进入轨道交通车站，北京地铁奥运支线、深圳北站综合交通枢纽配套工程等均设置了直饮水系统。

生活给水

轨道交通车站生活给水主要用于卫生间（公共卫生间及工作人员卫生间）给水、车站人员饮用水等。

生产给水

生产给水系统指轨道交通冷却循环水系统补水、通风空调机房清洗用水、冲洗地面用水等。

车站排水系统

轨道交通内部排水系统的功能是将工作人员和乘客的日常生活排水、清扫地面及设备排水、结构渗漏水、敞口出入口和风井雨水、消防废水等收集起来，排至室外地面，接入市政雨水、污水或废水管网。

轨道交通内部排水分为污水系统、雨水系统和废水系统。

车站污水排水系统

轨道交通车站卫生间一般都采用重力排水方式，污水靠重力流入污水池后，由排水泵加压后排至室外压力井。

生活污水包括粪便污水、卫生间地面冲洗排水、清扫间排水等。

◆卫生间、卫生器具及污水管道

公共卫生间通常设置在车站站台层公共区或某个出入口，主要供乘客使用，包含男卫生间、女卫生间及无障碍卫生间三个部分。内部卫生间一般位于车站站厅层设备区，主要供车站工作人员使用。

◆污水泵房

车站的污水泵房是车站污水排水系统中最重要的组成部分，主要包括收集装置、提升装置以及管道附件等部分组成。

各个工程的污水泵房略有不同，但一般可分为传统型和新型。

传统型污水泵房：传统型污水泵房一般由土建污水池和提升泵组成，污水进入污水池后，经污水提升泵提升，排至室外排水系统。这种污水泵房目前有数十年的运营经验，其技术成熟、运营管理经验丰富；排水泵安装在泵房内，干式安装，便于维修。此类污水泵的缺点就是泵房面积较大，土建投资较高，且由于污水池容积较大，清掏麻烦。

传统型污水泵房布置图

新型污水提升泵房：随着近些年轨道交通的发展，出现了一些新型的污水提升泵房，比较有代表性的就是污水一体化提升装置以及真空污水提升装置。

一体化密闭提升装置一般为成套设备，主要包括密闭式集水箱、两台干式潜污泵、液位开关、控制箱、潜水电缆、紧固件、连接件等，如图所示。这种一体化提升装置，不用设置土建污水池，设备紧凑，占地小，节省土建投资；水泵可干式安装，便于维修；采用密闭式污水箱，卫生间及泵房环境较好。

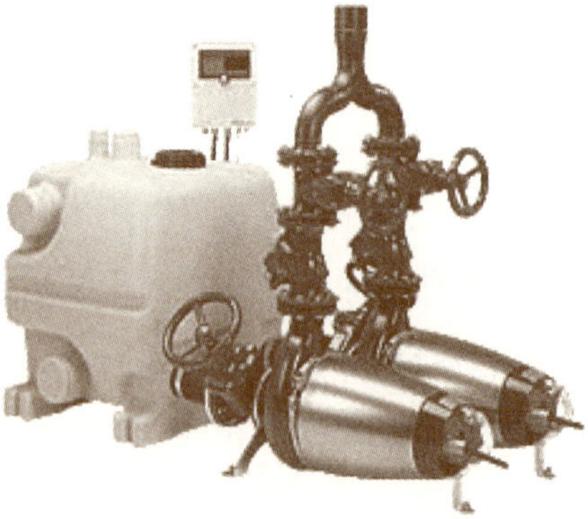

某一体化密闭提升装置

某一体化密闭提升泵站布置图

真空排水系统最早应用于铁路、飞机卫生间排水。排污管路内始终保持真空，整个卫生系统完全密闭，彻底解决了臭气外溢的问题，改善了如厕环境，不用设置通气管路，特别适用于通风条件较差的轨道交通及地下建筑卫生间。

便器冲洗耗水量小，每次冲洗仅为 1 L，仅为传统重力式卫生间耗水量的六分之一，节水效果十分明显。

车站废水排水系统

轨道交通车站通常位于地下，因此车站内部的所有废水均需要经提升后排出车站，这些废水包括结构渗漏水、冲洗地面废水、消防废水、自动扶梯基坑等低洼处的积水、电缆隧道的积水等。这些废水通过地漏、管道、排水沟等汇集到车站废水泵房，经废水泵提升。其中，消防废水水量最大，是决定废水泵房规模的主要因素。此外，在南方等地下水丰富的地区，结构渗漏水水量也较大。

立式排水泵废水泵房布置图

轨道交通常用的废水排水泵主要有立式排水泵和潜水排水泵两种。立式排水泵电机不浸没在水中，电机维修方便，但其水泵尺寸较大水泵的运输、安装不便；潜水排污泵体积小，安装、运输方便，水泵维修时需将水泵从水池中提出，维修不便。目前国内城市中，北京地铁车站废水泵房采用立式排水泵，其余大多数城市均采用潜水排污泵。

车站雨水排水系统

轨道交通车站大部分位于地下，雨水通常不进入车站，但个别车站会有露天出入口或敞开式通风口，此部分雨水将汇入车站。

车站露天出入口

国内轨道交通车站在雨水排放系统的做法大致相同，在露天出入口或敞开式通风口下设置局部排水泵站，泵站周围设置排水沟，将雨水截留后汇入泵站集水坑。

车站消防系统

轨道交通消防系统包含众多内容，其中给排水专业涉及的主要是站内的消防灭火设施，包含多个子系统。

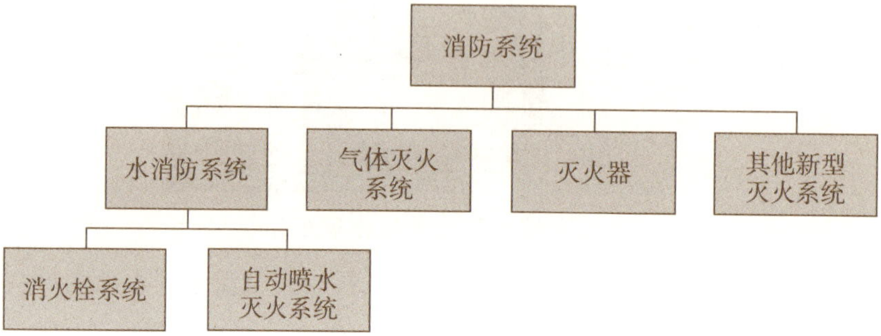

轨道交通给排水专业消防系统结构图

轨道交通车站，一般主要通过消火栓系统和灭火器系统进行保护。在地下车站通信及信号机房、变电所等重要电气设备房间设置气体灭火系统，部分位置还设置有自动喷水灭火系统。

消火栓系统

轨道交通消火栓系统一般由消防泵房、消防管网、阀门、室外消火栓及水泵接合器、管道附件等组成。

地下站的消防管道成环布置，车站站厅及站台的消防给水管道在车站两端竖向连通，构成车站环状管网。区间隧道在行车方向右侧设一根消防给水管。

◆消火栓及各种消防设备的设置

地下区间每隔 50 m 设一个消火栓。区间不设消火栓箱不放水龙带，设水泵启动按钮，水龙带设置在邻近车站站台端的区间专用消防器材箱内。

车站一般采用薄型带灭火器组合式大型消防箱，箱内上部设口径为 DN 65 的单口单阀消火栓，水枪喷嘴直径为 19 mm，每根水龙带长度为 25 m，箱内设自救式软管卷盘一套，下部设干粉灭火器。

区间隧道消火栓

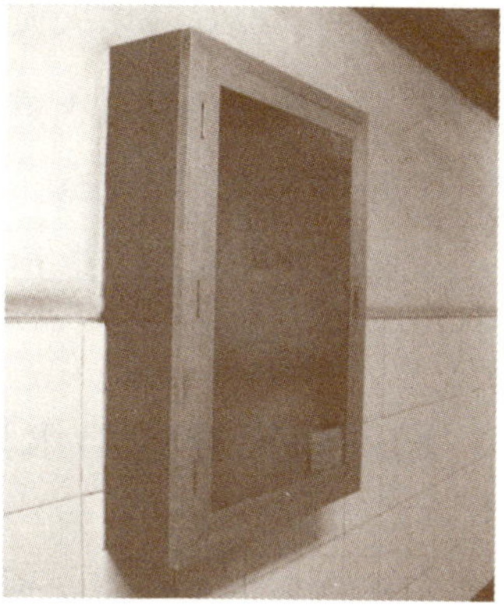

区间隧道专用消防器材箱

◆消防泵房

为满足消防时的用水水压，除个别市政压力比较大的地区外，轨道交通车站均需设置消防泵房。泵房内设置两台消防泵，火灾时提供消防所需要的用水压力。

车站消防泵房 1

车站消防泵房 2

自动灭火系统

地铁车站设备及管理用房主要分为综合监控类、通信信号类、自动售检票类、机电设备类、供电设备类、办公休息类等。

根据相关设计规范及轨道交通实际建设及运营需要，对于设备重要性高、对运营安全和乘客安全产生直接影响，且不能采用常规水消防措施灭火的重要设备房间，设置气体灭火系统进行保护。目前设置的保护房间包括综合监控设备室、通信设备室（含公安通信设备室、民用通信设备室）、信号设备室（含电源室）、UPS 室、蓄电池室、变电所的控制室、高压开关柜室、低压开关柜室、整流变压器室、再生能室、动力照明配电室、站台门设备室等。

城市轨道交通给水与排水系统未来展望

给排水系统是轨道交通最基础的系统之一，比较完善。从技术角度看，目前主要的发展方向在于新技术的采用以及节能、节水等方向。

给排水系统的调整及新系统技术的引入

目前给排水专业主要包含给水系统、污水系统、废水系统、消防系统、循环冷却水系统、灭火器系统及自动灭火系统。引入新的系统，对既有系统进行变革性调整，是一个重要的系统发展方向。

新型节能单体设备的采用

相比对既有系统形式进行调整，很多时候采用节能节水型设备更具有可操作性，同时投入产出比也更加可观。

重点发展方向

在空调循环冷却水系统中，采用旁流水处理结合自动加药系统的方式来控制循环水浓缩倍数以达到节水目的系统方案，此系统方案同时可以降低循环水的结垢倾向，减少冷机内壁污垢热阻值的增高，可提高冷水机组的换热效率，减少能耗。

采用超低噪音变频冷却塔，根据室外环境温度控制冷却塔风机运行频率，减少能耗。

冷却水系统采用无集水池的系统，充分利用冷却塔的势能，节电节能。

最大限度地利用市政自来水供水压力，采用生产生活用水由市政自来水直接供水的系统。

所有水泵均按水泵参数处于水泵高效工作区进行选型，严格控制富余水头值，并通过优化系统方案，尽量减少设备的数量和容量（如尽量减少局部排水泵站的数量、控制循环冷却水的容量大小）、选择低阻力的系统组件（如管道、阀门、水处理器、过滤器等）来降低系统的扬程等措施来实现系统节能。

在外部具备条件的车站，采用引入城市中水冲厕，充分利用城市再生水，节水节能。

车辆基地内对生活污水等进行处理，处理后水用于冲洗地面、冲厕等，最大限度地提高水资源的重复利用率，节约用水。

站台卫士——站台门系统

城市轨道交通的站台卫士

轨道交通站台门是集建筑、机械、材料、电子和信息等学科于一体的科技产品，用于地铁站台。站台门将站台和列车运行区域隔开，通过控制系统控制其自动开启。站台门还能有效地减少空气对流造成的站台冷热气的流失，保障列车、乘客进出站时的安全，降低列车运行所产生的噪音对车站的影响，为乘客营造一个安全、舒适的候车环境，具有节能、安全、环保、美观等功能。

站台门在轨道交通中的作用

站台门可以防止人和物体落入轨道以及阻止有人非法闯入隧道，杜绝因而引发的事故、延迟运营与增加额外成本；减少站台区与车辆运行区（隧道）之间气流的交换，通过对地下车站通风空调制式的影响，改变降低车站通风空调系统的运营能耗；减少列车运行噪声及车辆活塞排风对站台候车乘客的影响，改善乘客候车环境；保障乘客和工作人员的人身安全，阻挡乘客进入轨道。拓宽乘客在站台候车的有效站立空间；可以更好地管理乘客，当列车停靠在正确的位置上乘客才进入列车；在火灾或其他故障模式下可以配合相关系统进行联动控制。

站台门的分类

车站站台门的类型主要有全封闭式屏蔽门、半高站台门和全高站台门三种。

全封闭式站台门

全封闭式站台门也可称为屏蔽门，在车站中的设置高度约 3.2 m，完全把站台区与轨道区隔离开，防止站台区与轨道区的热量对流；站台门在站台的布置，其上部结构及下部结构均与车站结构进行接口，增加屏蔽门与土建结构的接口面，绝缘安装处理难度大；由于站台门的设置，有效地降低了列车活塞风及噪音对站台乘客的影响，大大提高了轨道交通的服务水平，为吸引客流提供了良好的条件。

全封闭站台门

半高站台门

半高站台门与土建接口比屏蔽门更为简单。半高站台门系统与车站站台顶部没有接口，不用设置站台顶梁及顶梁上的预埋件，减少了与土建的协调量，安装施工方便。

对于高架车站来说，安装半高站台门可以增加车站的通透性，采光效果好，有利于乘客的观光视觉；对于地下车站，增加车站公共区与轨行区的通风效果。

由于半高站台门没有将站台与区间完全封闭，列车运营活塞风及自然风促进站台上的空气流动，有利于站台上的通风。但对于地下车站来说，列车活塞风及列车运行噪声对乘客有很大的影响。

半高站台门对车站建筑效果影响小。半高站台门只与车站站台板设置有接口，与车站站台上部天花或车站结构没有连接或联系，对于车站站台的空间感及视线均不会造成影响。

半高站台门

全高站台门

全高安全门高度约 2.5 m，非密闭性质；顶部与站台装修有约 500 mm 的间隙，可保证车站装修的视觉效果、广告灯箱的广告效应及满足乘客导向功能要求。

全高安全门大大降低了列车活塞风、噪声对人体舒适度的影响。

全高站台门

全高安全门的非标准单元比半高安全门要好实施。半高安全门方案非标准单元中涉及两扇滑动门不对称设计，要按设计要求进行完成，产品设计比较复杂。全高安全门与屏蔽门系统配置一样，可较容易实现非对称单元的设计。

站台门的构成

全高封闭型站台门，站台门的长度及安装高度要与车站站台的形式匹配。门体结构包括滑动门、固定门、端门、应急门、门槛及底部支撑、顶箱及上部钢结构（含可开闭式结构）等。

门体材料为不锈钢（或经过表面处理的铝合金）加透明钢化安全玻璃。

每侧站台根据站台长度设置若干道滑动门。滑动门具备遇障碍物探测功能，可探测到最小 5 mm 的硬物，以确保乘客安全。每侧站台均设置朝站台方向 90° 开启的应急门和端门。应急门在故障列车进站后列车门无法对准滑动门时为乘客进出站台提供疏散通道，端门为区间疏散和区间维护作业人员进出站台提供通道。

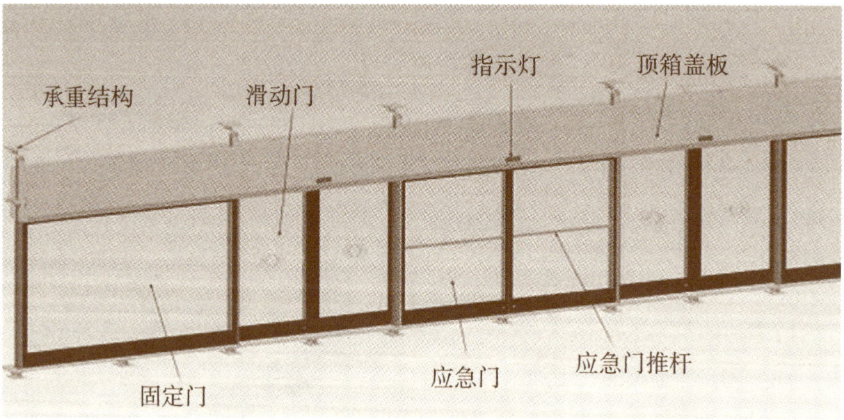

站台门构成

滑动门、端门、应急门都应具有手动开门功能，保证在必要情况下，乘客可从轨道侧手动将门打开，站台人员在站台侧可用钥匙打开。

不吃饭的售票员——自动售检票系统

自动售检票系统（Automatic Fare Collection，AFC）是城市轨道交通工程重要的核心子系统之一，是集计算机、机电设备、模式识别等多种高新技术于一体，实现售检票全过程自动化管理的系统，替代传统的纸票售检票方式，极大地提高服务水平和工作效率。

轨道交通 AFC 系统已在国外运行了 30 多年，在国内也运行了近 20 年，通过在国内外轨道交通中的多年应用，AFC 系统带来的便捷性和准确性大大优于传统的纸票售票方式，不仅是城市轨道交通发展的趋势，也是城市信息化建设的重要体现。同时，其技术有了长足的发展，多种高新技术都在现代城市轨道交通的 AFC 系统中得以应用。随着 AFC 系统关键技术的引进，实现了核心设备、关键模块在国内批量生产，达到了预期的国产化目标。

自动售检票系统家庭成员

家庭组织架构

城市轨道交通 AFC 系统是处理城市范围内众多轨道交通线路的售检票业务，涉及路网业务、线路业务、车站处理、终端处理和车票媒介方面的内容。以线网建设较为成熟的城市轨道交通为例，根据业务和应用，AFC 系统一般采用五层架构组成，其系统架构如下图所示，即：第一层，轨道交通清算管理中心系统（Automatic Fare Collection Clearing Center，ACC）；第二层，线路中心系统（Line center Computer，LC）或多线共用线路中心系统（Multiple Line center Computer，MLC）；第三层，车站计算机系统（Station Computer，SC）；第四层，车站终端设备（Station Locale Equipment，SLE）；第五层，车票。

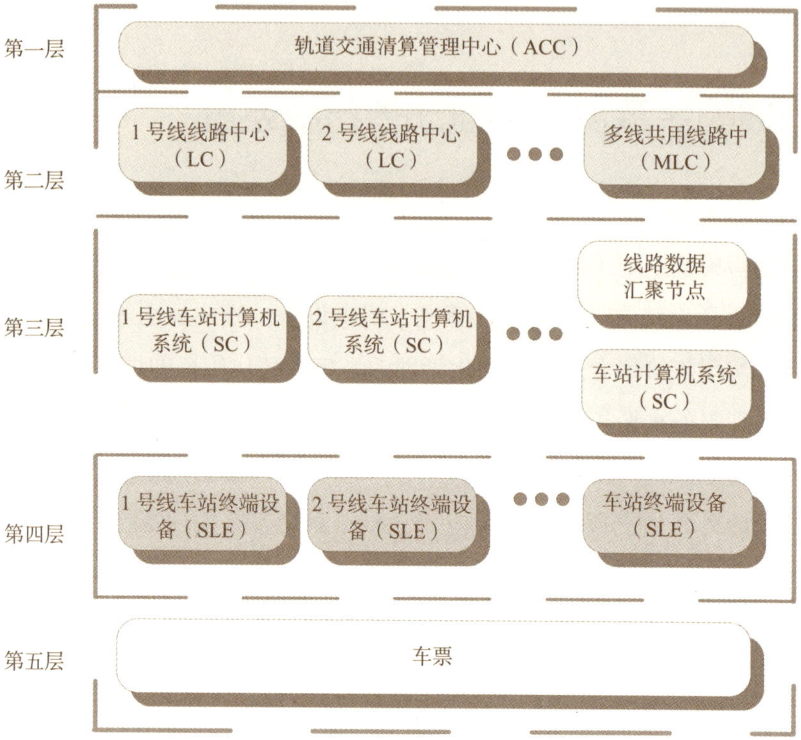

AFC 系统架构图

家庭成员

组成

城市轨道交通 AFC 系统主要由 ACC 系统、LC/MLC 系统、票务中心系统、维修中心系统、培训中心及模拟测试系统、车站系统、维修工区系统、车站终端设备、车票、网络设备、配电设备及附属设施等组成。

ACC 系统主要包括服务器、存储设备、工作站、网络设备、电源设备、车票编码分拣设备、打印机等辅助设备等。

MLC/LC 系统主要包括服务器、存储设备、工作站、网络设备、电源设备等。

线路维修中心系统主要包括服务器、工作站、网络设备、电源设备、维修设备等。

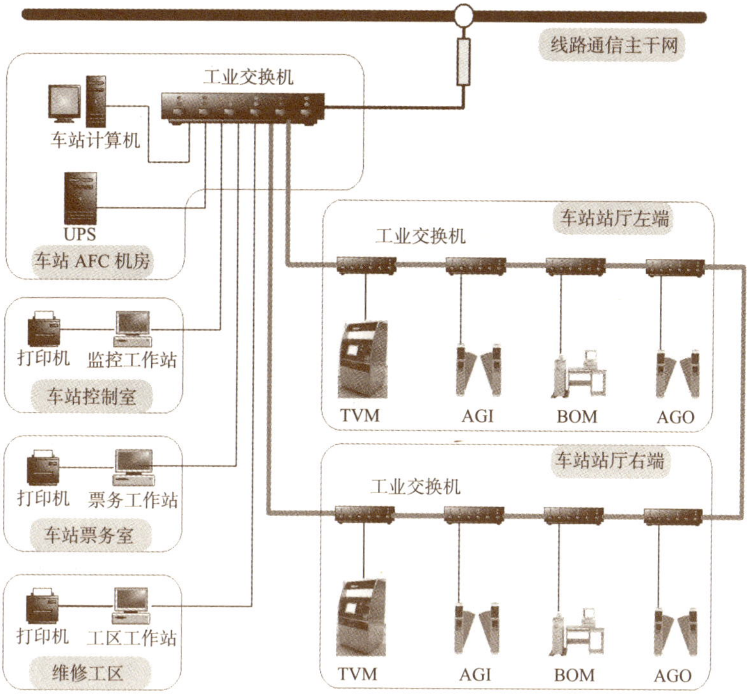

车站 AFC 系统组成

线路培训及模拟测试系统主要包括模拟线路中心系统服务器、模拟车站计算机系统服务器、自动售票机、半自动售票机、自动检票机、自动取票及查询机和便携式检验票机等。

维修工区系统主要包括维修工作站、打印机和维修工器具等。

车站系统主要包括服务器、工作站、网络设备、电源设备等。

车站售检票终端设备主要包括自动售票机、半自动售票机、自动检票机（含单向、双向、宽通道）、自动取票及查询机、便携式检验票机等。

主要设备

AFC 系统现场主要设备是售票机和检票机，售票机分为自动售票机和半自动售票机；检票机按照功能分为进站检票机、出站检票机、双向检票机和宽通道双向检票机，主要有剪式门、拍打门和三杆门类型；为售票厅工作人员配置半自动售票机，用于人工为乘客进行票务服务；为帮助乘客自助进行票务查询，还配置了自动查询机，提供信息查询功能。

自动售票机（TVM），如图所示。

自动售票机外观示意图

半自动售票机通过站员的操作来进行各种票卡业务的处理，业务包括售票、补票、充值、替换、退款、车票分析等，具有通过打印机打印使用清单等功能，具备安全保护功能，半自动售票机外形、尺寸（参考值）示意如图所示，主要由主控单元、单程票发售模块、操作员显示器、乘客显示器、读写器、单据打印机、键盘 / 鼠标及机壳等模块及组件构成。

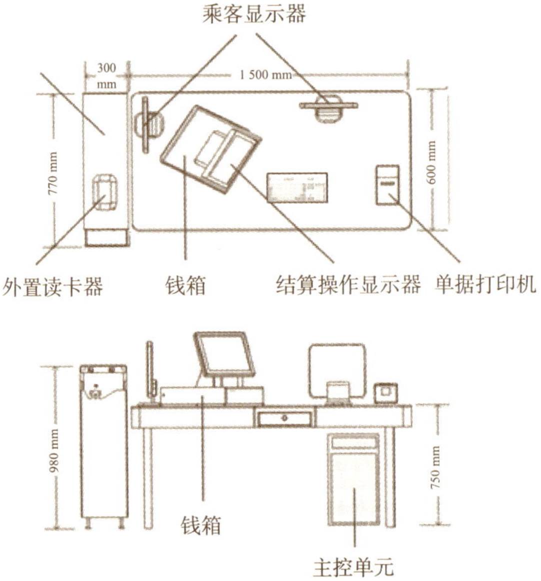

半自动售票机外形尺寸示意图

自动检票机设置在付费区与非付费区的交界处，是乘客在付费区与非付费区之间进出站时自动验票和放行的自动检票设备。进站检票机在乘客从非付费区进入付费区时完成自动验票和放行功能，出站检票机在乘客从付费区到非付费区时完成自动验票和放行功能，双向检票机兼有进站检票机和出站检票机的功能。进站检票机、出站检票机、普通双向检票机通道宽度一般为550 mm，宽通道双向检票机宽度一般为900 mm。自动检票机外观如图所示。

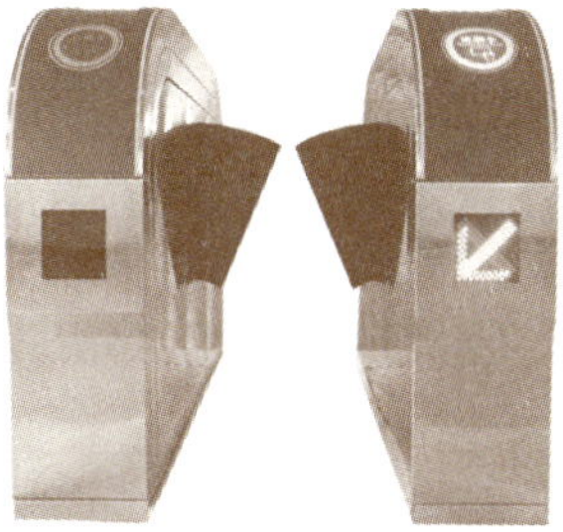

门式自动检票机外观示意图

剪式门检票机外观图

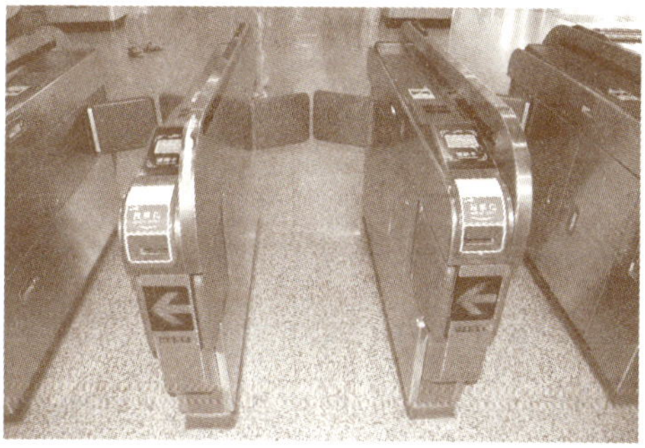

拍打门检票机外观图

三杆式检票机外观图

自动查询机用于乘客自行查询车票信息、线路信息和票价信息等，早期建设的轨道交通 AFC 系统均在自动售票机旁边设置了自动查询机，但就实际使用效果而言，由于自动查询机功能单一，乘客使用率较低。为满足乘客使用需求，同时提高设备使用率，自动查询机可集成部分乘客信息服务功能，以更好地服务和引导乘客。乘客信息服务主要包括列车到发时间、票价、车站出入口通道位置、轨道交通线路图、地面交通组织等。

自动售检票系统光明前景

设备标准化

近年来，随着国内城市轨道交通装备国产化工作的突破性进展，国内已进行 AFC 设备开发研制工作，技术水平不断提高。城市线网建设扩大，各线路间运营票款清分工作也逐步变得复杂。为了使清分工作高效准确，建设了多线控制中心和清分中心，这就带来 AFC 设备标准化的需求。制定 AFC 设备标准和规范，用心解决不同集成商系统之间的互通、兼容问题。加强 AFC 系统标准化建设，推进 AFC 终端设备模块兼容互换是线网 AFC 发展的必然趋势。

多种支付方式支持

随着支付技术的不断发展，更便捷的新型支付方式也不断涌现出来，轨道交通的支付方式也不应局限于专用票或储值票卡，“手机支付”“互联网支付”等新型支付形式被广大市民接受。轨道交通应不断发展，提供更多的支付方式，便捷乘客出行，而新的支付方式所带来的是 AFC 设备的技术升级与创新，售检票设备要不断满足技术的发展与应用需求。

网络计算技术发展

城市轨道交通清分中心是全路网中非常重要的部门，其工作范围涉及清分、线路中央计算机、车站计算机、车站终端设备等票务管理系统的各个层面。随着城市轨道交通路网建设的快速发展，面对日益扩大的建设规模和运营路网，如何更加合理、高效、快速、经济地建设、运营和维护这些系统，已经成为一个迫切需要解决的问题。利用互联网、云计算、大数据等新兴技术，提高系统的利用率，提供资源共享，采用虚拟化技术，并具备负载平衡的能力，使资源得到充分利用；智能化技术可对各个应用软件和运行系统进行自动化管理，从而减少人工管理，促使管理简单化，降低人力成本和管理成本；通过先进的互联网技术，实现系统的冗余备份，保障系统运行的可靠性。

城市轨道交通之控制中心

探秘

从全世界城市轨道交通发展的历程来看，自1863年世界上的首条城市轨道交通线路在英国伦敦开通运营至今，经历了150多年的发展，但由于当时通信技术和控制技术水平限制，直到20世纪30年代，才开始在各线路设置行车指挥控制中心，但此时各线路控制中心的设置还都是在各自所指挥的线路上；到20世纪80年代，随着电子技术及微电子技术的发展，城市轨道交通信息技术和行车控制技术有了重大进展，且运营者为提高管理效率，对轨道交通的控制管理不仅仅局限于行车控制，还包括信息处理、安全防范、应急处理等。为便于各线路的统一协调指挥，各地通过对既有线路技术改造和与新建线路相结合的方式逐渐形成了控制中心相对集中设置方式。

我国轨道交通的真正起步开始于20世纪80年代，在建设初期，由于城市总体规划中对城市轨道交通发展定位不准，缺少对轨道交通网络规划的概念，线路控制中心基本还是采用“一线一建，依线而建”的模式建设；20世纪末和进入新世纪之后，迎来了国内城市轨道交通建设的新一轮高潮，在建设当中，轨道交通的运营控制层级规划必须明确清晰，要满足整个线网的发展要求。在这种背景情况下，国内各城市（如北京、上海、广州等）相继展开了结合城市网络规划的线网控制中心规划设计与研究。随着通信技术和控制技术的高速发展，从资源共享和提高管理手段的角度出发，线网控制中心建设逐渐转向高技术、高效率、高安全性的“集约式”建设方式，并且成为当今线网控制中心建设的技术趋势。

控制中心是轨道交通线路运营指挥的核心，除一般运营生产组织外，还作为线路或线网的中央控制指挥场所，需要解决线路的行车指挥、电力调度、运营维护、灾害防控等工作，这些功能需要信号系统、通信系统、综合监控系统、自动售检票系统等系统的支撑。为适合多条线路的网络化运营，控制中心还应担负线网层面的信息监管、运营协调、应急处理等工作，大型城市轨道交通线网建设时，控制中线建设在线路控制中心功能基础上还包含有线网控制中心，以满足城市线网的运营需要。

国内外主要城市控制中心简介

马德里

马德里修建地铁的历史比较悠久。从 1919 年 10 月 17 日马德里第一条地铁线通车至 2012 年，马德里地铁已经形成了由 13 条地铁线和 3 条地铁轻轨组成的庞大地铁系统，地铁线路总长达 294 km，车站 319 个。

马德里地铁四通八达不单单只有市中心，路网服务涵盖范围广阔，包括整个马德里都市及邻近主要的住宅区、就业区等，还到达了马德里南部的 5 个卫星城市。基于集中共享的理念，各线路控制中心几乎全部集中于埃尔阿雷纳尔（EIArenal）设置，形成马德里地铁控制中心（Metro Control Centre），该中心监控马德里 12 条线路、超过 250 km 长的地铁线路。

西班牙马德里地铁控制中心行车控制区

西班牙马德里地铁控制中心电力控制区

西班牙马德里地铁控制中心信息控制区

西班牙马德里地铁控制中心视频监视区

马德里地铁控制中心在集中的线路范围内，线路中心各控制子系统（行车、电力、视频信等子系统）在各线路之间进行了深度的资源共享、集成合并设置，建立了统一的接入平台系统。因此，在各线路控制中心系统之上无其他综合协调应用指挥系统。

香港

截至 2012 年，香港的地铁发展成一个有 7 条路线，全长 91 km 的铁路系统网络，共有 53 个车站，其中 14 个为换乘站。

香港地铁为了节省营运费用，将原先设于九龙湾负责控制荃湾线、观塘线、港岛线的控制中心，全部集中设置于青衣站，形成香港地铁控制中心，香港地铁青衣地铁控制中心规模较大，计划容纳 10 条线路的控制中心，现在已经容纳全部运营的 6 条线的控制中心。

青衣控制中心与马德里埃尔阿雷纳尔地铁控制中心相同，在集中的线路范围内，线路中心各控制子系统在各线路之间进行深度的资源共享、集成合并设置，建立统一的接入平台系统。因此，在各线路控制中心系统之上无其他综合协调应用指挥系统。

香港地铁九龙湾控制中心（1975—1995）

香港地铁九龙湾控制中心（1995—1999）

香港地铁青衣控制中心（1998—2009）

控制中心除了负责中央控制及列车服务有关的信号、通信、供电及环控系统等日常工作外，亦负责处理紧急状况，并且与内部及外界保持密切联系，以适时公布有关消息。控制中心 24 小时不停运作，主要负责信号及列车调度控制，环控系统控制和电力系统控制。

北京

从 2000 年后，北京迎来轨道交通建设高潮，同时在建的线路就达到 6—8

条线路，并对线网规划做了多次调整。在这种情况下，不宜再采用“一线一建”的模式。结合轨道交通控制技术的提升，在 2002 年对全网控制中心设置进行了规划。全线网 34 条线路的控制中心全部集中设置在小营控制中心。另外，在各线路控制中心上建立北京市轨道交通整个线网信息共享与接入平台，并在这个平台之上建立轨道交通指挥中心（简称“TCC”），用以统一监督与协调处理各线路之间运行情况。

北京市各线路控制中心（简称“OCC”）与 TCC 都设置在小营控制中心内，统称为北京市轨道交通路网控制中心，简称为路网控制中心。

北京轨道交通线网规划图及小营控制中心位置图

北京小营控制中心一期控制大厅

上海

到 2012 年，上海市轨道交通网络总共规划有 9 座控制中心，为全市 18 条线路提供服务，即所谓的“8 + 1”模式：线路控制中心一共 8 座，综合控制中心 1 座。平均两条线路设置一座控制中心。全部轨道交通线路规划设置一处市级网络运营协调和应急处理中心（COCC + ETC），见下表。

上海轨道交通线路规划图

上海市轨道交通网络控制中心设置情况

序号	名称	位置	线路情况
1	新闸路控制中心	1 号线新闸路站旁	1、2 号线
2	宝兴路控制中心	3 号线宝兴路站旁	3、4 号线
3	颛桥控制中心	5 号线颛桥站旁	5 号线
4	民生路控制中心	6 号线民生路站旁	6、18 号线
5	新村路控制中心	7 号线新村路站旁	7、16 号线
6	中山北路控制中心	8 号线中山北路站旁	8、10、12 号线
7	虹梅路控制中心	9 号线虹梅路站旁	9、15 号线
8	隆德路控制中心	11 号线隆德路站旁	11、13 号线
9	真如控制中心	上海西站原货场区附近	COCC+ETC、14、17 号线

其中，市级网络运营协调和应急处理中心（COCC + ETC）是通过建立联通各控制中心的通信网络，建立在各线路控制中心（OCC）之上的一个各线路运营统一协调与应急处理指挥平台系统。

作为上海市轨道交通指挥及管理运营的控制中心，对于重要节点的设置，落实网络化、系统化、集成化以及“可持续发展”和资源共享的规划理念是必要的；只考虑单独建设，将会影响到整个城市轨道交通的管理体制设置，造成资源的浪费。

广州

广州地铁运输调度工作实行“分级管理、集中统一指挥”，分设线网调度指挥中心和区域运营控制中心，分别掌管整个线网、区域控制线路的日常运输组织指挥工作。

到 2012 年，广州已建立公园前、大石和鱼珠这三个区域运营控制中心，为中央控制层，负责区域内各条线的中央监督控制和运营信息收发工作。今后，还将建设几个区域运营控制中心，为新建及规划轨道交通线路服务。

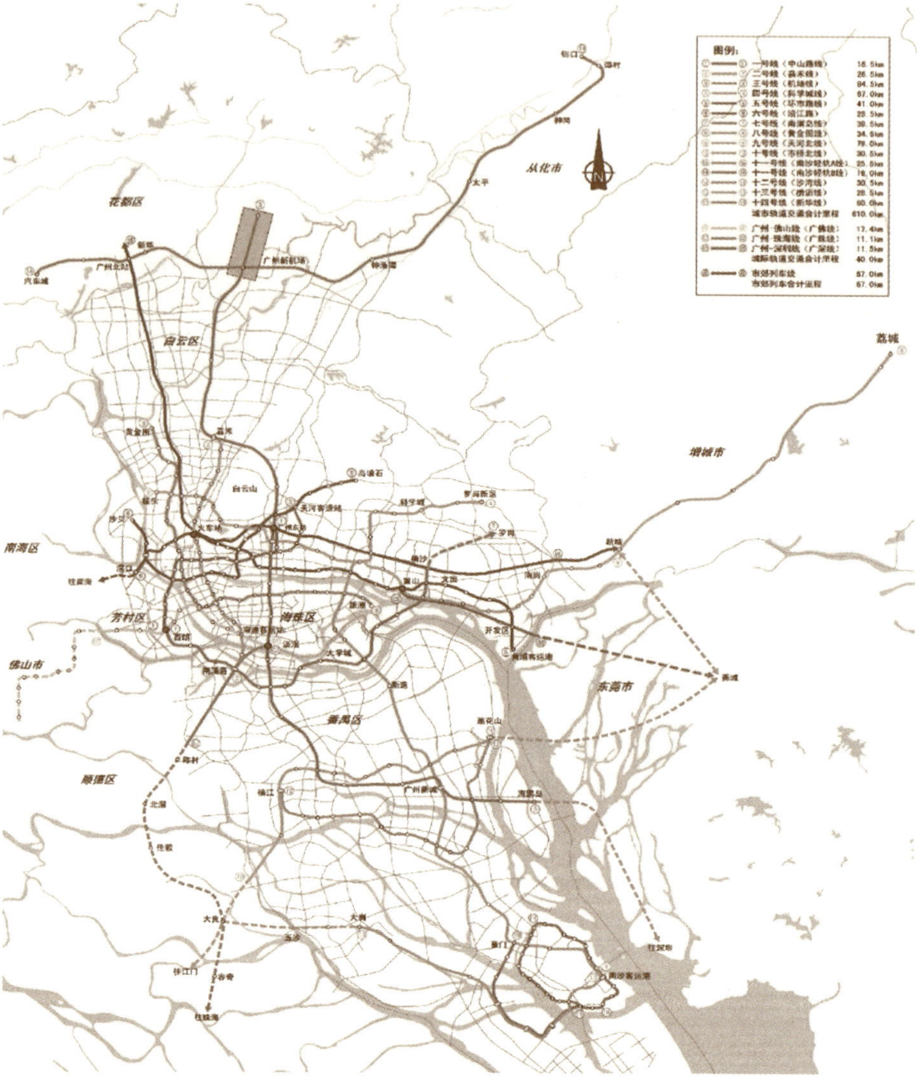

广州轨道交通线网规划图

广州轨道交通大石控制中心

广州轨道交通公园前控制中心

控制中心功能

线路控制中心

城市轨道交通的主要任务是快速、安全、准确地将乘客输送到目的地，线路行车运营主要是通过各级管理层和行车指挥机构来完成。因此，线路控制中心是以轨道交通的运营和行车管理为核心。如何保证列车安全、高速、高效、正点运行？主要是依托轨道交通中的行车控制系统，信号系统实现行车指挥、列车运行监控与管理、保证列车安全，而且还能把列车运行等信息实时、准确、真实、可靠、快速地传送到线路控制中心，以便运营调度和管理者能随时掌握和了解这些信息，并作为决策的依据。通信系统、综合监控系统是为保证列车正常运行和旅客安全的辅助系统，这些都是不可缺少的环节。通信系统除提供信息通道以外，还给管理者和调度人员提供调度通信和可视电话会议系统；综合监控系统在灾害、故障等特殊情况下及时向中心的管理者提供各种信息，便于及时了解现场的设备情况，以采取相应的措施。线路控制中心是线路运营的核心，其调度功能由各控制系统的中心级系统提供服务支撑，中心调度人员需通过这些控制系统下发调度命令，实现日常的行车运营和应急管理。线路控制中心需具备总调调度、行车调度、供电调度、防灾调度、维修调度、乘客服务调度等调度职能。

线网控制中心

城市轨道交通在构成网络之后，各线路已不再成为孤立的线，而成为网络中的骨架，任何一处紧急、突发事件，都将对整个轨道交通网络的运行产生影响。为了轨道交通网络中各条线路能够有效地协调运作，适应线网的发展，需要构建一个保证轨道交通高效、经济、有序、有权威性的线网控制中心。以管理和协调各条线路运营工作为核心功能，统一管理和协调各线路控制中心，使各线路运营有序的正常运行。

轨道交通线网规模的不断扩大，各条轨道交通线路之间的运营关系也越来越密切，特别是线网的换乘节点站，以及轨道交通与其他交通枢纽站。线网控制中心需要能够协调各线运营组织，综合各条线与运营管理有关的信息资源，共享这些资源，有效地监管各条线路的运营，控制客流量均衡有序地流动。线网控制中心同时要作为轨道交通对外的服务窗口，为政府部门提供必要的运营信息，接受政府部门的运营监管。在城市发生突发灾害时，还要结合城市各方面的情况，调动各种社会资源，接受政府部门的应变指挥，减少灾害损失，缩小次生灾害范围。线网控制中心需要建设一套综合信息系统，用于采集各线路运营综合信息，实现各线路间信息共享，以及对各线路控制中心的指挥调度。

控制中心形式

从国内外轨道交通建设情况来看，控制中心的物理位置规划布局角度，主要分为集中式、分散式和分散集中式三种方式。

◆集中式

每条线路的控制中心与线网控制中心合建在一处，即将每条线路的控制中心全部集在一起，并在线路控制中心基础上建设线网控制中心。该方式的优点是各线路中心物理位置集中，调度与管理者办公地点集中，便于线网的统一调度协调与协作，在特殊事件处理上有较高的地理优势与效率。集中形式的控制中心可以优化建筑房间，共享楼宇设施，减少总占地面积。但是该方式会增加控制中心的安全风险，一旦遇有突发事件或恶意破坏，整个城市轨道交通线网的调度会受到致命影响，危害涉及面广，需要考虑中心运营设备的异地备用或调度降级备用方式。北京、香港等城市轨道交通采用集中控制中心方式。

◆分散式

每条线路的控制中心在该线路的沿线附近或车辆段内单独建设，不与其他控制中心共享建筑设施。线路中心一方面负责该线的行车组织工作，同时也必须向线网控制中心传送信息，接受线网控制中心的监督，接收线网控制中心发来的各种调度指令。该方式的优点是控制中心分散，对抗突发或特殊事件能力较强，不干扰其他线路运营并对线网运营影响小。但此种方式容易造成线路之间协调管理不畅，线网管理效率降低，同时缺少资源共享与优化，造成总建设投资成本较高。

◆区域集中式

按照相关相近的原则，以区域划分或以建设规划顺序划分，将几条线路中心进行部分集中设置，这样在线网中可能存在几个区域集中的控制中心；线网控制中心可与一个区域控制中心合建，线网控制中心负责多个控制中心的管理与协调。该方式部分具备了集中式和分散式控制中心的优点，有利于建筑空间、人员与物力、管理体制与信息管理等方面的资源共享，也比较适合线网建设时间较长的城市。广州、上海、武汉等城市采用此种方式。

架构与组成

控制中心体系架构

作为一个大型城市轨道交通运营管理的核心，控制中心无论采用集中设置还是分散设置，都需要一个层级合理的控制体系架构，无论线网多庞大，最上层的控制机构应实现集中管理，而下层受各种外部条件影响，可以采用分散或集中的方式，整个架构由综合性现代化指挥控制系统进行连接，实现各层级的指挥控制功能。控制体系架构如图所示，控制层级应分为三级管理、三级控制，每个层级完成自身控制功能。

城市线网控制系统体系一般为三层管理、三层控制的架构。三层管理分为线网控制中心（TCC）层，线路控制中心（OCC）层，车站控制层；三级控制分为线路控制中心级、车站控制级、系统设备就地控制级。

线网控制中心是城市轨道交通整个线网的管理指挥中心，线路控制中心是轨道交通单线路的管理控制中心，线网运营部门通过线网控制中心对各线的运营进行监督、协调和应急处置。

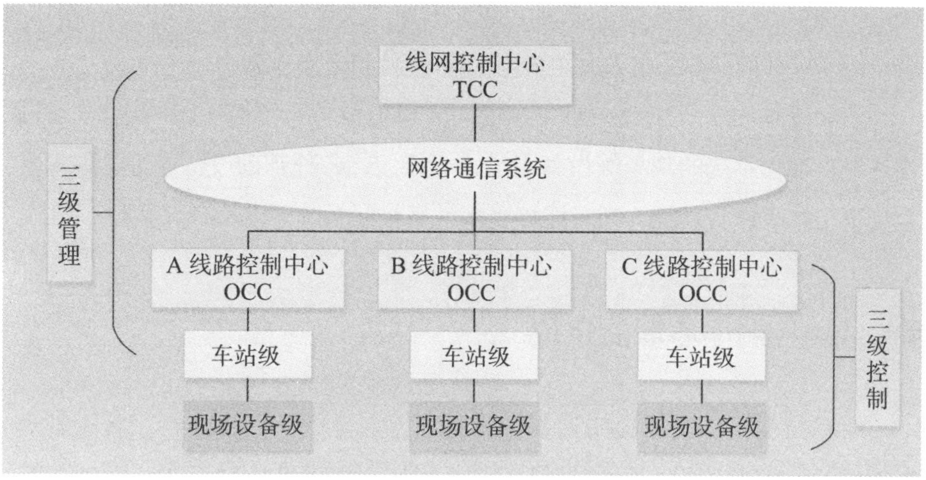

城市轨道交通系统体系结构图

线网控制中心在建设时需要根据整个轨道交通线网规划情况，预留出后建线路的接入能力，在后期线路建设时，需要依据线网控制中心制定的接口标准进行接入。

线网控制中心（TCC）是指挥、协调全市轨道交通线网的中央机构，其管理范围包括城市轨道交通线网内所有线路。TCC 通过线网控制中心系统信息平台，与各线路控制中心保持联系，可以实现对各个线路的运营监视、管理，集中指挥与协调，对轨道交通系统外部实现信息沟通、信息共享，并为运营领导者提供用于重大决策时所需要的基础数据依据。在紧急事件发生时，通过传递上来的各线行车运营数据以及视频监视情况，进行应急指挥，各线路须配合线网控制中心的协调和应急指挥工作。

线路控制中心（OCC）作为单线路的最高控制级，负责监控本线路的行车、电力、故障、车站环境及车站主要设备的运行情况，当线路运营出现异常或灾害发生时，线路控制中心根据本线路运营情况，与线网控制中心系统信息交互，接收线网控制中心协调指挥指令等，使线路各有关系统协调工作；同时可以接收本线路各个车站传送的实时或历史数据，进行存储，并能报表查询。

车站控制系统包括 FAS、BAS、PSCADA、通信、信号等，集中设在车站、车辆段、停车场控制室或独立的变电所控制室，完成对机电、电力、通信、信号设备的监控，并存储本站的实时信息和历史数据。

现场级控制系统主要由行车、电力、机电设备、环控、闭路电视、广播等各个自动化系统的现场级设备组成，直接连接各种基础设备进行数据采集，上传至车站级控制系统，同时能接受车站级控制系统下发指令并执行。

线路控制中心职能定位

线路控制中心是轨道交通的管理枢纽，对全线的列车运行、客运管理、电力供给、设备监控、防灾报警、票务等实现集中监控及管理、调度指挥。线路控制中心在紧急情况下，也是事件处理的指挥中心，同时也是轨道交通通信枢纽和信息集散和交换处理的中心。

线路控制中心接受线网控制中心的运营协调、监督管理和应急指挥，接收线网控制中心发来的指示、指令，预案内相关的安排及措施，从外部单位相关系统采集的信息（如大型活动的信息、公交运营信息、救援和抢险装备信息等），日常协调安排等。

线网控制中心职能定位

线网控制中心利用先进的计算机通信网络平台对各条线路主要运营信息进行采集，监视各线运营情况，遇有严重突发事件或影响邻线的突发事件发生时，及时进行协调、指挥、应急处置。具体职责如下：

（1）轨道交通线网的统一运营协调与管理

通过各线路控制中心提供的列车运行、客流统计等运营信息，统计整个轨道交通线网各条线路行车运营的正点率、晚点率、客流分布，并根据地面公交线路信息等，合理制订线网中各条线路的行车运营计划，协调各线路行车运营、运营时间等，以达到线路运营的安全、准确、高效、服务的宗旨，有效提高轨道交通的整体线网运营能力和效率等。

通过各线路控制中心提供的主要设备状态信息、维护信息等，经过处理筛选，对线网主要设备运营情况的信息汇总、统计分析，制定各种管理信息报表，便于对线路设备的运行维护保养等制定合理方案与建议，也可以通过这些数据，作为对各条线路的设备维修进行考核的依据。

（2）轨道交通线网应急处理

在线路运营中发生意外事件时，如地面交通拥堵、相关车站大客流疏散、某车站发生重大事故或灾害等情况，通过监控的相关视频信息，协调线路运营计划，有效、高效地处理应急事件，以确保各线路尽快恢复正常运营。

（3）轨道交通线网信息与外部信息进行交换服务

线网控制中心既与线路控制中心进行信息交换，接收线路控制中心传送的行车信息和主要设备故障信息等，通过信息过滤和统计分析，向相关部门报送；同时又汇集与轨道交通运行相关的外部信息（如交通信息、气象信息等），为轨道交通线网运营提供信息渠道，为乘客提供多方位服务，实现城市信息互通和共享。

指挥官——线路控制中心

线路控制中心将本线列车运行状态和沿线相关系统设备，如综合监控系统、火灾自动报警系统、自动售检票系统、通信、信号等系统运行状态上传给等线网控制中心，以便于线网控制中心收集、统计、分析轨道交通路网内各线的相关信息（包括视频信息），以实现线网控制中心对各线路运营情况的监视。

为完成线路控制中心调度功能，需要的主要功能设施有调度大屏幕显示系统、调度台及附属设施、各系统中心级设备。

调度大屏幕显示系统

大屏幕显示系统作为线路控制中心的主要人机界面，将业务支撑系统的各类信息显示在显示墙上，调度员则通过观看显示墙的显示内容得到所需的各类图像、图形、图文与数据信息等。

大屏幕显示系统可同时显示整条线路的全部列车的运行状况，在操作员工作站上虽然也可选看，但需要转换不同画面或增加显示器，占用过多空间的同时降低工作效率。

大屏幕显示系统可供不同专业人员同时观看，在讨论事故处理方案时，大屏幕显示作为共同的参考标准，减少沟通的障碍，对紧急情况下的事故处理有极大的帮助。

不是所有的专业操作员都能从他们本身的工作站看见全部对他们工作范围有影响的相关信息，使用大屏幕显示系统，减少了各专业所配备的设备，降低了设备投资。

目前国内外各线路控制中心调度大厅内需要设置大屏幕显示系统，主要显示内容包括：线路行车状况（SIG 信息）、供电状况（PSCADA 信息）、火灾状况（FAS 信息）、环控状况（BAS 信息）、客流量状况（AFC 信息）和现场监视（CCTV 信息）。

大屏幕显示系统设置方式

◆按线路设置

调度大厅按线路进行区域划分设置，每条线路一个独立的区域，在区域内可完成本线路各系统中心运营调度功能。香港的青衣控制中心、维也纳地铁控制中心、北京轨道交通小营指挥中心、重庆轨道交通指挥中心、长春轨道交通指挥中心、南京轨道交通指挥中心、深圳轨道交通指挥中心等都采用的此种方案。

◆按功能设置

根据运营管理的需要将指挥调度大厅划分为行车调度、运营管理、设备管理及防灾、电力调度等不同的功能区域，对各线路的不同功能进行整合，实现对线网各线路的运营管理控制。美国纽约、西班牙马德里轨道交通控制中心采用此方案。

大屏幕显示系统设备

线路中心大屏幕显示系统主要包括大屏幕显示单元及投影机、图像控制器、图像控制器软件、大屏幕基础底座、机柜等。大屏幕显示系统具备 OPS 高清晰度显示技术、显示单元无缝拼接技术、多屏图像处理技术、网络技术、集中控制等技术，是具有高亮度、高清晰度、高智能化控制、操作方法先进的显示系统。

大屏幕显示系统配置控制管理工作站，负责显示屏的统一管理、分配和显示，可根据运营需要提供可固定或灵活显示信号系统、综合监控系统、闭路电视监视系统所提供信息及画面。

大屏幕显示系统需要能够保证长期连续不间断正常工作，系统的硬件、软件应充分考虑到系统的安全性、可靠性、可维护性和可扩展性。

◆大屏幕显示墙

大屏幕各显示单元按各线路控制中心规模要求进行设置，单屏主流规格尺寸有 67 寸、72 寸、80 寸，排列方式主要有 3 行 ×4 列、3 行 ×5 列、3 行 ×6 列等，横向长度扩展根据线路总长和调度大厅空间综合确定。

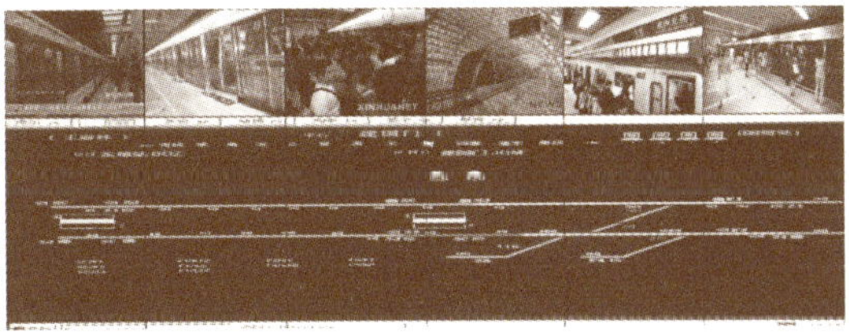

3×6 图例

3×12 图例

大屏幕显示墙整屏亮度与色度均匀性≥ 95%。各显示单元能按照统一的预置值进行亮度与色度锁定，显示亮度与色度均匀性应长期稳定地保持一致。屏幕拼缝≤ 1 mm，各显示单元的显示应对齐，跨屏显示时，图像的拼缝与错位均应小于 0.5 mm。大屏幕显示墙上下左右应保持平整，整屏水平与垂直平整度偏差应分别不大于 1 mm。大屏幕显示墙具有较好的热胀冷缩特性，屏幕间的拼装结构应尽量保证屏幕不受力。

线路中心大屏显示应用效果

线路控制中心的显示屏幕必须具有高抗环境光能力，保证调度大厅内工作环境在正常光线下观看时，显示屏上无反射、无眩光、无太阳效应等现象。

为保护调度人员健康，大屏幕应采用环保显示技术，尽量减小有害射线（X 射线、紫外线等）和工作噪声。

◆图像控制器

图像控制器的主要作用是将显示墙的各独立工作的大屏幕显示单元在逻辑上拼接成一个统一协调工作，使用功能与桌面显示器无异的超高分辨率、超大尺寸的显示终端；图像控制器能接入若干数量的各类计算机信号与视频信号，并进行相应处理后传送至显示墙上实时显示。图像控制器达成上述作用后，人们即可通过安装与人机界面上的管理软件对显示墙的所有显示实施任意开窗、无极缩放、自由漫游、叠加覆盖等操作。

◆图像控制器软件

图像控制软件能直接访问关系数据库管理系统，集成各种实时信息源，对图形信息进行实时和交互式处理，具备分层和动态的图形显示、多用户交互式的图形操作等功能。

系统不仅要考虑与网络连接的功能，更要考虑软件的实用及未来的扩展和升级。当显示系统配置规模扩大时，不需要修改程序和重组软件；控制软件能设置大屏幕显示墙的所有参数。可对单个投影机进行操作维护，进行参数的设置、修改及存取；还可对大屏幕显示墙整体进行操作维护，调节画面质量，对图形拼接、整体亮度、对比度、色彩等项目进行整体操作、控制及设置；对所有输入信号及网络信息进行操作管理，无论投影单元有多少，应都能集中在一台控制工作站上通过控制软件实现大屏幕显示系统的所有操作控制功能。

线路控制中心调度

在线路控制中心，为了完成运营调度工作，配置有专业调度人员负责行车调度、供电调度、设备监控、防灾监控、乘务调度、票务调度等工作，线路控制中心的自动化监控系统为调度员设置了对应功能的调度员工作台，完成各项调度工作。

线路控制中心操作台按照运营调度职能，一般将调度台区分为行车调度操作台、供电调度操作台、环境调度操作台、维修调度操作台、中心总调度操作台。在各职能调度台上设置有对应的监控系统工作站，调度员通过操作工作站实现运营调度工作，进行对全线运营状态监视和必要的人工控制。

中心行车调度台

中心行车调度负责监控全线运营行车组织、指挥工作，按照运行时刻表监视全线的行车状态；负责监督全线客流变化情况，调集人力、物力和备用车辆，疏导突发客流；负责组织各种故障、事件、事故的降级运营，协助现场指挥做好应急处理工作；发布调度命令，布置、检查、落实行车工作计划，确保行车工作顺利进行；负责记录行车设备运行故障。

中心供电调度台

中心供电调度负责监视全线所有变电所的供电设备工作状态，判断设备是否处于正常工作状态；供电调度需要监视全线所有变电所的供电设备发出的预告和事故报警，确认报警，并实施正确的操作；完成日常的电力设备控制操作，包括早间送电、晚间停电、倒闸等顺控和遥控操作；在发生事故时，发出操作指令以维持运营，保护人身和设备安全；按照检修计划操作各个变电所的供电设备；中心调度可以向车站或变电所操作人员授予或收回操作权限。

中心环境调度台

中心环境调度负责监视全线所有车站的机电设备的工作状态，判断设备是否处于正常工作状态；监视全线所有车站的机电设备发出的事故报警，确认报警，并实施正确的操作；在紧急情况下，允许远程操作车站的机电设备，以维持运营，保护人身和设备安全；中心环境调度可以修改并下达执行时间表和联动程序表；可以向车站操作人员授予或收回操作权限。

中心车辆检修调度台

中心车辆调度负责对监视在线运行和库内停靠的车辆工作状态，判断车辆是否处于正常运行状态；负责对车辆上各监控系统发送的主要设备报警信息、维修信息进行监视和管理，组织指挥对车辆上设备的维修工作，针对各种可能发生的突发事件，编制事故抢修、灾害救援方案，由突发事件触发调出相应处理预案，快速处理故障，减轻事故及灾害影响范围。

中心乘客服务调度台

中心乘客服务调度主要负责处理在线列车上与乘客相关的事件，当在线列车发生突发事件时，通过列车广播或乘客对讲安抚和疏导乘客，保证乘客的人身安全。乘客调度需要监视全线所有在线运行车辆乘客服务设施状态，判断设施是否处于正常运行状态；监视全线所有在线运行车辆运营情况，远程提供相应广播服务；监视全线所有在线运行车辆发出的严重事故报警，给予车辆上乘客应急处置指导；在接听车辆上乘客应急语音电话的同时，通过车载视频监视车内情况；调取在线运行任意车辆内每个监控视频图像，并可对摄像机进行控制操作。

中心维修调度台

中心维修调度监视全线所有车站设备的工作状态，对故障报警的设备进行检维修管理，安排故障设备进行维修处置，并监管故障处置结果；安排设备的正常检修保养，对设备故障率和可靠性进行统计，制订设备检维修计划。

中心总调度台

中心总调度可以监视全线所有车站的供电、机电、行车和通信设备工作状态，判断设备是否处于正常工作状态；可以监视全线所有车站的供电、机电、行车和通信设备发出的事故报警；在紧急状态时，可临时获得所有设备的操作权限；中心总调度需要指挥系统间的联动，协调行车、供电、通信各专业协同作业。

线路系统中心级设备

线路控制中心是轨道交通的管理枢纽，对全线的列车运行、客运管理、电力供给、设备监控、防灾报警、票务等实现集中监控及管理、调度指挥。控制中心在非常情况下，也是事件处理的指挥中心，同时也是轨道交通通信枢纽和信息集散和交换处理的中心。

线路控制中心将本线列车运行状态和沿线相关系统设备，如综合监控系统（ISCS）、火灾自动报警系统（FAS）、自动售检票系统（AFC）、通信、信号等系统运行状态上传给等 TCC 指挥中心，以便于 TCC 指挥中心收集、统计、分析轨道交通路网内各线的相关信息（包括视频信息），以实现 TCC 指挥中心对各线路运营情况的监视。

按线路运营控制中心的功能划分，控制中心主要有的设备系统为信号系统、通信系统、FAS、ISCS 等。每个系统在控制中心都存在设备机房、网络管理室、电源室等用房及一些管理用房。

信号系统设备

信号系统控制中心级设备主要由中心计算机系统（管理服务器、通信服务器、交换机、通信前置机等）、调度员工作站、调度主任工作站、维修工作站、运行图工作站、培训 / 模拟工作站、大屏显示接口设备及打印机等构成，负责编制、管理行车计划，实现对全线列车的自动监控，实现列车运行的自动管理。

综合监控系统（ISCS）设备

ISCS 控制中心级设备由中心实时服务器、历史服务器、通信前置机、交换机、大屏幕系统、网络管理系统、操作终端、系统软件等构成。主要实现全线电力监控系统的监控与管理、全线机电设备监控系统的监控与管理、全线 FAS 的监控与管理、闭路电视、广播等系统的操作与控制，同时负责事故情况下的指挥控制功能。

通信系统设备

通信系统主要由专用通信、商用通信、公安通信（含政务通信）系统等构成，服务于指挥列车运行、运行运营管理、公务联络的重要设施，传递语音、文字、数据、图像等各种信息，并具有网络监控、管理的功能，当出现紧急情况时，系统迅速及时地为防灾救援和事故处理的指挥提供通信服务。

乘客信息系统（PIS）设备

PIS 控制中心由中心服务器、接口服务器、咨询应用服务器、视频流服务器、数字直播编码设备、音视频切换设备、网络视频服务器、磁盘阵列、视频监控终端、采集 / 直播工作站、网管工作站、中心操作员 / 系统维护工作站、多媒体素材 / 播出控制工作站、广告管理工作站、播出监视器、打印机等组成。这些设备通过中心局域网系统连接成一个系统。实现全线 PIS 系统的播控、管理。

火灾自动报警系统（FAS）设备

FAS 控制中心级设备由控制中心网络型火灾报警控制器、运营管理室图形工作站、机房维护图形工作站、中心服务器、系统软件等构成。主要实现全线 FAS 的监控与管理、同时负责火灾事故情况下的统一指挥控制功能。

自动售检票系统（AFC）设备

AFC 控制中心级设备主要由服务器、存储备份设备（磁盘阵列、磁带库、移动存储介质）、工作站、密钥管理系统、打印机、车票编码 / 分拣机、防火墙、通信加密机、交换机、电源配电设备等构成，线路中央计算机系统为本工程 AFC 系统的核心部分，对本系统内部的所有设备进行监控，实现对线路系统运营、票务、收益及维修的集中管理功能，与轨道交通清分中心进行数据交换，实现清算兑账功能。

总指挥——线网控制中心

线网控制中心是负责协调各线路控制中心及各线运营管理的主体，是集中信息、协调指挥、应急指挥、资源共享的职能平台。线网控制中心需要设置一套综合信息系统进行业务支撑，提供运营信息数据，实现线网级管理。综合信息系统平台通过标准接口协议实现线网中心与各线路控制中心的数据交换，在统一的操作平台上实现对各线路的运营监视、管理，集中指挥与协调，对外部政府部门实现信息沟通、信息共享，并为领导者进行重大决策时提供数据基础依据。

线网控制中心信息系统

线网中心信息系统是一个综合性很强的系统，是建立在各条运营线路之上的信息共享的平台，为轨道交通线网的统一运营协调与管理提供支持，为轨道交通线网提供应急处理的手段。

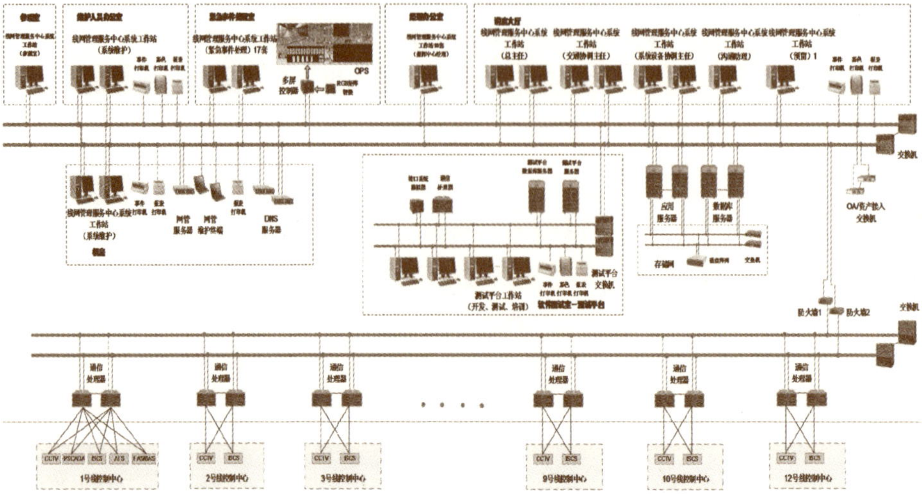

线网控制中心系统方案示意图

网络构成

综合信息平台的局域网应能够高速地处理大量信息以及多种应用需求，支持各种不同的应用服务，网络系统的交换机、路由器、防火墙等组成部分要有较高的信息处理能力和较高的带宽连接，以及要有较强的扩充和升级能力。

综合信息平台网络为百兆 / 千兆以太网（即网络数据传输率为 100/1 000 Mbps 以太网），网络拓扑为冗余网络，切换时间不大于 1 s，网络恢复时间为 1 s。

在线网中心系统机房设置带路由功能的核心交换机，通过交换机上网络端口，连接应用服务器（实时服务器）和数据库服务器（历史服务器），形成系统服务器的局域网络，在调度大厅设置冗余的交换机通过网络端口连接工作站、大屏幕显示系统和打印机等其他设备构成系统的应用计算机局域网络。系统网络分为两个网段，一个是实时监控网络，具有响应时间苛刻要求，所有线路的实时监控信息通过此网段传输和处理；另一个网段为中央管理网络，两个网段的隔离由以太网的 VLAN 技术实现。

设备配置

◆数据库服务器（历史服务器）

系统配置冗余数据库服务器，专门保存历史数据。数据库服务器与磁盘阵列及磁带机相连，以满足数据存储的需要。在故障情况下，冗余的服务器能自动地进行切换。

◆应用服务器（实时服务器）

系统配置冗余的应用服务器，作为线网中心系统的全局服务器，运行系统应用软件并执行实时数据处理功能。应用服务器配置为双机系统，正常情况时两台主机分别完成不同的功能，以此来均衡负载，当其中一台出现故障时，另一台可自动接替它的工作，以保证系统的连续运行。

◆接口服务器

系统配置接口服务器，主要完成与各条线路控制中心系统进行信息交换和处理。每条线路都采用一台专用接口服务器，用于与该线路接口，进行协议转换与数据处理。由于每条线路建设的工期不同，系统调试周期很长，为保证后续线路接入时不影响线网中心对已投入线路的监视与管理，故采用每条线路单独配置接口服务器方案。

◆大屏幕显示系统

线网控制中心主要对各线路进行协调和指挥，对实时图像的要求比较高，大屏幕显示系统能集多种信息于一体，提供高清晰度、大画面的宏观显示。大屏幕不仅能将调度工作站的显示内容宏观、灵活地显示，而且能将影视、新闻、气象等活动图像直接以大画面显示出来，为调度人员及有关领导提供图形、图像、文字等多种方式的信息。线网控制中心的大屏幕系统显示的信息主要有：视频监控图像、线路的运行监视图、客流量信息和线路设备系统监视信息。

◆设备维护工作站

记录设备维修记录，制订维修计划。

◆总调操作站

指挥操作站由线网中心总指挥进行操作，对各条线路各个专业进行统一协调。

◆调度员操作员站

根据需要为各系统配置相应的操作站，由专人对本系统的信息进行监视。

各操作站配置相同，互为备用，系统中不对某个操作站进行功能指定，通过识别登录人员的权限，各操作站可以分别进入设备、行车等不同专业的界面。

◆办公室复式工作站

在线网中心办公室为主管领导设置复式工作站，为主管领导提供终端服务，直观地了解各线路的运营情况。

线网控制中心系统功能

信息采集与监视

线网控制中心通过各线路控制中心提供的数据信息，实现以线网规划图形为基础的数据宏观显示，以便于线网控制中心对整个线网行车、客流、事件的宏观监控。信息的监视多以大屏幕和调度员工作站显示为主要方法，展现列车运行信息、客流信息、气象信息和主要设备故障信息等。

◆信息采集功能

线网控制中心系统所有信息均来自各线路控制中心系统，线路控制中心提供的信息要满足线网控制中心的要求，一般需要采集的信息主要有以下四种。

实时信息：实时采集的信息主要有行车运行信息、主要设备运行信息以及故障信息。线网控制中心系统以监视行车运行为主，列车运行的具体位置、时间等实时信息需实时上传给线网控制中心系统。线路上关键设备，线网控制中心采集其正常、故障信息，当设备发生故障时，故障信息立即通过传输网络传送到线网控制中心。

阶段性信息：线网控制中心系统按照设定的采集周期自动接收各线路上传的运营数据，如车站的温、湿度，线路的用电量及各站的客流等数据，用以监视各线的运营环境与服务质量，并为各种统计分析、决策、规划积累基础数据。数据采集周期可参数化设置，灵活地改变。

视频信息：视频信息是指各线路车站的视频监控信息。在正常或应急情况下，线网控制中心可以通过控制各线车站的摄像头，在大屏幕上监视相应现场信息，有利于现场工作的组织协调和应急处理。

文件信息：文件信息是指各地铁线路历史数据库中存储的报表信息，由各线控制中心系统报送给线网控制中心系统，再由线网控制中心完成处理，供索取者使用。

◆线路监视功能

线网控制中心系统通过信息采集，采集到各条线路多个系统的设备信息、运营信息后，在线网控制中心控制室和操作员工作站上按线路进行宏观和微观显示。

在大屏幕或工作站上可以宏观显示各线路的运营情况。平时可以通过监视线路状态来判断该线路是否按照列车时刻表正常运营、是否晚点等，若想进一步了解晚点原因，可以选择该线路进一步微观显示，查找晚点原因及晚点情况等相关数据。并可以通过大屏幕显示系统将线路客流信息或天气信息显示在大屏幕上，也可以通过联动线路视频监控系统，平时监视换乘车站运营信息，紧急情况下可以把其他车站视频信息显示在大屏幕上，供指挥人员观察现场情况，便于做出正确决策。

电力设备监视功能：线网控制中心系统可以对各线路的外电源、中压交流进出线断路器、直流牵引供电设备的断路器分 / 合位置、电压、电流、故障进行监视，对接触轨或牵引网带点状态进行实时监视。同时系统对线路用电量，如牵引供电系统、机电设备系统电度量、总电度量等，进行采集及监视。对采集到的用电量可以用曲线、棒图等方式动态显示，统计、对比各线路累计的电量情况。

车站火灾报警监视功能：线网控制中心系统监视各线路车站和区间火灾报警系统状态，线网控制中心系统监视不到车站具体报警设备，而通过火灾报警系统处理后，线路控制中心系统将车站的综合火灾报警和防烟分区报警信号传给线网控制中心。

车站设备监视功能：线网控制中心系统可以监视各线车站及区间通风模式、区间阻塞运行模式、各线车站站台、站厅平均温度 / 湿度等，并通过全地铁线的示意图监视各线路区间阻塞状况。

车站售检票系统监视功能：线网控制中心系统监视各线每个车站的乘客流量、运行模式，根据客流量分布做出客流时段分析，作为行车预案及其他决策的数据基础，当发现有不正常的客流高峰时发出报警。

对行车系统监视功能：线网控制中心需要监视各线路行车状态，包括站台紧急停车、站台扣车、列车班次、列车分布、列车位置、到离站时间及列车在区间阻塞状态等，监视各线路计划运行时刻表。实际运行时刻表，并采集各线路终点站和换乘站当天行车运营时间表，用以计算计划的行车间隔，分析换乘站列车最佳配合时间，提出优化建议。

视频监控功能：线网控制中心可以调取各线车站视频监控图像，并可选择将视频投放到指定显示器或大屏幕，监视现场发生情况，便于进行日常观察和应急指挥。

运营管理功能

◆监督管理功能

线网控制中心作为城市轨道交通监督管理工作的执行机构，协助政府城市轨道交通主管部门执行《城市轨道交通管理办法》《城市轨道交通运营管理办法》等有关规定。监督线路服务承诺，确保安全、快速、舒适、经济地把乘客送达目的地。审查新建、改建、扩建的城市轨道交通项目满足指挥调度系统的管理要求。监视各线行车运营和客流状况。

◆运营管理功能

线网控制中心系统、线路控制中心系统、车站系统形成“三级管理、三级控制”的多运营主体运营模式，对行车运营工作进行分级管控，线网控制中心系统作为运营管理最高控制级别，主要负责从线网层面对轨道交通进行综合管理。线网控制中心应全面掌握各线的客流计划、全日行车计划、列车运行计划、车辆运用以及通过能力等情况，以在既定条件下合理地调整运营计划。全面掌握各线的客流计划、全日行车计划、列车运行计划、车辆运用以及通过能力等情况，以在既定条件下合理地调整运营计划。预知大型活动，协同不同运营主体及相关单位制定综合预案，并负责与相关外部单位联系，发布相关信息。通过各运营主体管辖线路的行车调度分析各方面的数据，如列车运行图兑现率、列车正点率、平均满载率、行车事故次数，定期形成报表上报上级主管部门以了解城市轨道交通的运营情况，同时也为考核提供指标数据。

◆日常应急准备

预案拟定、宣传及演习：线网控制中心有责任协助政府部门制定、更新城市轨道交通运营突发事件预案，并从轨道交通全网的角度出发，对各运营主体的应急预案进行审定，提出修改建议，以提高整个轨道交通的应急能力。

宣传教育：线网控制中心需要会同政府相关单位负责对公众进行城市轨道交通突发事件的教育和宣传。

培训、演习：由线网控制中心负责组织协调政府相关单位及各运营主体，开展轨道交通运营突发事件预防、应急指挥等相关知识的培训。并定期组织各运营主体进行应急演习，以确保各种紧急状态下的有效沟通和统一指挥。通过演习，检验预案的可行性并加以改进。

◆应急管理功能

作为城市轨道交通最高控制级别的线网控制中心，应设有应急指挥执行机构，协助市政府部门对线网内各线运营突发事件进行管理、监督及抢险救援工作，密切监视轨道交通突发事件的进展情况，必要时给予协调、协助，并监督各运营主体预案的执行和处理。线网控制中心在应急情况下，可迅速形成各地铁线路与政府相关部门的协调平台。由线网控制中心为政府主管部门或其他政府部门提供应急指挥平台并负责信息的统一发放；非轨道交通突发事件下，线网控制中心为相关单位提供轨道交通方面的技术支持平台。突发事件处置完毕后，由线网控制中心组织相关部门编制评估报告，并将相关信息放入突发事件档案库，供后期调阅。

◆信息共享功能

线网控制中心是城市轨道交通对外信息共享的统一窗口，负责轨道交通与其他公共交通系统之间的沟通、协调和共享信息；为各线运营管理提供信息共享服务，如气象、客流、重大活动等信息，便于线路之间的信息互传和信息共享。

未来的最强大脑——展望

线网运营集中化

线网建设标准化是线网控制中心建设的基础，城市轨道交通建设密度增加后，控制中心作为运营调度的核心，调度职能更多体现在线网资源共享与顶层协调管理功能，随着线网建设经验的提高，为保障控制中心建设顺利进行，各线路建设标准需进行统一，才可顺利与线网控制中心进行接入；线网建设强调网络化运营后，线网控制中心按照各种功能需求，进行各种集中式功能中心的建设，如票款清分中心、乘客信息编播中心、线网应急指挥中心、线网运营数据中心、能源管控中心、维修信息中心等功能中心。

全自动驾驶技术应用

国内轨道交通全自动驾驶技术的应用，也带来控制中心控制功能的加强，运营调度、车辆行驶的远程监控技术在逐步提高，乘客服务远程协助功能在控制中心调度应用中的作用不可忽视，运营故障与应急反应是控制中心调度功能需要加强的。控制中心作为调度核心管理机构，行车运行的智能化运行水平越高，控制中心的调度控制权限就越高。

城市轨道交通之全自动驾驶

走近全自动驾驶

全自动驾驶（FAO）是指将列车驾驶员执行的工作，完全交由自动化的、高度集中控制的列车运行系统完成，全自动驾驶系统通常具备列车自动唤醒、启动和休眠、自动出入停车场、自动清洗、自动行驶、自动启停车、自动开关车门等功能，并具有常规运行、降级运行和灾害工况等多重运行模式。

国际电工标准 IEC 62290—1《铁路应用—城市轨道交通管理与控制系统　第 1 部分：系统原则和基本原理》中，将轨道交通自动化分为从 GOA 0（grade of automation，自动化等级）到 GOA 4 共 5 个等级，其不同等级的功能见下表，GOA 4 即为全自动驾驶。

轨道交通自动化等级表

基本功能		GOA 0	GOA 1	GOA 2	GOA 3	GOA 4
列车安全运行	安全进路	人工	系统	系统	系统	系统
	列车间隔控制	人工	系统	系统	系统	系统
	速度监控	人工	人工	系统	系统	系统
列车驾驶	加速和减速	人工	人工	系统	系统	系统
轨道监测	障碍物监测	人工	人工	人工	系统	系统
	避免与轨道上的人员碰撞	人工	人工	人工	系统	系统
乘客监控	客室门控制	人工	人工	人工	人工	系统
	乘客跌落车厢间或跌落轨道上	人工	人工	人工	人工	系统
	列车安全启动条件	人工	人工	人工	人工	系统

续表

基本功能		GOA 0	GOA 1	GOA 2	GOA 3	GOA 4
列车监控	列车进入、退出运营	人工	人工	人工	人工	系统
	监测列车状态	人工	人工	人工	人工	系统
危险检测与处理	列车诊断，烟火，脱轨，紧急情况处理（疏散监督）	人工	人工	人工	人工	系统检测+人工处置

轨道交通全自动驾驶系统利用现代通信、自动控制、计算机技术全面提升轨道交通的可靠性、安全性、可用性、可维护性，提高运行效率及整体自动化水平，实现城市轨道交通的最佳化运行。它代表未来轨道交通技术的发展方向。

全自动驾驶成长史

城市轨道交通全自动驾驶的发展经历了三个发展阶段：探索阶段、推广阶段和成熟应用阶段，随着技术的发展和运营管理经验的提高，更加先进的技术手段和管理方法的成功运用使得各阶段全自动驾驶技术产生了质的飞跃，实现了城市轨道交通系统的安全、可靠、高效、节能的最佳化运行，对进一步提升轨道交通安全、效率以及降低运营成本，提高轨道交通装备自动化、智能化水平意义重大。

发展历史

探索阶段（1962—1990 年）

1962 年世界上第一条全自动驾驶城市轨道交通线路在美国纽约投入运营，

在时代广场和纽约大中央火车站之间运行；1965 年美国西屋电气公司提出建设“无人驾驶的、高频率的、经济的公共交通系统”，在匹兹堡附近的南区公园（South Park）建成了全自动化运输系统 SkyBus；1975 年美国西弗吉尼亚大学开通了全自动驾驶线路 Morgantown PRT，目前该线仍正常运营。这个阶段全自动驾驶系统的车地之间通信通常利用感应环线非连续通信方式，采用固定闭塞方式控车，运行的控制依靠冗余计算机实现，但是系统集成度不高，主要应用于公园观光线、机场摆渡线等客流较小的专线当中。

美国西弗吉尼亚州 Morgantown PRT

推广阶段（1990—2010 年）

全自动驾驶开始应用于大客流轨道交通中，典型代表是巴黎地铁 14 号线。14 号线是巴黎地铁中第一条全自动化的线路，列车运行自动驾驶系统由西门子公司负责设计，运行控制由多处理器摩托罗拉 68020 计算机完成，系统能够根据运营、调度的需要调整列车的运行速度和行车密度。新加坡东北线为全世界第一条实现正线、车辆段全自动运行的重载地铁线路。线路采用钢轮钢轨制式，信号为阿尔斯通公司的 Urbalis 系统（CBTC），最高运行速度 90 km/h，高峰时间最小行车间隔 2 min，车辆为 6 辆编组，2003 年 6 月开通运营。这个阶段车地通信开始采用连续的无线通信方式，控车方式由固定闭塞向移动闭塞发展，出入段由人工驾驶向自动驾驶发展。移动闭塞由于轨旁设备较少，更进一步保证了系统的可靠性，系统的集成度更高，已逐渐成为城市轨道交通自动化系统的标准配置。

巴黎地铁 14 号线

成熟应用阶段（2010 年至今）

欧盟为了建立一个统一和创新的欧洲轨道交通市场，提升轨道交通的竞争力，于 2004—2012 年期间组织相关行业协会、设备制造商和运营商启动了一系列包括政策和技术在内的研究项目，其中技术研究项目 MODURBAN 的目标是设计研发具有开放系统结构和接口的下一代城市轨道交通系统，包含车载、轨旁、通信、乘客服务、节能和系统等六个方面。课题于 2009 年完成整个城市轨道交通系统的各种应用测试（以 2008 年 12 月的马德里地铁测试为标志），形成适合于所有运营商、覆盖从手动驾驶到完全无人驾驶的一系列规范（功能性要求规范、技术性规范）。此课题的研究成果为国际电工委员会（IEC）和欧洲电工标准化委员会（CENELEC）所采纳，它的完成标志着城市轨道交通自动化进入成熟应用阶段。

在这个阶段，全自动驾驶从低密度低客流线路逐步发展应用到大客流高密度线路，能够实现全线的自动化运行（含停车场 / 车辆段），典型代表是法国巴黎地铁1号线。该线路2013年4月投入自动化运营，为穿越巴黎最繁忙市区的全自动运行重载地铁线路。此外，新加坡东北线为全世界第一条实现正线、车辆段全自动运行的重型地铁线路。这个阶段移动闭塞成为主流技术，更加强调系统的安全可靠性。

城市轨道交通自动化改造历程

近年来自动化地铁在全球轨道交通领域日渐升温，巴黎、新加坡、洛桑、迪拜、纽伦堡、哥本哈根等城市都已引入全自动驾驶地铁，目前运行情况良好。预计国外75%在建新线、40%的在施既有线改造将采用全自动驾驶设计。更多的城市正在考虑或是正在将既有的轨道交通线改造成全自动驾驶线，如法国的巴黎、里昂、马赛，德国的纽伦堡、汉堡、法兰克福、柏林，芬兰首都赫尔辛基市等。其中的典型代表为法国巴黎地铁1号线，2005年，地铁营运单位巴黎大众运输公司（RATP）和西门子公司签订了一份合同，斥资3 080万欧元用于地铁巴黎地铁1号线自动化项目建设，其中包括完全自动驾驶、数据传输系统、中央控制调度等新技术设备。相关自动化工程于2007年开始逐步进行，RATP先在13号线上测试过站台安全门，最终于2007年3月与Kaba集团签署关于站台安全门的合同。2008年12月开始，全线各个车站陆续进行自动化翻新，加装站台安全门，并于2011年4月完成。2013年4月开始，巴黎地铁1号线成为一条完全自动化的地铁线路，成为继德国纽伦堡U2线之后将传统地铁转变为全自动地铁的典范，车辆更新为自动驾驶的MP 05列车。

从2003年启动可行性研究到2013年全自动驾驶正式交付使用，巴黎地铁1号线改造工程历时十年，工程克服了众多技术难题，在不影响既有线路正常运营的情况下安装站台安全门、升级信号系统、改造轨道、更新升级控制中心，安装、调试工作被安排在夜间，以避免对正常运营的干扰；实现了自动驾驶列车和人工驾驶列车的混合运行，由人工驾驶向自动驾驶的平滑过渡。该工程的成功实施使得RATP复制了巴黎地铁14号线全自动驾驶的成功经验，提高运输效率的同时有效降低了运营成本和设备维护的工作量，为后续旧线路改造积累了丰富的经验，标志着全自动驾驶技术的应用逐步走向成熟。

法国巴黎地铁 1 号线

2011 年 1 月巴黎市政府宣布将投资不少于 324 亿欧元用于发展全自动驾驶地铁，对线网进行现代化改造，制定了全网升级全自动驾驶的计划。其中大约 55 亿欧元将用于采购和升级现代化的地铁车辆。巴黎于 2012 年公布了线网升级计划，对世界大城市轨道交通的现代化建设起到了示范和引领的作用。英国伦敦和中国香港紧随其后分别于 2013 年公布了全网升级全自动驾驶地铁的现代化发展计划。

国际全自动驾驶标准：铁路应用—城市轨道交通管理与控制系统（IEC62290）、铁路应用—城市轨道交通自动化安全需求（IEC62267）的颁布，也从一个侧面说明了全自动驾驶从理论到实践已经完全成熟且得到广泛认可。

发展过程的技术特征

据 ATLAS 统计，截至 2013 年 9 月，全球 32 座城市的 48 条线路运营全自动驾驶系统，总里程 674 km，运营车站总数 700 座。分布统计数据显示亚洲占 40%，欧洲占 32%，南美洲最少 1%。法国全自动驾驶里程最长，亚洲有 4 个国家的全自动驾驶总里程排在世界前六名，分别是排名第二的韩国、第三位阿拉伯联合酋长国、第五位日本和第六位新加坡。亚洲国家近年竣工的全自动驾驶线路里程排在世界前列，发展速度惊人，挑战欧美在这一领域的传统霸主地位。统计数据显示，全自动驾驶的增长速度每十年翻一倍，未来十年将达到 3.5 倍。2025 年全自动驾驶的总里程将达到 1 800 km。

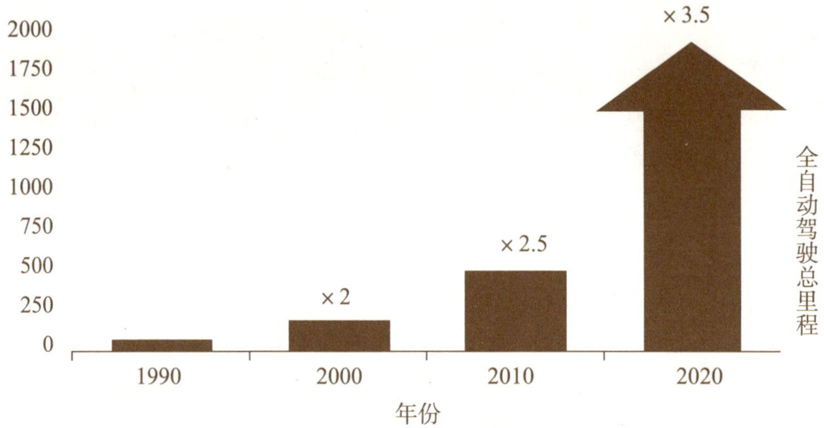

全自动驾驶发展趋势

目前世界上的全自动驾驶线路的结构以高架线或高架与地下混合线路为主，纯地下线路较少。

大多数全自动驾驶线路采用钢轮钢轨制式，少数采用橡胶轮胎。86% 的全自动驾驶线路安装了站台安全门系统。全自动驾驶发展初期以低载客量为主，每车小于 300 人，发展到今天的高载客量（每车大于 700 人）经历了巨大的变革。今天半数运营全自动驾驶线路采用中等容量的列车，即每车载客 300 到 700 人。中等规模容量列车成为主流，这种发展的趋势从近五年的统计数据中得到了证实。

全自动驾驶的风采

20 世纪 60 年代，有司机驾驶的自动列车运行系统（Automatic Train Operation，ATO）在欧洲出现，当时中国在北京地铁 1 号线也进行了相关试验与应用，但由于器件供应的原因，未能继续应用下去。20 世纪 80 年代，有人驾驶的 ATO 系统得到进一步的完善，初步形成了 DTO（Driverless Train Operation）等级全自动驾驶系统，随后在此基础上发展出了 UTO（Unattended Train Operation）等级全自动驾驶系统。

全自动驾驶系统初期主要应用在小运量或中运量的自动旅客运输系统（Automated People Movers，APM）中，如欧洲、北美、亚洲的 APM 系统均采用全自动驾驶技术。直到 2003 年世界上第一条全自动驾驶的重型地铁线路—新加坡东北线的出现，才改变了这一局面。

在 20 世纪 90 年代，随着通信、控制和网络技术的发展，可以在车地之间实现大容量、双向的信息传输，从而为高密度、大运量的地铁系统实现真正意义上全自动驾驶系统提供了可能。2000 年，法国巴黎 14 号线首次实现了重型大运量的地铁全自动驾驶系统，采用地面铺设环线实现地车信息的双向传输，设计间隔达到 90 s，但车辆段仍采取人工驾驶和管理的方式。2003 年 6 月，新加坡的东北线正线和车辆段均采用了全自动驾驶系统，在地面铺设波导管，实现地车信息的双向传输，同时还用作车地视频、话音和应急电话的传输。2005 年 6 月，基于空间自由波传输的全自动系统在美国拉斯维加斯的单轨上得到应用。

全自动化的控制系统可以提高列车发车频率，减少两站间等候时间，同时确保列车保持最佳安全性能，并提高乘客舒适度。精准的控制能够得到性能更佳的运行曲线，提高旅行速度，缩小行车间隔和折返时间，在增加运能的同时，有效控制空车走行，降低能耗，减少配车数量，减少定员，降低运营成本。

下面介绍世界范围内典型的几条全自动驾驶线路的主要工程情况。

欧洲

瑞士

瑞士洛桑的 M2 线于 2008 年投入运营，阿尔斯通公司提供 Urbalis 信号系统和车辆（橡胶轮），最高时速 60 km/h，是世界上爬坡能力最强的地铁，最大坡度 12%。

瑞士洛桑 M2 爬坡实景

瑞士洛桑 M2 线车

德国

德国纽伦堡地铁 U3 线于 2008 年投入运营，西门子提供信号系统。德国地铁区别于英、法，兼容人工操作地铁列车，人工驾驶列车和无人驾驶列车在同一轨道运行。

德国纽伦堡地铁车站

丹麦

丹麦哥本哈根 M1、M2 线采用安萨尔的的车辆和信号系统，于 2007 年运营。

丹麦的哥本哈根地铁线

哥本哈根地铁车辆内部

哥本哈根地铁控制中心

亚洲

新加坡

新加坡东北线是全世界第一条实现正线、车辆段全自动运行的重型地铁线路。采用阿尔斯通公司的 Urbalis 信号系统，最高运行速度 90 km/h，高峰时间最小行车间隔为 2 min，日间行车间隔为 5 min，清晨和夜间行车间隔为 6 min。车辆为 Alstom Metropolis C751A（后升级为 Alstom Metropolis C751AC），为 6 辆编组，于 2003 年 6 月开通运营。

新加坡东北线车站

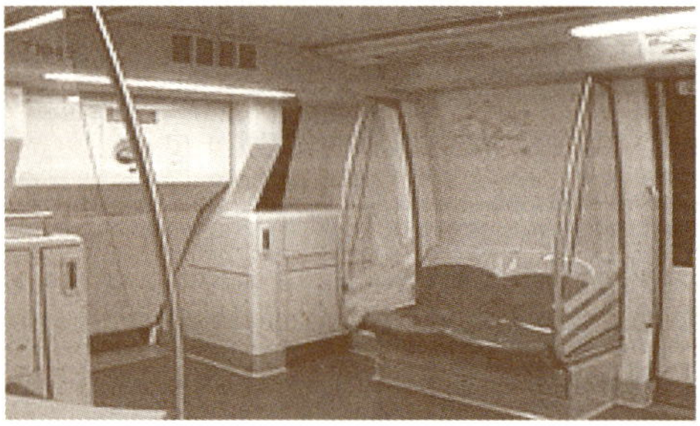

新加坡东北线车内逃生门

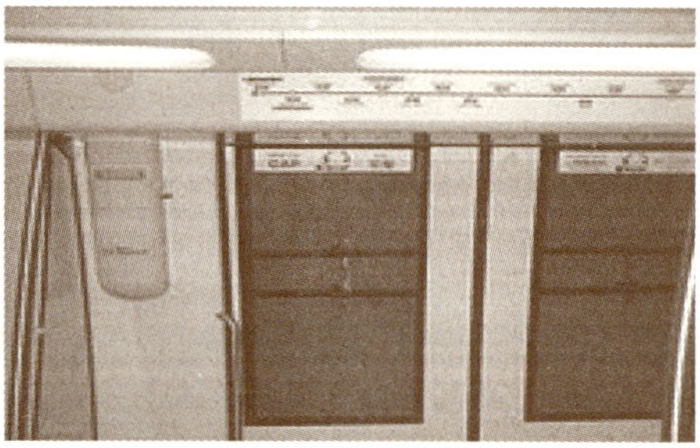

新加坡东北线车内应急电话

阿联酋

阿联酋迪拜地铁红线是全世界最长、最新的无人驾驶线路，采用 Thales 的信号系统，最小行车间隔 90 s，最高时速 90 km/h，Kinki Sharyo 提供车辆，于 2009 年开通运营，全线长 52.1 km（5 km 地下）。

迪拜地铁红线

中国

中国香港地铁迪士尼观光线，2005 年 8 月投入运营，阿尔斯通公司提供车辆。中国内地全自动无人驾驶地铁系统正处于探索阶段，如最早建成的北京机场线、上海地铁 10 号线，均采用阿尔斯通公司的全自动信号系统。

香港迪士尼线列车

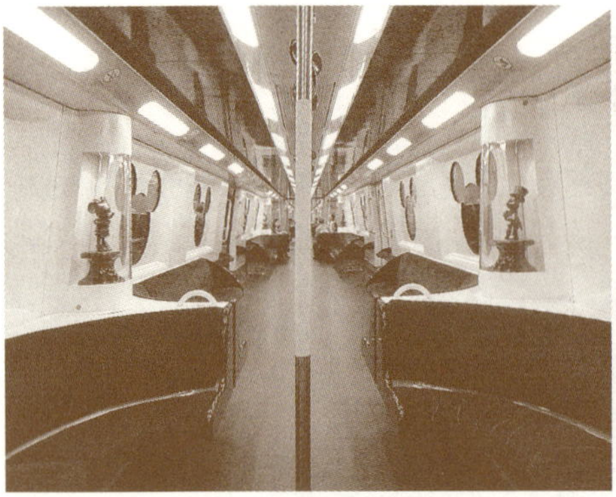

香港迪士尼线车站

香港迪士尼线车内部

北京机场线是国内首条引进无人驾驶技术的地铁线路。线路全长 28.1 km，全线设有主、备两处控制中心。采用直线电机车辆，信号系统采用阿尔斯通公司提供的 URBALIS 系统，支持全线和车辆段全自动无人驾驶运营。

北京机场线列车和中心控制设备

上海地铁10号线是按照GOA 4级设计建造的无人驾驶系统，整个运营过程包括正线运营和停车场运行全部都可实现自动控制，并制定有详尽的运营规则，自动化程度非常高，例如列车的唤醒、自检、回库、清洗，全都由系统根据预定的时刻表自动完成。

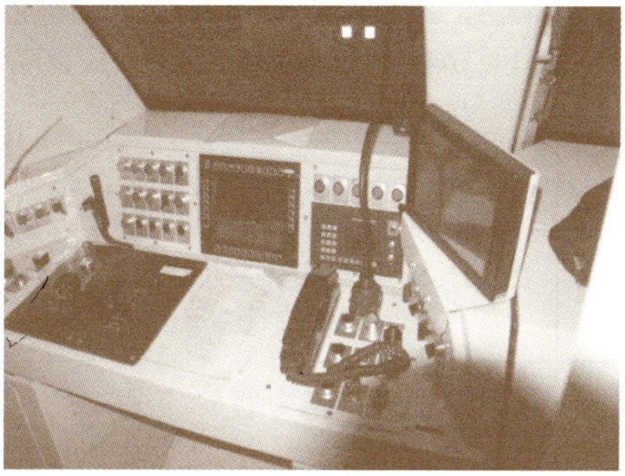

上海10号线列车

从以上自动驾驶系统的发展和应用来看，真正全自动驾驶系统的主要功能是车地的双向信息传输和运营组织的综合与应急处理。目前在世界上能够提供整体全自动驾驶系统技术的主要公司有：加拿大庞巴迪（Bombardier）公司、加拿大阿尔卡特（Alcatel）公司（重组后的泰雷兹Thales）、法国阿尔斯通（Alstom）公司、意大利安萨尔多（Ansaldo）公司、德国西门子（Siemens）公司、日本三菱重工株式会社（AGT）公司和日本日立（Hitachi）公司等。

国内外轨道交通全自动驾驶项目表

项目名称	开通时间	项目情况	运行等级	工程类型	车站数	信号系统选型	备注
温哥华天车世博线	1986	26 km	UTO	新建线	33	阿尔卡特 SelTrac S40	安全运行20年从无事故，每天运送20万人次
新加坡东北线	2003	20 km，40辆车	UTO	新建线	16	阿尔斯通 Urbalis	4年载客量欠佳，车地传输媒介为裂缝波导管和正交频分复用OFDM

续表

项目名称	开通时间	项目情况	运行等级	工程类型	车站数	信号系统选型	备注
拉斯维加斯单轨线	2004	6.4 km，36 辆车	UTO	新建线	7	泰雷兹 SelTrac	私人投资，全每年运输 2000 万人次，最高时速 80 km/h；车地传输媒介为无线电台
香港迪士尼线	2005	3 km，3 辆车	UTO	新建线	2	泰雷兹 SelTrac	采用捷运系统，最高时速为 70 km/h，最小行车间隔为 5.5 min，车地传输媒介为无线电台
瑞士洛桑地铁 2 号线	2008	6 km，17 辆车	UTO	新建线	14	阿尔斯通 Urbalis	采用胶轮系统，双向共轨，2 节车厢编组，最高时速为 60 km/h，最小行车间隔为 3 min，车地传输媒介为漏缆
德国纽伦堡地铁 U3 线	2008	7 km，15 辆	UTO	新建	11	西门子 Siemens	采用西门子 ATC 系统，车辆为两节编组。
丹麦的哥本哈根 M1，M2 线	2007	20.4 km，34 辆	DTO	新建	22	安萨尔多 Ansaldo	采用安萨尔多的信号和车辆，列车为 3 节编组。
北京机场线	2008	28 km，10 辆车	DTO	新建线	4	阿尔斯通 Urbalis	采用直线电机车辆制式；最小行车间隔为 4 min；车地传输媒介为裂缝波导管
巴塞罗那地铁 9 号线	2009	46 km，50 辆车	UTO	新建线	39	西门子 Trainguard MT CBTC	欧洲最长的自动化线路，采用双向共轨运行方式，与 10 号线共部分线路，最小行车间隔为 3 min；车地传输媒介为无线扩频电台
华盛顿杜勒斯国际机场线	2009	8 km，29 辆车	UTO	新建线		泰雷兹 SelTrac	捷运系统

续表

项目名称	开通时间	项目情况	运行等级	工程类型	车站数	信号系统选型	备注
台北内湖线	2009	26 km，76 辆车	UTO	新建加改造线	13	庞巴迪 CITYFLO 650	采用胶轮、钢轨系统，4 节车厢编组；最高行车速度为 80 km/h，车地传输媒介为漏缆
上海 10 号线	2010	9.4 km，41 辆车	UTO	新线	5	阿尔斯通 Urbalis	最高时速为 80 km/h，最小行车间隔为 3 min
广州珠江新城 APM 线	2010	4 km，19 辆车	DTO	新建线	9	庞巴迪 CITYFLO 650	最高时速为 80 km/h，最小新车间隔为 6.5 min
广州 3 号线	2010	36.8 km，40 辆车	DTO	新建线	28	泰雷兹 SelTrac	采用长短线运营方式，最高时速为 120 km/h，最小行车间隔为 105 s；车地传输媒介为交叉电缆
韩国龙仁轻电铁	2011	19 km，30 辆车	UTO	新建线	15	庞巴迪 CITYFLO 650	最高时速为 80 km/h，传输媒介为漏缆
阿联酋迪拜红、绿地铁	2011	70 km，85 辆车	UTO	新建线	43	泰雷兹 SelTrac	最高时速为 90 km/h，最小行车间隔为 3 min
釜山金海轻轨地铁线	2011	23.5 km，25 辆车	UTO	新建线	21	泰雷兹 SelTrac	2006 年因噪声问题延期到 2011 年开通
巴黎 1 号线	2011	16 km，53 辆车	DTO	改造线	25	西门子 Trainguard MT CBTC	环线，最小行车间隔为 95 s
新加坡地铁环线	2009	35 km，46 辆车	UTO	新建线	31	阿尔斯通 Urbalis	最高时速为 90 km/h，3 节车编组
圣地亚哥地铁 1 号线	2012	20 km，42 辆车	DTO	新建加改造线	27	阿尔斯通 Urbalis	采用胶轮路轨系统
利雅得 KAFD 单轨铁路	2012	4 km，12 辆车	UTO	新建线	6	庞巴迪 CITYFLO 650	最高行车速度为 80 km/h，为双轨线路

全自动驾驶博览

全自动驾驶的行车控制系统具有更高的自动化程度，主要影响因素有行车安全性、系统的可靠性、运行高效性等方面。系统能够够达到更高的自动化运行等级，列车在全线自动化运行（含车辆段 / 停车场），车辆根据运营时刻表自动唤醒、休眠，自动投入、退出运营，自动折返，自动停站、启动，自动控制车门、站台门的开闭，根据运营需要自动加减车，实现最佳的运行控制，达到节能环保和高效运行的目的。列控系统的核心设备冗余备份，具有更高的可靠性和安全性，与传统列控系统的差别体现在以下三个方面：

首先，要求列车在全线任意地点能够停车，能够应对轨道上碰上异物，遇到紧急情况下的人员疏散等情形的应急处理，或者列车在故障情况下的紧急停车，列车能自动出入停车场 / 车辆段，实现自动在指定地点停车。在传统线路上遇到问题司机可以采取措施停车，车辆段停车也是由司机人工完成的。在全自动驾驶线路以上控制由信号系统自动完成，或者由中心远程控制实现。

其次，低黏着运行控制需要特殊考虑，在有人驾驶的运营模式下，出现雨雪天气，驾驶员可以第一时间采取措施，人工驾驶列车避免可能出现的危险。在全自动运营环境中，遇到恶劣天气，信号系统应能自动感知轮轨打滑的情况，自动实现增大摩擦力的措施，以及自动降低行驶速度，增加发车密度以保持运力不受影响。能够判断出系统需要退出全自动运营的条件，及时通知控制中心，改变运营模式或停止运营。

再次，站台门需要联动控制。站台门是实现全自动驾驶的前提条件，据法国巴黎地铁 1 号线统计，造成该线行车延迟 70% 的情况是由于有人进入站台轨道区或者干扰该区域。目前北京新建线路都已经安装了站台门，但是全自动驾驶要求对单个站台门的联动，需要更加精确的控制。另外，安装站台门需要考虑站台门与车门夹逢内的人员和物品探测技术。

轨道交通自动化运行

停车场自动化运行

车辆自动出入场段

将正线 CBTC 系统延伸到车辆段 / 停车场，实现车辆段 / 停车场的全自动运行，需要在车辆段新增 ATP/ATO 设备，纳入正线一体化管理（由中心统一管理），全自动运行区实现车辆的自动出入车辆段 / 停车场，车辆段 / 停车场设专门的 ATS 远程终端。

全自动洗车

洗车机设于停车场全自动运行区，洗车作业由行车综合自动化系统控制全自动完成，与洗车机接口界面在洗车机控制柜的输出端子。自动洗车功能应由车辆段工艺专业实现，信号专业与其接口，信号系统增加自动洗车模式以便支持自动洗车功能，信号系统的计算机连锁设备与洗车机以硬线接口，信号系统接收洗车机发来的洗车线状态和清洗模式，能够控制车辆以设定的模式和速度通过洗车机，完成洗车作业。

行车控制系统向洗车机发送洗车请求，如洗车机状态允许，行车控制系统自动办理到洗车线的进路，列车接到信号指令运行到洗车线前，车载信号系统与洗车机交互控制洗车机进入洗车模式，信号系统控制车辆已设定的模式通过洗车机进行洗车。洗车结束后信号控制车辆返回车库或直接进入正线运营。

停车场车库门自动化运行

停车场车库门由建筑专业实现，信号系统与其接口实现连锁控制。通过唤醒车辆前或入库前信号系统采集车库门开、关状态并纳入联锁，进行安全防护，在行车综合自动化系统上显示车库门的开关状态。实现车辆自动出、入库。信号系统可将何时需要车门开闭的触发信息通知门控系统以便在适当的时机自动开闭车库门，接口方式为网络和硬线两种。停车场信号与车库门控制器采用网络接口，通过网络接口发出车库门的开关命令；停车场联锁与车库门采用继电接口采集车库门打开及锁闭状态。

停车列检库

列车自动折返

全自动驾驶与人工 ATO 驾驶自动换端的区别在于行车综合自动化系统根据运行图自动触发折返启车命令，而人工 ATO 折返需要车辆先建立折返模式，再人工触发站台端的折返按钮。

全自动驾驶列车应能根据移动授权的方向，自动确定运行方向，并自动激活 / 关闭相应的驾驶端，实现驾驶端的自动转换。实现列车的自动折返。

系统可以支持远程人工发指令换端的功能，是否实施此功能取决于运营组织的方式。

车载信号系统的唤醒休眠

传统线路上列车投入或退出运营是由人工操作完成。投入运营前，人工启动车辆供电，人工检查信号车载设备、车辆及其他车载设备的工作状态是否正常，车辆是否具备投入运行的条件。退出运营后人工关闭车辆的供电。

全自动运行的车辆则采用自动唤醒与休眠模式，当车辆退出运营回到车辆段/停车场或正线存车线上，由行车综合自动化系统发出休眠命令给车载信号系统，唤醒休眠模块关闭处于运行状态列车供电，这种最佳化的运行控制可节省能源。

休眠

夜间库内休眠的列车

◆休眠步骤

车辆停在休眠唤醒停车窗（停车列检库线、正线存车线、终端折返线、指定站台），行车综合自动化系统向车载信号激活端发送休眠命令。

车载信号收到中心行车综合自动化系统的休眠命令，完成自身休眠准备工作，撤销方向及司机室激活指令后，车载信号向列车控制管理系统发出休眠请求命令。

车载信号收到列车控制管理系统的休眠确认后，车载信号通过休眠唤醒模块向车辆发送休眠指令，检测唤醒/休眠反馈线状态。

休眠唤醒模块发送单端休眠指令后，两端车载设备同时断电。

休眠唤醒模块将休眠结果及时反馈行车综合自动化系统。若休眠不成功，报警提示，通知人工检修。

◆休眠方式

自动休眠：根据当日运行图时刻表，列车回库于休眠区精确停车，记录好位置信息后，自动执行此功能。

远程人工休眠：通过 ATS 面板对列车执行休眠操作，立即执行。

就地人工休眠：司机通过按压列车上的休眠按钮执行休眠操作。

正在自动唤醒的列车

唤醒

◆唤醒步骤

唤醒阶段包括两个，上电自检和静态测试。

上电自检：行车综合自动化系统自动根据运营时刻表发出的唤醒命令给车载信号系统唤醒休眠模块用于启动处于休眠状态在存车线上的或是停车场内的列车。唤醒休眠模块的同时发送唤醒要求命令至列车。当列车接到该命令时，车载系统会产生一个“主电源打开”信号来启动列车电源。当接收到初始化命令时，列车控制管理系统、ATO / ATP 会对系统状态进行上电自检和静态测试，比如对列车制动系统的控制、车门、空调系统、车内乘客广播系统及车载信号设备的 ATO / ATP 上电自检。在自检结束后，列车控制管理系统、ATO / ATP 会将它们各自的状态信息报告给行车综合自动化系统，行车综合自动化系统根据列车上电自检的情况决定是否允许进行下一阶段的测试。

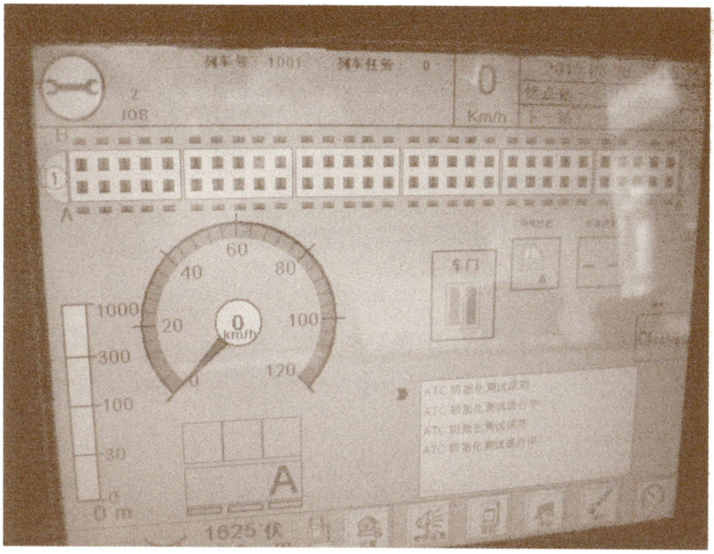

列车唤醒后车载信号系统的自检

静态测试：在车辆移动离开停车库前对车载各系统的验证测试，包括制动牵引（常用、紧急、停放）、照明、列车广播、车门（两侧）的测试。测试结果上传中心，如无故障则列车根据运营时刻表投入正线运行或转入待命状态。如果上述测试或上电自检有故障，相关的故障信息会传送至中心，中心根据故障的严重程度决定列车是否可以上线运营。

◆唤醒方式

自动唤醒：根据当日运行图时刻表处于休眠区的列车提前 30 min 系统自动执行此功能。

远程人工唤醒：通过 ATS 面板对列车执行唤醒操作，立即执行。

就地人工唤醒：司机通过按压列车上的唤醒按钮执行唤醒操作。

车辆动态测试

车辆出库前或者出库到转换之间运行时，完成车辆牵引和常用制动测试；若不满足投入正线运营条件，则信号触发不能缓解的紧急制动，此状况的报警信息上报中心车辆监控调度台、行车调度台和派班终端，等待人工处理。

在列车上电自检和静态测试完毕并通过后，待命状态前，进行此操作：在列检库停车位或出库到转换之间运行时，分别做前向和后向的跳跃指令，车辆反馈牵引、制动结果状态给车载信号，用以判断动态测试是否通过。ATP进行跳跃距离的防护。

自动化列车工况管理

正线服务和停车场内列车移动前，应设定列车工况，并通过信号系统向正线或停车场内指定的列车发布工况命令。信号系统接收到工况命令后，将启动 ATC 以达到被请求的工况状态。同时，信号系统应向车辆 TMS 发出相同的命令使车辆及车载各系统进入相同的工况状态。列车根据运行图目的地信息自动执行工况模式转换工作。

根据工况命令，各子系统根据各自的作业流程进行启动，如自检、静态发车测试、打开列车服务设备、广播等。完成状态准备后，TMS 将向信号系统通知工况状态，包括各自的故障代码和诊断信息（如果有故障时）。信号系统确认所有的子系统达到请求的工况状态后，将向 ATS 报告列车工况状态。如果信号系统确认没有达到请求的工况状态，将向 ATS 传送故障代码或是诊断信息。工况设定中的任何故障，都应在 ATS 终端报警并显示故障代码及诊断信息。

列车工况可由信号系统自动产生，如“唤醒”“正线服务”命令可由 ATS 时刻表产生，“全自动调车”命令调车进路排列成功后自动生成。

列车工况也可由调度人员通过 ATS 工作站人工下达，调度人员应能下达除“关闭”外的所有工况命令。

列车工况包括但不限于唤醒、调车、正线服务、停止正线服务、待命、清扫、休眠、洗车、关闭、自动区与非自动区之间转换运行、清客。

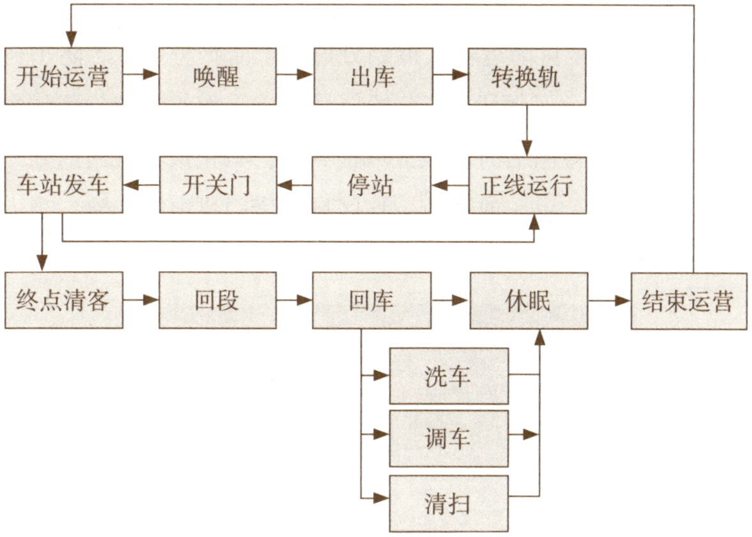

列车运行状态迁移

自动停车

轨道上碰上异物，灾害情况下的人员疏散，或者列车故障情况下的紧急停车，要求信号系统能够在任意地点停车，列车自动出入停车场 / 车辆段，要求系统实现自动在指定地点停车。在传统线路上遇到问题司机可以采取措施停车，车辆段停车也是由司机人工完成的。在全自动驾驶线路之上控制由信号系统自动完成，或者由中心远程控制实现。

车辆段 / 停车场停车

车辆段 / 停车场定位为全自动车辆综合基地 / 停车场，分为全自动运行区和非全自动驾驶区（内含试车线和检修车库）。车辆段 / 停车场全自动运行区和非全自动驾驶区之间设有联络线。相比于传统车辆段 / 停车场，全自动驾驶系统需要在自动运行区实现车辆段 / 停车场的全自动化的管理，车辆在段 / 场内运行有 ATP 防护，可以在 ATO 控制下以 FAM 模式自动化运行，为实现全线自动化运行，段 / 场内的 ATP/ATO 设备纳入正线由中心统一管理，段场内列车自唤醒至休眠需全部纳入时刻表管理与控制。车辆段 / 停车场设专门的 ATS 远程终端，车辆段 / 停车场 ATC 系统与正线功能一致，列车段场内运行限速为 20 km/h。停车线停车时，保证列车之间的距离及列车与车挡之间的距离不大于设定距离（设定距离可调整）。

车辆段 / 停车场全自动运行区被划分成若干防护分区，各防护分区入口需设置人员防护开关，车辆段 / 停车场信号系统须为各防护分区建立逻辑防护，当人员防护开关被激活时，该区域被封锁，禁止该分区内的列车自由移动，该分区也不能接、发车或调车，该区域的牵引供电被切除。当人员离开防护分区后，封锁解除，供电恢复。

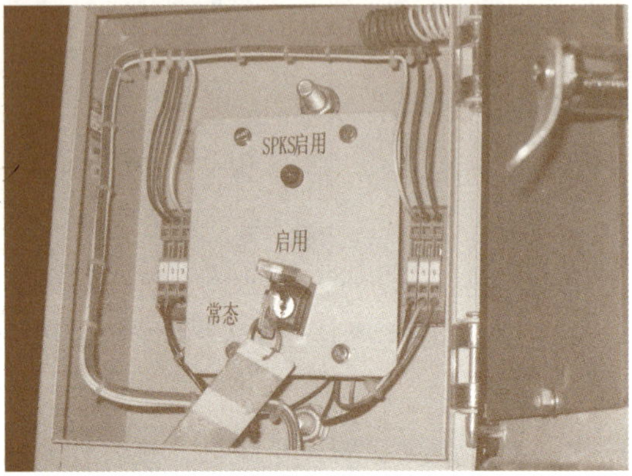

人员防护开关（SPKS）

正常情况下，场段全自动运行区域内，列车自动运行，控制中心调度员或本地调度员可以人工指挥列车运行。

车辆段 / 停车场进路命令由信号系统自动生成，调度人员通过控制中心设立的车辆段 / 停车场调度工作站为每一运营服务行程确定列车，库内按派班计划触发进路，赋予车次号的时机在转换轨，建立列车、排班计划和时刻表的对应关系，根据对应的行程，触发列车唤醒，同样也将适时地为该车触发出场、段进路，车辆段 / 停车场信号系统根据进路命令，为列车建立进路，并将移动授权传送到列车，信号系统将根据移动授权和列车时刻表定义的出场、段时间触发列车启动。

调度员将预先为每一列停止正线服务的列车人工的或是由中心 ATS 根据下一个列车计划，自动确定列车的存放点，并存入列车车次号和存车点的对应关系表中。当处于停止正线服务工况的列车运行到转换轨时，中心 ATS 根据目的地自动触发进路，列车将直接运行到指定的存车点。

正线车站停车

◆停车对位自动调整

信号系统需增强停车对位的自动化程度，增强停车对位控制逻辑，合理安排列车停车器的安装位置、有源标志器的发送电平、列车车载对位天线接收灵敏度及安装位置，且为了避免同一列车在不同车站、不同列车在同一车站的停车精度与规定精度由于设备、车辆规格的差异造成的较大差异问题。对于误差大于设定停车精度时，允许列车自动再启动对位停车或允许列车倒退一次，对位停车，如果误差仍大于设定精度，则跳站，由信号专业实现。列车车站停车设定精度及对位调整允许倒退的次数可设置。应能在 ATS 显示上识别未实现正确停站及进行停站位置调整的列车，当调整次数和调整精度大于设定值时，应向行调人员、站台人员、车内乘客发出报警、通知。

新增跳跃模式（信号输出硬线高电平信号，此模式给车辆牵引单元和制动单元），欠 / 过标均启动跳跃，信号与车辆间采用硬线连接。牵引由信号控制，制动由车辆控制。牵引指令提供硬线，牵引提供牵引指令的脉宽，牵引参考值的电流环信息。制动接收到跳跃模式降低保持制动力（具体步进值及降低的保持制动力试验时确定）。

◆停车倒退防护

为适应全自动驾驶信号系统需增强倒退防护功能，增加倒退防护控制逻辑，欠标大于设定距离，列车应继续停车对位，过标误差大于设定距离时，不允许列车倒退，而直接控制列车运行至下一站停车，由信号专业实现。其中的误差距离可根据实际情况设定。同时，应向行调人员、车内乘客发出报警、通知。

列车初始位置确定

全自动车辆基地 / 停车场需要安装信标或者采用相关定位技术确定车辆的初始位置，正线、停车线也需要同样的信标或相关定位技术以确定车辆的停车位置。

列车在进入 CBTC 区域时或车载设备故障修复后，系统能自动进行列车初始化定位并确定列车位置，而不需要人工输入列车位置和列车长度数据。

为满足全自动驾驶的列车运营中确定列车的初始位置（包括停车场、正线等位置），需要采用的相关定位技术由信号专业实现。线路重新初始化。

初始化区域由智能标签读取器和位标组成，在列车由于某种原因停在区间时，列车可采用人工驾驶模式通过初始化区域，此时系统就可以知道列车的位置、列车号、列车编组等信息，进而可以重新恢复到全自动驾驶模式。

停车场内列车精确停车信标

全自动驾驶功能的关键措施

紧急手柄联动控制

手柄安装于客室内，乘客操作后，单车列车控制管理系统的 DI 模块采集后，统一同时发送给车载信号和车载 CCTV 实现联动，同时在列车控制管理系统显示屏上提示。

车载信号上报中心调度台，行车综合自动化系统触发联动功能，调度员按以下控制策略处理。

列车在车站范围内紧急手柄激活，按照列车所处位置采取不同策略：离站（未完全离开站台区）列车触发紧急制动；停站列车，联动扣车；进站列车在站台停车，停稳后，联动扣车。

列车在区间紧急手柄激活，列车可运行到下一站停车或施加紧急制动。

一旦紧急手柄被乘客触发，车载 CCTV 与其联动，自动将触发手柄所在车厢的视频上传到控制中心行调和车辆调度台上。

列车内的紧急停车手柄

低黏着运行

全自动驾驶线路如有高架段，黏着力很容易受天气状况、树叶、昆虫的影响，而发生变化。因此，需要监测轮轨黏着参数，并对黏着力状况进行评估，通知控制人员潜在的差别、降低制动率或终止自动运行。

国内相关技术通过综合计算黏着综合指标（基于速度差控制量、减速度、爬升率）调整制动缸来防止滑行。

需要增加信号与黏着控制系统的接口，车辆应增加黏着控制和状况评估：线路有开放运行区段时，开放区段的黏着力很容易受天气状况、树叶、昆虫的影响而发生变化。因此，需要支持黏着力状况评估的工具，并通知控制人员潜在的差别、降低制动率或终止自动运行。无司机时更需要这样一个系统，可以考虑增加雨雪天的特殊驾驶模式，在该模式下系统自动减速运行，按照实际测算的打滑状况，确定对应的减速控制等级，根据雨雪天气状况采用适当措施提高摩擦力如洒沙，甚至退出自动运行等。

同时，通过综合计算黏着综合指标（基于速度差控制量、减速度、爬升率）调整制动缸来防止滑行，根据速度传感器、转矩传感器的反馈控制车辆驱动电机，使得驱动轴获得的牵引力最大化，减少获得合适黏着度条件（牵引力、转矩、蠕滑率）下最大牵引力的时间，并通过与车载信号系统的接口将特定条件下可以达到的合理牵引力指标反馈给信号系统。上述黏着综合指标可通过车地无线的接口实时上传控制中心，控制中心能够人工或自动指挥列车调整驾驶模式适应不同的路况。

站台门的控制

站台门控制是实现全自动驾驶的前提条件。据国外相关统计，造成地铁线行车延迟 60% 的情况是由于有人进入站台轨道区或者干扰该区域。全自动驾驶要求安装站台门，对单个站台门施加更加精确的控制，并对单个站台门的联动。站台门能够防止人员、物体落入轨行区产生意外事故，尤其是在拥挤的车站降低安全风险，防止未经许可的人员进入隧道，改善候车环境节约能源。但是，由于车辆的限界要求，站台门在站台安装的时候必然与车门之间留有间隙，乘客或物品停留在车门和站台门之间的情况时有发生，给运营安全带来隐患，对全自动驾驶提出了新的挑战。

对位隔离锁定功能

实现车门与站台门故障对位锁定功能，即当列车车门故障隔离后，本列车停站时对应的站台门应能保持锁闭不参与停站的开、关门作业。相应地，当车站站台门故障或被人工锁闭隔离后，停该侧站台的所有列车相对应的车门也保持锁闭，不参与停站的开、关门作业。

为实现此功能，联锁与站台门之间增加网络通信接口，开关门指令仍采用硬线方式。

对于站台门故障，信号系统在列车到站前将通知列车控制管理系统将到站站台故障站台门位置，车辆应将对应车门锁定。使列车停站时对应的车门与站台门均不打开。车辆应通过车载广播系统、声光提醒或是其他方式通知乘客停站时不打开的车门位置。

当个别站台门故障时，应人工将站台门关闭并锁定，通过机电站台门专业与信号专业的接口及时报告被锁定站台门的位置（站台号或门编号），信号系统收到故障信息后，在列车到达站台前，应向车辆门发送故障站台门的位置信息，车辆电气隔离对应的车门，使其在该站停站时不参与开关、门的动作。可以通过信号与通信、车辆的接口发送相关信息到广播系统通知乘客绕行，或通过信号与车辆的接口以门旁指示灯的形式通知乘客。

站台门上的故障指示灯和站台门编号

当个别车门出现开门故障时，车辆应自动将故障车门关闭并锁定。对于个别车门关门故障应人工将车门关闭并锁定，应通过车辆与信号的接口及时报告被锁定故障车门的位置（门编号），信号系统收到故障信息后，在门故障列车到达每一个车站前，向该站站台门发送故障车门信息，由站台门系统电气隔离对应的站台门，使其在该站停站时不参与开关、门的动作。通知乘客绕行方式同上。

站台门与车门之间的空隙的人员物品探测

站台门是设在站台边缘，将站台候车区域与隧道轨行区完全隔离的门体 设备，为乘客提供了一个安全、舒适、美观的候车环境。从安全性讲，站台门可有效增加站台候车面积，防止人员或物体落入轨行区产生意外，减少候车拥挤是人员坠落或自杀风险。从舒适性上来说，站台门可减少列车运行噪声及对车站的影响，减少灰尘进入车站，改善地下车站的空气质量；从节能上来说，站台门减少了站台区与轨行区之间冷热气流交换，同时列车运行时产生的热量不直接进入站台区域，降低了通风和空调系统能耗。然而站台门也存在安全隐患，由于车辆是运动的，站台门是静止的，为避免它们之间发生碰撞，从结构限界设计上就必须留有一定的安全距离。恰恰是这个安全“距离”却对乘客来讲成了有害的危险空间，并且这一安全距离越大，造成的乘客乘车危险性就越高。

常规站台门安全措施有：站台门内有紧急拉手，乘客可以拉动拉手解围；如果乘客面向车门被困住，不便使用拉手，就只能依靠其他乘客的帮助，车上乘客可以拉动列车门附近的紧急解锁停车装置，此时列车将不能启动，站台上的乘客也可按动站台紧急按钮，阻止列车启动。站台门还是车门均有防夹功能，当夹到 25 mm × 30 mm 的物体时，车门会自动弹开。这类方法的缺点是被动反应，不能主动预防，可作为全自动驾驶线的辅助方案运用。

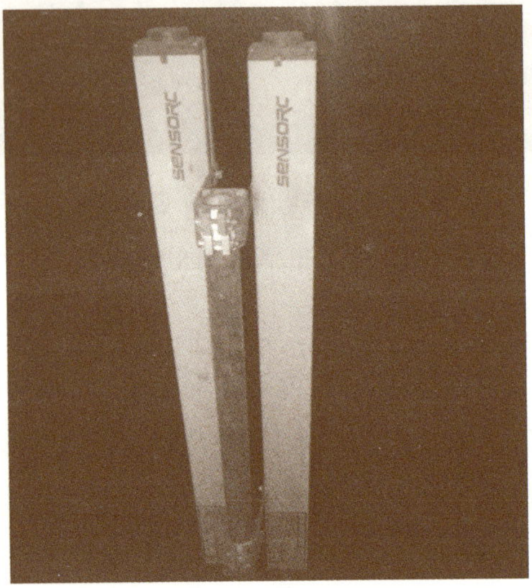

站台红外线探测装置

激光聚光性能好，两端安装激光装置会比红外线装置性能优越，误判率大大降低。缺点是安装受限，安装精度要求高，不宜采用软质材料；不适合曲线站台首尾两端安装，曲线站台可采取每节车厢安装一对的方法。

为确保行车安全，避免有乘客或大件物品有意、无意被夹在站台门与列车车体之间造成危险，可在站台门与列车车体之间设置障碍物激光探测报警系统。该系统由光源发射器、光束接收器、报警装置等组成，站内无车时，站台门闭合，探测系统处于待机状态，列车进站后，乘客上下车完毕，站台门闭合，激光探测器从与站台门的接口取站台门关闭锁紧信号作为系统启动探测的依据，一旦激光探测器发现人、物被夹，立即声光报警通知车站工作人员处理险情，站台门通过与车站信号系统的硬线接口传递告警信息给信号系统，信号系统应将车辆扣在站内，并且将相关的告警信息发送给车站行调和控制中心行车综合自动化系统，问题排除后列车方可再次投入运营。

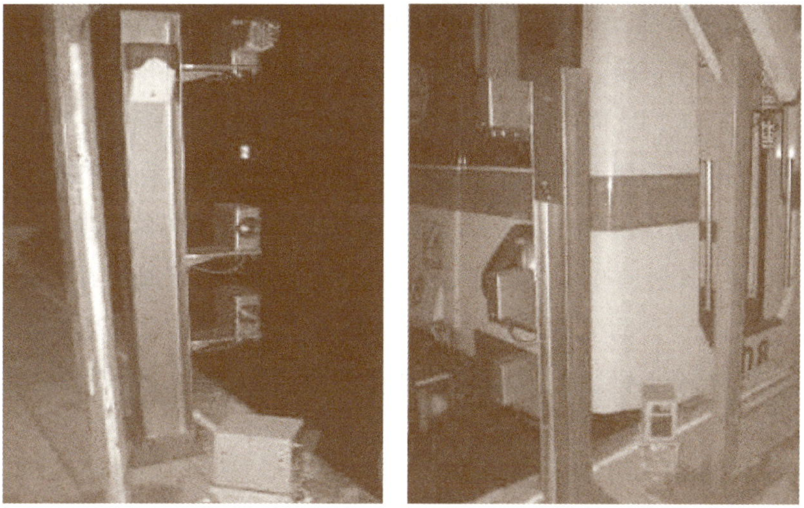

车站的激光探测装置

典型方案：每个站台为一个防区，设置三对激光器，激光束距地距离分别为 300 mm、600 mm、900 mm；三对激光探测器最外侧（远离站台门一侧）距离轨道中心分别为 1 510 mm、1 525 mm、1 535 mm（具体数据视限界而定）。制主机安装在列车出站端端门外墙体侧面，安装高度 1.5 m。

考虑到紧急情况下司机上车救援和过渡期司机跟车观察的需要，建议上下行站台端门外设置供司机在司机室观察车门与屏蔽门状态的显示屏，司机不用下车即可了解站台上的情况，发现是否有夹人夹物的险情。

站台端门外供司机查看车门、站台门的显示屏

目前站台门与车门之间空隙防夹有司机看灯、激光探测、红外探测、防爬板和挡板等技术，全自动驾驶高架线路综合考虑选择采用激光探测、防爬板和挡板的技术措施，配合以土建设计上尽可能减小车门和站台门间隙作为解决站台门与车门之间的空隙的人员物品探测综合技术方案。地下线路方案类似，只是射线探测方面更适合采用红外探测。此外，为克服乘客万一面向车门困住，不便使用站台门解锁拉手，就只能依靠其他乘客帮助的缺陷，安全门上设置一个竖向按压式解锁按钮，乘客在被困情况下只要用背部挤压该按钮，站台门就会自动打开，实现自救功能。激光探测可以作为加强自动化检测的方案，结合土建设计、防爬板、橡胶安全挡板等技术措施及人工监控的管理手段综合考虑制定适合全自动驾驶线的技术方案。

全自动驾驶奥秘

车辆

全自动驾驶城市轨道交通车辆是一种完全智能化的高科技产品，除普通车辆的基本功能外，根据全自动驾驶车辆在运营中的功能需要，可分为列车唤醒、列车准备、列车运行、列车停止正线服务、列车休眠等阶段。在全自动驾驶车辆中，列车起动由地面控制中心对准备投入运营的列车发送唤醒信号，由列车完成车载设备的唤醒和上电。车载设备进行自检、静态测试和动态测试，完成后，向控制中心行车综合自动化系统反馈自检信息，控制中心根据车辆自检结果授权车辆处于准备发出状态，否则处于故障备用状态。列车投入正线运行，由车辆控制其他车载系统进入服务状态，车辆收到正线服务工况指令后，照明、空调或电热打开。列车完成当天的服务后，自动清客、关闭车载服务设备返回车辆段，停止正线服务。列车在车辆段停车列检库自动精确停车，关闭牵引和车载设备供电进入休眠状态，仅保持车载休眠唤醒模块和车地通信单元的供电。

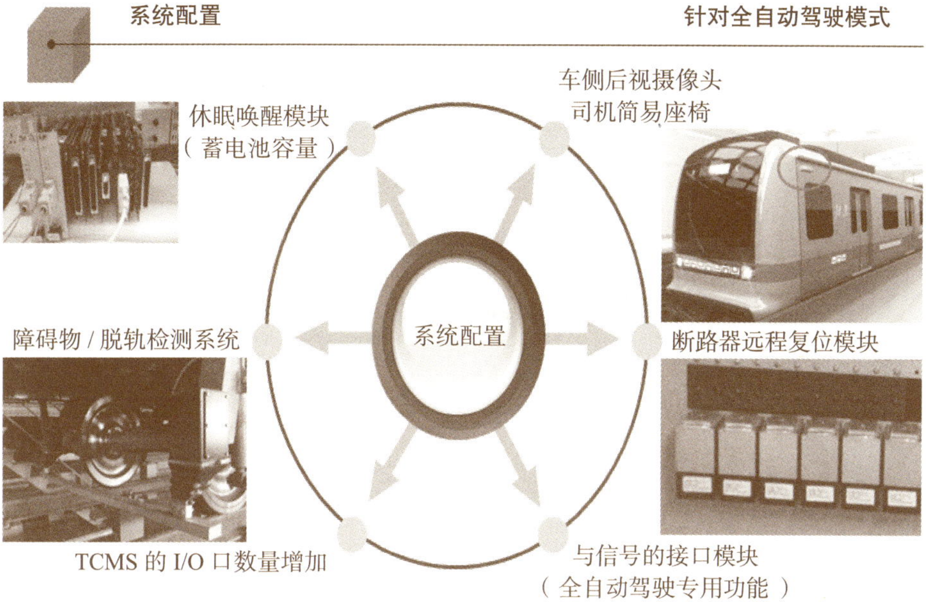

全自动驾驶列车的系统配置

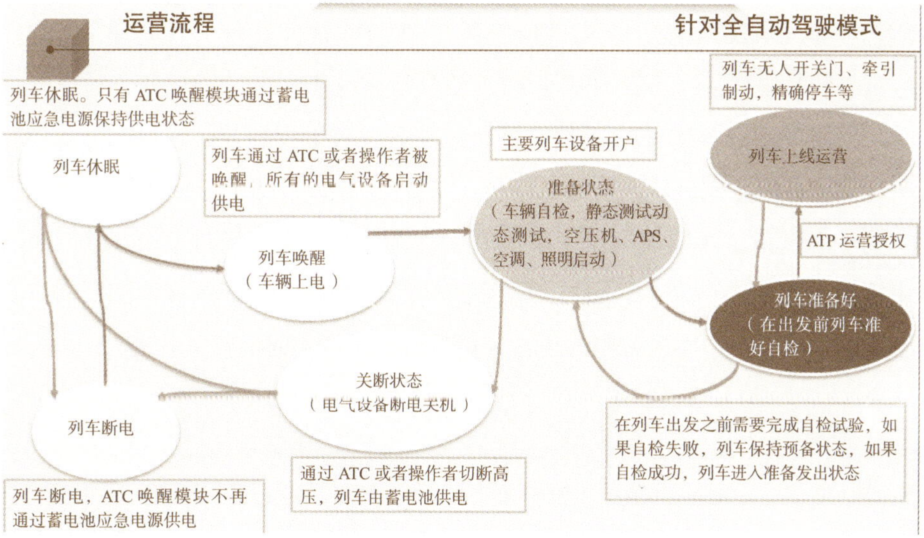

全自动驾驶列车的状态跃迁

为了提高自动化水平，配置了车载休眠唤醒模块，以实现列车的自动唤醒和休眠；增加了列车管理控制系统的接口数量以实现对车载设备的自动检测和故障诊断。为了提高可靠性、安全性，增加了列车障碍物探测和脱轨检测系统、远程故障复位模块、驾驶室后视摄像头，并且车辆与信号的接口进行了冗余配置，支持网络接口和硬线接口。

信号

全自动驾驶城市轨道交通信号系统，除需要具备普通信号系统的基本功能外，还需具备全自动运行方式，列车唤醒、休眠、出入库、正线运行、自动折返等作业均由信号系统自动控制完成。

为保证列车运营的安全性和高效性，正线信号系统必须采用完整的 ATC 系统，即由 ATS+ATP（含联锁）+ATO 子系统构成。停车场采用与正线一致的信号 ATC 系统。停车场分无人区和有人区，无人区列车采用全自动驾驶模式，包括列车在库内的唤醒、出入场、洗车及休眠实现全自动完成，因此信号 ATC 系统必须具有 ATP/ATO 功能。停车场无人区及试车线与正线一致，配置完整的 ATC 系统，无人区应安装 ATP/ATO 轨旁设备（含联锁）。有人区只安装联锁设备，不安装其他 ATP/ATO 轨旁设备。

采用区域分布型 ATC 系统，即将线路分成若干控制分区，每个分区设一套计算设备来完成本区域内的 ATP/ATO 功能运算，控制中心只设置 ATS 子系统的中心设备。区域控制器间及区域控制器与控制中心通过 DCS 系统互联，由控制中心 ATS 协调各区域控制器完成全部的 ATC 功能。区域控制器通过安全型继电接口操作本区域内的道岔、信号机等设备，并监控其状态。

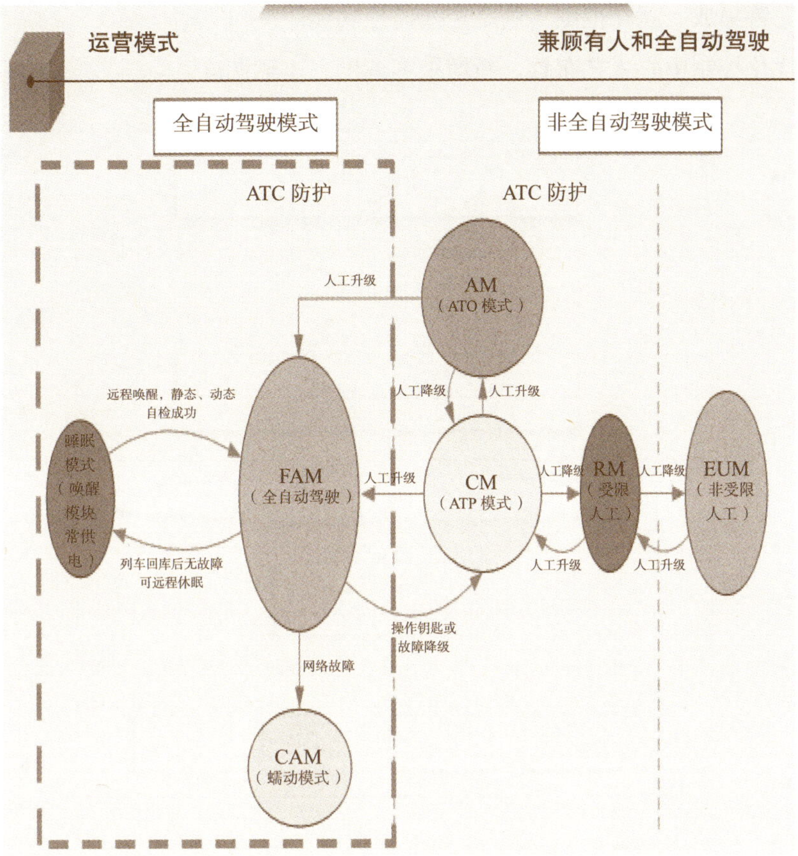

全自动驾驶模式转换

行车综合自动化系统

行车综合自动化系统除了具有原综合监控系统所有功能外，加强了列车火灾、乘客报警及异常、车辆故障、站台门状态等的联动和信息整合，并增加控制中心操作员对车厢乘客的广播、视频监视以及对讲、对车辆设备的管理、监控、联动等功能。

优化关键设备配置，从系统软件容量及处理功能、硬件冗余功能及处理能力等进行更新，达到系统实时性要求。

增加对车辆信息显示及收集。

完善集成、互联范围，满足全线监控功能。

优化控制中心工艺布置，新增乘客调度、车辆调度。

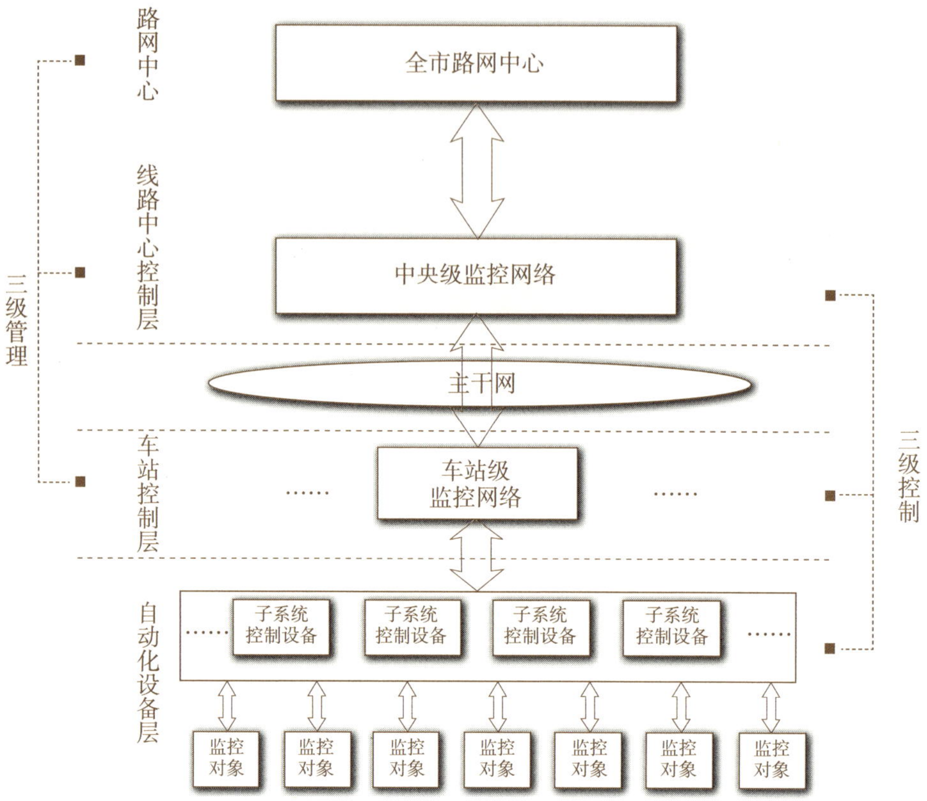

行车综合自动化系统总体结构图

通信系统

在常规城市轨道交通通信系统基础上，新增列车前方轨道视频监控图像上传、车载应急电话以及中央对列车的广播功能，涉及车载视频监控、车地专用无线网以及 TETRA 三个系统。

在列车驾驶室增设摄像机，控制中心调度人员可通过此摄像机监控驾驶室以及列车行进前方的状况，列车客室内设置摄像头满足控制中心对乘客的监控要求。高架线路沿线设置视频监控，能够全覆盖轨行区。

基于全自动驾驶的专用无线调度系统需要在紧急情况下提供乘客与控制中心调度人员语音对讲、车载广播语音通道。

增加通信系统与车辆的接口，通过本系统提供的语音传输通道以及控制命令，实现调度人员对运营车辆的直接广播和与乘客的对讲功能。

对门拉手动作、紧急制动、紧急对讲触发、火灾报警、司机驾驶台等，进行远程实时监控，增加车载视频系统与车辆的联动接口。

通过车载 PIS 系统与车辆的接口，实现列车车厢内摄像机与车辆相关设备（如对讲电话、紧急停车拉手）等的联动功能。

列车客室内部视频监控

列车客室门旁边的紧急呼叫装置

停车场工艺

相比于传统停车场，全自动驾驶系统需要划分人工区与全自动驾驶区，设置防护围栏，在自动运行区实现停车场的全自动化管理，改进检修体系、优化总平面等措施以满足全自动运行的功能要求。

段场内设置全自动运行区，设围墙，将平交道口的开/关门纳入门禁系统；检修车由全自动驾驶区到人工驾驶区需单独设置转换轨，进行信号模式的转换；列检库：库内设地道，出口设置门禁，允许具有权限的操作人员进入指定位置；取消平过道设计，两列车之间的距离满足信号保护距离的要求；附跨房间和临修线、月检线独立于停车列检库房设计，所有工作人员进出停车列检库需通过库内地道；线路端部设置液压缓冲式车挡。

如图所示，洗车库纳入自动运行区，将洗车库布置于车辆段边沿紧邻停车列检库，另行设置一根牵出线，专门用于停车列检线和洗车库之间的调车；将停车列检线、洗车库、新设牵出线和出入段线划分为全自动驾驶区，设围墙隔离，根据道路设计设开门；牵出线设置转换轨。

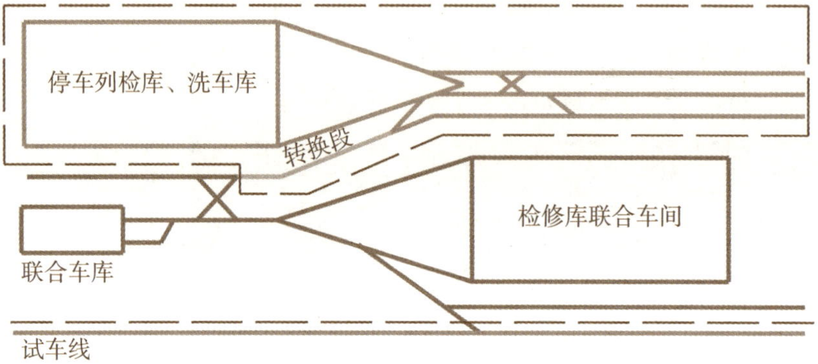

全自动驾驶线车辆段工艺

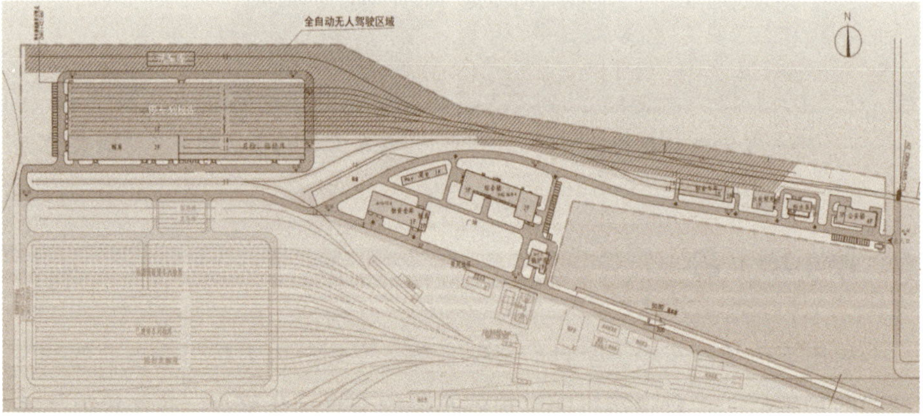

全自动驾驶线全自动驾驶车辆段布局

控制中心工艺

根据全自动驾驶的特点，由控制中心对全自动驾驶的列车运行、列车乘客、运行环境等进行全过程监控与服务，并为实时调配人力、物力资源创造条件。设置主、备控制中心，主用控制中心集中设置，备用控制中心在车辆段/停车场。

全自动驾驶控制中心

全自动驾驶的未来

全自动驾驶轨道交通在我国已经有了良好的开端。目前，上海 10 号线实现了有人值守的全自动驾驶，北京全自动驾驶线也在自主化系统集成、安全运行技术及信号、车辆装备的研发和制造等方面取得了阶段性的成果。全自动驾驶城市轨道交通系统是我国未来轨道交通建设发展的趋势和技术制高点，认真总结国内外发展自动驾驶的经验，积极进行探索和应用，以期打破国外在该领域的技术垄断和技术封锁，实现轨道交通可持续的科学的发展，是我国城市轨道交通领域的一个重要的战略目标。

全自动运行是未来轨道交通的发展趋势，全自动驾驶地铁在世界轨道交通领域发展迅速，越来越多的新建线路计划或已采用全自动驾驶设计，如新加坡、洛桑、迪拜等城市的多条城市轨道交通线路。已建成的线路运行情况良好，最为突出的是阿联酋迪拜，全网 5 条线均规划设计为自动驾驶，其中红线、绿线已经开通运营。新加坡设计建设了 10 条全自动驾驶线路，城市线网自动驾驶总里程 61 km，其中地铁环线（CCL）总长 33 km，仅次于迪拜地铁红线。目前在建的北京地铁全自动驾驶线以及建设中的北京地铁 3、12、17、19、新机场线均采用完全自主知识产权的全自动运行系统。可以预见，我国新建全自动驾驶轨道交通里程在不久的将来会大幅增长。

在地铁发展成熟的地区，更多的城市正在考虑或是正在将既有的轨道交通线路改造为全自动驾驶，如法国的巴黎、里昂、马赛，德国的纽伦堡、汉堡、法兰克福、柏林，芬兰的赫尔辛基等，典型代表为法国巴黎地铁 1 号线。2005 年，地铁 1 号线营运单位巴黎大众运输公司（RATP）与西门子公司签订合同，斥资 3 080 万欧元用于巴黎地铁 1 号线自动化项目建设，其中包括完全自动驾驶、数据传输系统、中央控制调度等新技术设备。相关自动化工程于 2007 年开始逐步进行，2013 年 4 月开始巴黎地铁 1 号线实现完全自动化，成为继德国纽伦堡 U2、U3 线之后将传统地铁转变为全自动地铁的典范。

随着新技术的不断发展，未来轨道交通的技术融合趋势更加强烈。全自动驾驶、基于车车通信的列控系统、基于新一代无线通信技术的车地通信及互联互通技术等新技术、人工智能将融合到以全自动运行为核心的技术发展潮流当中。基于车车通信的列车控制技术由车载控制器计算移动授权，将会进一步减少轨旁设备的数量，提高系统的可靠性、安全性，满足全自动驾驶对高可靠性、安全性的需要。基于新一代通信技术 4G、5G 无线通信技术的车地通信将会大幅度提高车辆与地面控制中心的数据传输带宽、数据传输实时性，为全自动驾驶列车的远程控制、状态检测、应急处置提供强有力的技术支撑。互联互通的范围和内涵将有很大扩展，目前欧洲正在研究基于新一代通信技术互联互通的列控系统，旨在实现铁路与城市轨道交通的互联互通的技术标准。我国城市轨道交通互联互通的国家重点研发项目也在开展当中，未来融合互联互通技术、新型车地通信技术、车车通信列控技术、人工智能技术的全自动驾驶技术将不断创新和发展，为实现安全、高效、准点、舒适、节能的运营目标发挥更大作用。

城市轨道交通之低碳生活

城市轨道交通为何要节能

能源是经济和社会发展的重要物质基础，也是提高我国人民生活水平的先决条件。一般说来，一个国家国民生产总值和它的能源生产和消费量大致是成正比的。一些发达国家之所以能够在较短的时间内实现现代化，其中一个重要原因，就是它们都致力于大规模地开发和利用能源。能源生产和消费量越大，产品的产量就越多，整个社会也就越富裕。

我国是一个人口众多的国家，虽然近十几年来能源生产总量已名列世界前茅，但人均占有能源消费量只有各发达国家的 5%—10%。但在另一方面，每万美元国民生产总值能耗方面则为世界各国之首，为印度的 2.2 倍，为发达国家的 4—6 倍，使用能源的设备效率偏低，又造成能源的浪费，能源利用效率不高。

能源涉及经济、社会、环境等各个方面，问题比较复杂。我国广大地区工农业生产的发展在很大程度上仍受制于能源的不足，又存在浪费能源现象，必须很好组织研究，应调整能源结构，提高能源利用效率，同时还要节约能源及保护环境。进入 21 世纪，我国人口将持续增长，加上经济持续发展，对能源的需求也将达到高峰。

因此，从我国的国情出发，必须制定节能措施，以利于国民经济的发展，服从和服务于我国“建立节能性社会”的总体战略目标。

我国政府高度重视节能问题，《中共中央关于制定国民经济和社会发展第十二个五年规划的建议》和《节能减排“十二五”规划》中提出了到 2015 年，全国万元国内生产总值能耗下降到折合 0.869 吨标准煤（按 2005 年价格计算），比 2010 年的 1.034 吨标准煤下降 16%（比 2005 年的 1.276 吨标准煤下降 32%）。“十二五”期间，实现节约能源折合 6.7 亿吨标准煤。国家发展改革委也于 2007 年 1 月 5 日印发了《国家发展改革委关于印发固定资产投资项目节能评估和审查指南（2006）》（发改环资〔2007〕21 号）的通知。

相对于其他城市交通工具而言，轨道交通具有安全舒适、快速环保、运力大和能源消耗少的特点，因此得到快速推广和发展。按照同等运力比较，轨道交通的能耗只相当于小汽车的 1/9，公交车的 1/2，而且占地小，成本低。因此，选用轨道交通作为未来城市公共交通的主要形式，本身就具有重要的节能意义，有利于建设资源节约型、环境友好型社会。虽然按同等运力比较，轨道交通能耗比其他交通形式小，但由于其大运量的特点，使得总耗电量相当大，是耗能大户，在一定程度上仍有节能潜力。

因此，轨道交通建设和运营在遵循以人为本，方便旅客的出行和换乘，做到方便、快捷、准时、舒适等的同时，作为重点用能单位，应遵守《中华人民共和国节约能源法》，按照合理用能的原则，加强节能管理，推进技术进步，提高能源利用效率，降低成本，减少环境污染。

节能设计涉及多专业，应以有限的能源消耗取得最大的经济利益为目标，充分调动各方面积极因素，把能耗计算、节能分析、节能措施紧密结合起来，达到轨道交通线路、行车组织、建筑形式、车辆、供电、通风空调、给排水、低压配电和机电设备监控等专业综合节能的目的。

能耗账单——能耗分析

轨道交通的能耗一般包括电力、天然气、外购热力、汽油、柴油等不同能源类别，其中电力占能源消耗总量的 80% 以上。

电耗作为轨道交通能耗的主要构成，一般来说可分为两部分，即运营车辆所消耗的牵引电能（包括正线旅客列车运营消耗的电能和车辆段旅客列车出／入库消耗的电能、列车试车和试验所消耗的电能），以及动力照明设备所消耗的电能，包括为保证满足旅客列车安全可靠运营要求的设备系统，为旅客提供良好乘车环境的设备系统和保证车站正常运转的设备系统，以及运营部门办公所需要的动力照明设备。

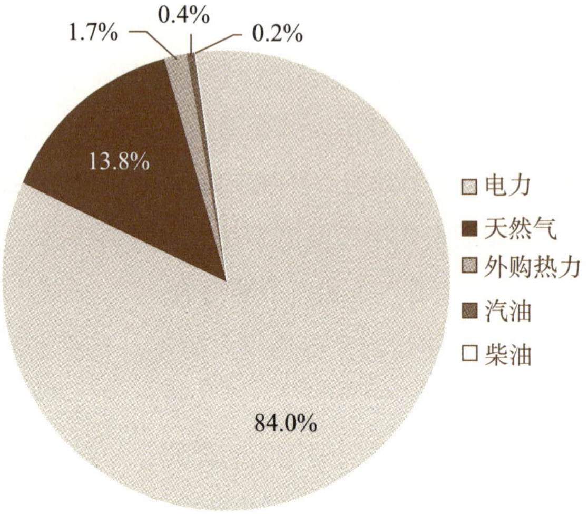

典型轨道交通能耗构成示意图

影响牵引用电负荷大小的因素有客运量、供电运营方式、车辆、线路、列车编组、发车间隔、行车交路、牵引网阻抗等。

影响动力照明负荷大小的因素有设备数量、容量、效率、运行方式等，主要设备有风机、冷水机组、空调机组、水泵、电梯、自动扶梯、照明、通信、信号、售检票机、屏蔽门、自动化系统、电热设备，其中空调系统占了很大比重。

大家一起来低碳——节能技术

我国城市轨道交通节能工作刚刚起步，是一项事关轨道交通工程有序发展的重大系统工程，所以必须提高到战略高度，超常规发展。

轨道交通节能工作，作为一种系统工程，其发展依托于各个系统专业，是从线路设计开始，到各系统设备运行控制的全过程、全专业、全方位的综合过程。

线路设计

轨道交通是以电力为能源的运输系统，线路平面、纵断面设计是节能的关键。

合理设计纵断面

合理的纵断面设计可以有效地实现节约牵引能耗的目的。坡度与坡长是节能坡设计的核心，该部分的研究一直在进行中。依据国内目前的研究结果，列车最高运行速度为 100 km/h 的线路，根据模拟计算，节能坡坡度在 2%—2.8% 之间，坡长取值范围在 220—280 m 比较节能。经初步核算，采用以上建议的节能坡、节能坡后接续坡段的坡度、坡长设计后，可以降低列车牵引电能消耗 20%—35%。

节能坡的设计是线路设计的理想状态，但在实际的工程实践中往往难以实现理想状态节能坡的设计。纵断面的设计要综合其他因素，比如线路所穿越区域的地质条件、地下构筑物、河流以及规划条件等外部条件，还有工程本身的列车编组、车辆性能、区间长度和列车最大运行速度均对节能坡的设置有影响。

优化平面设计

除了纵断面之外，线路的平面设计也与牵引能耗有很大的关系，列车运行通过线路平面曲线时，车轮与钢轨产生附加阻力，因而要多消耗列车动能。附加阻力的大小与曲线半径成反比，因此线路平面选择过程中应尽可能采用较大的曲线半径，以减少车辆行驶过程中因曲线阻力大而增加的电耗。

合理选择线站位置

列车启动要大量消耗电能，列车制动产生的热排出隧道要消耗电能。站间距小，列车启动和制动频繁，不利于发挥列车惰力运行作用，能耗量大，因而从节能方面来说，车站的站间距应大于 1 km。

车辆节能

车辆是轨道交通最核心的部分，车辆的选择与节能密切相关。

选用调频调压控制的交流牵引系统

该系统和变阻调压直流牵引系统比较，具有高效率的特点。因为变频调速避免了列车调速时由附加电阻消耗掉大量的电能，同时也不会因附加电阻的发热提高隧道内的温度而要求增加通风量和制冷电能。

该系统能有效利用再生制动，列车在制动时的动能通过牵引电机转变成电能，反馈到牵引电网，为其他列车所利用。采用再生制动利用车辆行车密度大，不同车辆同时处于不同牵引、制动工况的概率较高的特点，可较多地回收车辆制动能量。理论上可回收 25% 左右。

选用轻体车辆

目前车辆一般采用轻量化的不锈钢或者铝合金车体，车辆自重比普通铸钢车体约减少 3 t，用等能量比较的方法推算，每辆车可节约运送 50 位乘客所需的能量。随着车体自重的减轻，相应能减轻轮轨磨耗，减少维修量等附加节能效果。

采用节能运行模式

通过综合考虑列车分别处于“加速”“惰行”“制动”等工况下从电网取电的大小不同；在设计列车运行曲线时要充分考虑列车处于不同时段、列车间隔的需求，采用繁忙和非繁忙时段区别对待。尤其是在非繁忙时段增加列车的惰行时间，达到节能的目的。

在非高峰时段增加惰行工况，达到节能的效果。惰行工况相对于牵引工况在全线运行过程中所占的比例越高全线的运行时间越长，相应的节能效果越明显。

列车在区间运行时根据线路条件调整运行工况。尽量使列车的运行工况为“牵引—惰行—制动”，避免“牵引—制动—牵引—制动”的运行模式，达到节能的目标。

供电系统节能

供电系统节能发展方向

供电系统在轨道交通系统中占非常重要的地位，其耗电量可以占到轨道交通总耗电量的 50% 左右，节能研究一直是供电技术发展的重点方向之一。

轨道交通车辆已经大量采用再生能量制动系统。当一辆列车在制动时，可以把行驶列车的动能转化为电能，就像发电机一样，如果此时有其他列车在加速，则它们能吸收制动列车送回到线路上的能量。在非运行高峰期间或在线路运行的初、近期，当直流网络上没有足够的列车时，将产生多余的能量，由于再生车辆向接触网输送能量，将会导致接触网电压升高。当接触网电压升高到一定数值时，车上由可控硅控制电阻对再生能量进行吸收。因此，轨道交通工程中设置成熟有效的再生制动吸收装置对于轨道交通节能有重要意义。

再生制动能源利用分析

车辆的制动系统对车辆的技术性能，特别是安全可靠性影响较大。轨道交通车辆在运行过程中，由于站间距一般较短，列车启、制动频繁，因此在列车整个运行过程中，要求启动加速度高、制动平稳且制动减速度高，并具有良好的启动和制动性能。从能量相互转换的角度讲，制动能量是相当可观的。

轨道交通车辆所采用的电制动方式一般包括再生制动和电阻制动两种方式，再生制动的最大利益在于节能，但再生电能并不一定每次都被其他牵引车辆所吸收，剩余部分则消耗在车辆制动电阻上并转变为热能散发到空气中。当列车发车密度较低时，再生能量被其他车辆吸收的概率将大大降低。有资料表明，当列车发车密度达到 10 min 以上间隔时，再生制动能量被吸收的概率几乎为零，这样，绝大部分制动能量将被车辆制动电阻吸收或列车机械制动摩擦，变成热量并散发到隧道内或外部环境中。车辆采用电阻制动方式吸收电能稳定，但制动能量消耗在电阻上，既不能利用制动能量，又由于要在车辆上装设制动电阻而导致车体下部设备的总体布置困难，车体重量增加和列车牵引耗电增加。当列车速度降至很低或因故电制动不足时，才用空气制动，以减少对环境的污染。

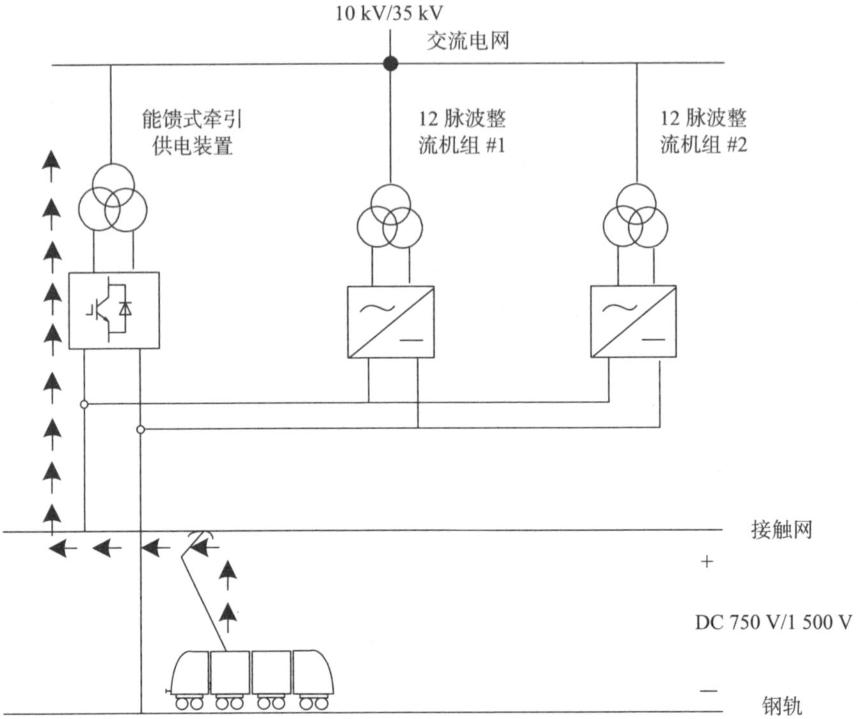

列车再生制动时功率流动方向示意图

为了减少制动能量在列车制动电阻上的耗散，抑制隧道内温度的升高和减少车载设备，国外一般在牵引变电所的直流母线上设置再生制动能量吸收装置，采用的吸收方案主要包括电阻耗能型、电容储能型、飞轮储能型和逆变回馈型四种方式。当处于再生制动工况的列车产生的制动能量不能完全被其他车辆和本车的用电设备吸收时，牵引网电压将很快上升，网压上升到一定程度后，牵引变电所中设置的再生制动能量吸收装置投入工作，吸收掉多余的再生电流，使车辆再生电流持续稳定，以最大限度地发挥电制动性能。

国外如日本多摩、冲绳、东京、大阪的轨道交通线路，加拿大多伦多轻轨及意大利米兰 3 号线等，均采用了再生能量吸收装置。

国内的重庆轻轨、天津地铁 1 号线、广州地铁 4 号线、北京首都机场线以及北京地铁 5 号线均采用了再生能吸收装置。

再生能吸收装置设备图

再生制动能源方式及发展方向

根据能量处理方式的不同，目前列车再生制动能量吸收装置分为三类：能量消耗型、能量储存型、能量回馈型。能量消耗型再生能量吸收装置控制简单直观，产品成熟，价格较低，且对吸收再生制动能量起到了一定效果，但从节能的角度考虑，再生制动能量在吸收电阻上集中发热消耗，对再生能量不能有效利用。从运营角度看，电阻由于发热量大，需要布置在地面，从而在规划、景观、电阻散热与防雨等方面需要特别关注。综上，这种形式不代表再生能量吸收技术的发展方向。能量储存型主要包括电容储能吸收装置和飞轮储能吸收装置，分别利用超级电容和高速旋转的飞轮将列车制动能量存储起来，并在列车牵引时释放，起到节能和稳定网压的作用。电容型装置储能容量相对较小，吸收能力有限。飞轮型装置国内无成熟产品，进口设备不成熟。能量回馈型再生能量吸收装置不需要配置大容量储能元件，主要采用大功率三相逆变器。通过逆变器，将列车再生制动能量从直流母线逆变成工频交流电，回馈至交流电网。在北京轨道交通的试点对比表明，能馈型再生吸收装置节能率高，且持续运行工况稳定，此外具备参与牵引供电、维持网压稳定以及无功补偿的特点，且接口简单、工程实施容易，是未来的发展趋势。

目前我国各地轨道交通线路的建设过程中已经有再生能吸收装置设置的实例，再生能吸收的研究进展很快，结合目前轨道交通的工程特点和相关技术的发展方向，从技术先进性、合理性、经济性、可实施性、知识产权等方面综合比较，选择和研究具有自主知识产权、功能齐全、工程可实施性强的再生能吸收装置，是近期轨道交通工程建设的一个方向。

动力照明系统节能

城市轨道交通的动力照明电耗主要是指集中在车站内用电设备的电力消耗，这些设备用电时间较长，其中通风空调、照明、电扶梯等设施的用电量较大，是耗能的主要设备。根据目前对轨道交通运营线路车站设备运行情况的了解，对这些设备通过采用如变频技术、节能灯具、加强运营管理等节能措施，可达到动力照明系统节能的要求。

与地面建筑相比，地下车站最大的特点是没有天然采光，主要依赖人工照明措施，地下车站的照明使用时间长、照度和可靠性要求高。尤其是地下车站照明能耗占电力能耗的比重大，照明的地位越来越重要。因此，在地下车站中，照明节能是不能忽视的问题。

结合目前轨道交通的发展，动力照明系统的节能发展主要有以下两个方向。

光源选择方面，LED 光源作为新型节能光源以其发光效率高、使用寿命长（一般可达 3 万—5 万 h）等显著优势受到了广泛关注，目前已在公共设施、室内照明等领域得到了应用。轨道交通工程正在逐步推广 LED 光源的使用，公共区照明、公共区广告灯箱照明正在逐步改为 LED 光源。

轨道交通 LED 照明应用

太阳能光伏发电系统也逐步受到轨道交通领域的关注。以北京为例，北京地区年日照时数达到 2 600—3 000 h，年日照时数在 2 750 h 左右，年累计太阳辐照量达到 5 000—6 000 MJ/m^2。北京轨道交通 14 号线已经在高架车站中，首次尝试采用太阳能光伏发电系统，取得了良好的示范效果。

轨道交通光伏发电设备示例一

轨道交通光伏发电设备示例二

通风空调系统节能

运用先进的程序化、智能化设计手段保持系统的高效低耗

在设计过程中，通过轨道交通热环境模拟软件、流体软件等对系统进行模拟验证。对主要设计标准进行校核，确定合理的轨道交通内部舒适度标准，从设计计算基础层面上解决节能降耗的问题。

空调箱及风机的变频控制

轨道交通通风空调系统的设备一般按远期高峰小时运行情况进行配置，而系统负荷随列车的对数、客流的变化而变化。在运行初期、近期客流及行车对数远没有达到设计水平，因此设备容量有较大的富裕量；同样在非高峰时段的系统负荷较高峰时段也有较大的差距，也存在设备容量富裕的问题。在一般民用建筑中，当空调负荷发生变化时，采用调节风量的手段比其他调节手段更加节能的思想已被广泛接受，并已大量采用。

通风空调系统全年车站温度控制优化

结合地区气候特点，在考虑人体热舒适的前提下，确定轨道交通车站全年控制温度计算准则，确定通风空调系统的全年温度控制指标，在满足乘客舒适性的前提下，避免过渡季节和冬季的风机“无效”或“超标”运转。

列车运行控制节能

列车运行的控制方式与列车运行的能耗息息相关，在列车运行控制中，通过列车牵引计算，遵循节能原则，列车通过信号系统的控制，按“牵引—惰行—制动”模式运行。根据区间长短和坡道的不同，采取不同的工况，正常情况列车按“牵引—惰行”模式运行，在个别区间可运用巡航功能，以避免反复牵引、制动状态。

目前国内轨道交通建设信号系统多采用基于无线通信的移动闭塞列车运行自动控制（ATC）系统。从功能上来说，ATC 系统由列车自动监控（ATS）子系统、列车自动防护（ATP）子系统、列车自动驾驶（ATO）子系统和计算机联锁（CI）子系统组成。

基于无线通信的移动闭塞 ATC 系统具有连续双向的车地通信功能，系统根据时刻表，考虑加速、制动以及线路坡度和线路曲线的影响，生成节能优化的连续速度距离曲线。列车自动驾驶（ATO）子系根据 ATS 指令基于该曲线进行最佳运行工况的选择，比如巡航惰行确保列车按运行图运行，达到列车运行的自动调整和节能的控制。

连续曲线速度控制的运用使得司机在驾驶中不需要进行频繁的制动、牵引，可以达到较好的节能效果。

给排水系统节能

给排水系统的节能经常和节水联系在一起，节水、节电一起构成了给排水系统的主要发展方向。

一是最大限度地利用市政自来水供水压力。

轨道交通车站大部分设在地下，因此可以充分地利用市政的自来水压力，减少加压设备，生产生活用水由市政自来水直接供给。车辆段及控制中心采用叠压供水设备，直接利用市政的自来水压力。

轨道交通叠压供水设备

二是采用变频超低噪音冷却塔，根据室外环境温度控制冷却塔风机的转速乃至启停。

三是车辆基地控制中心等具有集中热水需求的部位，设置太阳能热水系统，充分利用太阳能资源，减少传统能源的消耗。

四是在外部具备条件的车站，采用引入城市中水冲厕，充分利用城市再生水，节水节能。

电扶梯系统节能

电扶梯是轨道交通车站内重要的乘客输送装置，耗电量比较大，城市轨道交通的客流量大，潮汐客流比较明显，如早、晚客流高峰期，电扶梯的运输强度达到最大，而在平峰时间，客流较小。尤其是自动扶梯每天 20 h 的运营时间内大部分时间处于轻载或空载运行工况。若自动扶梯速度不可调，长期处于额定速度运行状态，不但加速扶梯内各运动件的机械磨耗，同时也消耗了大量的能源。

随着人们生活水平的提高以及社会老龄化的趋势，轨道交通服务水平也相应提高，车站自动扶梯的设置标准提高，设置数量相比过去相应增加。一般标准车站平均每 站设置自动扶梯不少于 10 台，大部分自动扶梯提升高度约 10 m。

通过优化运行模式，增加智能控制功能可以大大降低自动扶梯的运行能耗。首先，采用变频调速技术，实行分时管理，自动变速，以达到有效节能的目的。有乘客进入扶梯时，扶梯驱动电机由工频供电，尽快疏散乘客，满足高峰时段输送乘客的需求。当在非高峰时段，扶梯检测到一段时间没有乘客时，扶梯驱动电机由变频器控制进入节能运营模式，扶梯在节能速度下运行。其次，灵活地开启自动扶梯也是节能的有效手段，在非高峰时段，某些大的轨道交通出入口有两台以上上行扶梯的车站可以考虑及时关闭一台，以达到节能目的。

综合监控系统节能

综合监控系统可以对全线各车站内的变电所系统设备、通风空调系统设备、给排水系统设备、电梯系统设备、低压照明系统设备进行综合性的监控与调度管理。可以对全线的变电所系统的基础设备进行集中管理，方便电力调度人员对全线变电所设备的启、停；根据不同季节、各车站不同的客流情况、室内外的环境情况，对系统内设置的检测元件进行合理设置，做到合理送排风（空调），使空调得到有效的利用；根据运营的实际情况与早晚高峰运营的不同需求对各车站的低压照明系统进行合理的启、停。

通过综合监控系统程序的合理设置、运营调度人员的合理组织可以减少能耗损失。

能源管控系统

轨道交通的能耗费用占总运营成本的约 30% 以上。随着轨道交通里程数的增加和电费的不断上调，轨道交通运营面临的节能减排压力和能耗费用压力将会越来越大，同时国家对轨道交通能耗的关注度也越来越高。

结合轨道交通能源消耗现状，轨道交通行业正在逐步推动轨道交通能耗统计与监测平台的搭建工作，以电能计量为统计重点，兼顾水、天然气等其他能耗，实现能源监测、能源消耗统计、能源趋势预测、节能潜力分析等多方面的功能。

能耗统计与监测平台可以实现对轨道交通车站、线路及其主要设备设施能耗数据的实时在线采集以及能耗分类、分户及分项计量，为轨道交通能源管理及主要系统、设备的能源消耗的计量监控提供数据支撑，为能源管理辅助功能决策提供理论依据，从而大幅提升轨道交通能源管理水平，为轨道交通运营方提供全方位的决策支撑，提供有效的能耗管理使用途径。

轨道交通能耗统计与监测平台整体构架一般采用三级管理的方式，这样的体系结构从轨道交通网络的角度出发，采用分散控制、集中管理的综合性指挥控制管理模式，可以更好地满足轨道交通网络各层面的使用需求。

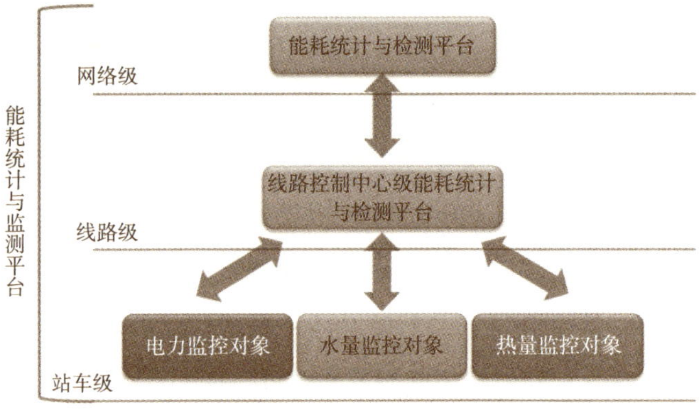

平台架构

能耗统计与监测平台建成后，通过系统平台，对轨道交通系统内部可以实现对各个线路的电能、水能、热能等进行运营监视、管理，集中分析，对轨道交通系统外部实现信息沟通、信息共享，并为运营方进行重大决策时提供数据基础依据。

低碳未来——节能展望

规范城市轨道交通设备节能标准

目前随着轨道交通工程的快速发展，轨道交通专用设备越来越多，但相应的轨道交通设备的节能技术标准并不完善。考虑到轨道交通的特殊性与影响性，其标准应高于一般楼宇建筑设备的标准，对城市轨道交通装备的能耗标准应进行严格规定，以便在设计选型、设备采购时有据可依。

健全轨道交通节能技术体系、推进轨道交通有序建设

节能工作是一个系统性、综合性很强的工作。缺乏相互联系、相互制约和相互促进的科学的能源管理理念、机制和方法，就会造成能源管理脱节，造成能源使用无依据、分配无定额、考核无计量、管理无计划、损失无监督、节能无措施、浪费无人管等现象。一些思想前瞻的组织建立了能源管理队伍，在能源管理中，逐渐认识到开发和应用节能技术和装备仅仅是节能工作的一个方面，单纯依靠节能技术并不能最终解决能源供需矛盾等问题。

应用系统的管理方法降低能源消耗、提高能源利用效率，推动行为节能，进行能源管理体系建设成为能源管理的关键。有计划地将节能措施和节能技术应用于实践，持续降低能源消耗、提高能源利用效率，不仅促进了系统管理能源理念的诞生，也推动了许多国家能源管理体系标准的开发与应用。

如何确立节能技术标准体系，并融入轨道交通的“规划—设计—施工—运营”的全周期内，是今后保证轨道交通有序化推进的重点。

健全考核标准体系，加强轨道交通绿色建筑建设和运营监督管理

目前各地轨道交通运营公司均为所在城市的主要重点用能单位。以北京为例，目前北京年综合能耗折合 5 万吨标准煤以上市级考核重点用能单位（57 家），能源消费总量和碳排放总量分别占全市的 45% 和 40% 左右，是能源消费和二氧化碳排放的主体，其中北京轨道交通公司名列前茅。尽管这样，多年的国际轨道交通协会（CoMET）数据表明，北京轨道交通的车千米牵引能耗以及乘客公里总能耗水平均位于世界先进行列。

根据城市轨道交通能耗特点，轨道交通能耗指标体系一般由网络级、线路级、车站级三级构成。轨道交通运营单位应将节能减排应该作为一项基础管理工作来抓，将节能工作融入日常生产运营，逐步成为广大员工的自觉行动。

随着我国轨道交通领域运营规模不断扩大、安全服务水平不断提高，能耗总量及强度呈现较快增长，必须建立节能长效机制，对能源使用全过程实施精细化管理，才能保持先进指标。

参考文献

1. 邱薇华，谭晓春，谭复兴．城市轨道交通车站设备 [M]. 北京：中国铁道出版社，2012

2. 朱济龙，唐春林．城市轨道交通车站机电设备 [M].2 版．北京：机械工业出版社，2016

3. 黄德胜，张巍．地下铁道供电 [M]. 北京：中国电力出版社，2010

4. 施仲衡．地下铁道设计与施工 [M]. 西安：陕西科学技术出版社，1997

5. 建设部标准定额司研究所．城市公共交通分类标准 :CJJ/T 114—2007[S]. 北京：中国建筑工业出版社，2007

6. 中国城市轨道交通协会．城市轨道交通 2015 年度统计和分析报告 [R].2016-05-11

7. 工业与信息化部装备工业司．中国制造 2025 规划系列解读之推动先进轨道交通装备发展 [R].2015-05-22

8. 北京市科学委员会．基于北京特大型城市现状及规划的轨道交通体系建设研究 [R].2014

9. 严隽耄，傅茂海．车辆工程 [M].3 版．北京：中国铁道出版社，2008

10. 帅纲要，常明，何华城．轨车辆车钩缓冲器的配置与能量吸收 [J]. 电力机车与城轨车辆，2009,32(5):17-21

11. 吴泳江，李芾．现代有轨电车新型供电方式发展及运用现状 [J]. 电车机车与城轨车辆，2014,(5):5-9

12. 漆瑾．直线电机车辆转向架的研制与优化 [J]. 机车电传动，2015,(6):53-55

13. 李东宇，李芾．路面单导向轨胶轮式车辆动力学研究 [D]. 四川：西南交通大学，2015

14. 李云峰，陈革．中低速五转向架磁悬浮列车走行机构研究与理论设计[D]. 湖南：国防科学技术大学，2007

15. 吴昊，胡汉春．城市轨道列车电力牵引系统设计及仿真 [D]. 四川：西南交通大学，2015

16. 宋敏华．城市轨道交通节能技术发展趋势研究 [J]. 工程建设与设计，2009(1): 15-19

17. 于松伟．新版《地铁设计规范（供电篇）》的编制研究与应用[D]. 四川：西南交通大学，2007

18. 周吉日．地铁环控系统中应用变频技术的节能效果研究 [D]. 四川：西南交通大学，2007

19. 肖衍，苏立勇．全自动驾驶信号系统功能需求分析 [J]．铁道通信信号，2014(12):39-42

20. IEC, IEC 62290-1,Railway Applications – Urban Guided Transport Management and Command/Vontrol Systems – Part 1: System Principles and Fundamental Concepts [S]．Geneva:IEC, 2007

21. IEC,IEC 62290-2,Railway Applications – Urban Guided Transport Management and Command/Control Systems – Part 2:Functional Requirements Specification [S]．Geneva:IEC, 2011

22. 肖衍，苏立勇．轨道交通全自动驾驶系统集成技术研究 [J]．中国铁路，2015 (5):109-113.

23. 张艳兵，王道敏，肖衍．城市轨道交通全自动驾驶的发展与思考 [J]．铁道运输与经济，2015(9):70-74.

24. 蔡佳妮．基于网络化运营的城市轨道交通控制中心设置研究 [J]．城市轨道交通研究，2014,17(2):14-18

25. 史小俊．关于城市轨道交通控制中心运作模式的探究 [J]．都市快轨交通，2009,22 (3):62-65

26. 梁强升．城市轨道交通运营控制中心设置研究 [J]．城市轨道交通研究，2008,11 (7):17-20

27. 李欣，陈洪茹．全自动驾驶轨道交通综合监控系统关键功能要点研究 [J]．工程建设与设计，2016,(14):172-175

后　记

经过两年的辛勤耕耘，《 中国制造 2025——先进轨道交通装备 》一书终于付稿成印，编辑成书，与读者见面了！

回望创作过程，倍感欣慰。从接题时的犹豫惶恐到交稿时的意犹未尽，从开笔时的素言寡语到修订时的斟字酌句，这波澜曲折的创作过程，跌宕起伏的心路历程，考验着我们的智力和心力。

城市轨道交通装备是一个庞大的系统，专业种类繁多。而把这样一个多学科、实践性强的工业工程中的科学技术知识，通过抽象、提炼，用通俗、浅短的大众化语言表达出来，形成工业技术科普作品，要求创作者具有丰富的工程实践经验和很强的语言文字水平。

本书作者均是国内城市轨道交通领域的一流技术专家，出版过不少技术专著及科技论文，但创作科普作品特别是工业科普还是第一次。为完成好这次创作任务，写作组多次开会研讨，对科普作品的受众对象、形式内容、章节编排、语言风格、资料素材等方面进行研究，集思广益，反复斟酌，多次修改，并尽量体现最新的城市轨道交通技术和发展方向。

本书的创作过程，也是一个学习和提高的过程。通过本书的创作，专业知识得到了全面的检验，知识能力也有了一个质的提升。

本文主要侧重于对城市轨道交通装备的概述，为广大读者揭开了城市轨道交通装配的神秘面纱，受篇幅所限，未对轨道交通庞杂的设备系统进行详细的介绍。期待本书能成为一个引子，启发对城市轨道交通领域感兴趣的读者，通过本书去搜寻更多的相关资料，甚至于投身本领域。

本书的出版发行，得到了九三学社中央科技委员会、中央科普工作委员会专家们的倾心指导和山东科学技术出版社的鼎力支持，在此表示诚挚的谢意！